本书受山东师范大学经济学院学科振兴计划资助

本书受辽宁大学国家社科基金项目（19BJL089）

和教育部人文社科重点研究基地重大项目（14JJD790021）资助

研发补贴对中国高技术产品出口发展的影响

——基于贸易政策不确定性的研究

曲丽娜　著

中国财经出版传媒集团

经济科学出版社

Economic Science Press

图书在版编目（CIP）数据

研发补贴对中国高技术产品出口发展的影响：基于贸易政策不确定性的研究/曲丽娜著．—北京：经济科学出版社，2020.11

ISBN 978－7－5218－2159－8

Ⅰ．①研…　Ⅱ．①曲…　Ⅲ．①高技术产品－出口贸易－研究－中国　Ⅳ．①F752.62

中国版本图书馆 CIP 数据核字（2020）第243772号

责任编辑：刘　莎
责任校对：王肖楠
责任印制：邱　天

研发补贴对中国高技术产品出口发展的影响
——基于贸易政策不确定性的研究
曲丽娜　著
经济科学出版社出版、发行　新华书店经销
社址：北京市海淀区阜成路甲28号　邮编：100142
总编部电话：010－88191217　发行部电话：010－88191522
网址：www.esp.com.cn
电子邮箱：esp@esp.com.cn
天猫网店：经济科学出版社旗舰店
网址：http：//jjkxcbs.tmall.com
北京季蜂印刷有限公司印装
710×1000　16开　15.5印张　230000字
2021年1月第1版　2021年1月第1次印刷
ISBN 978－7－5218－2159－8　定价：59.00元
（图书出现印装问题，本社负责调换。电话：010－88191510）

前　言

政府研发补贴对促进高科技产业发展具有重要意义。科学、有效的研发补贴通过克服市场外部性、协调企业创新行为、培育和充分发挥规模经济优势，能够增强高科技企业自主创新能力，促进产业的成长。党的十九大报告提出了加快建设创新型国家和推进贸易强国建设的战略目标，我国政府研发补贴对于提升高科技企业创新能力、促进高科技产业贸易发展的实际效果怎样？这是需要认真研究的问题。此外，在当前国际贸易保护主义日趋加剧，尤其中美贸易摩擦不断升级的态势下，贸易政策不确定性大大加强。贸易政策不确定性对于我国研发补贴的实施效果会产生怎样的影响？贸易政策不确定性、研发补贴与高技术产品出口发展三者之间的互动关系及影响机理是什么？我国在开放经济条件下，应该怎样进一步完善并运用好政府研发补贴政策，克服贸易政策不确定性影响，促进出口高质量发展？加强对这些问题的研究，对于贯彻新发展理念，加快培育我国国际经济合作与竞争新优势，进而推进建设世界科技强国具有重要的理论与现实意义。

本书基于异质性企业贸易理论框架，探究贸易政策不确定性下政府研发补贴对中国高技术产品出口发展的影响，分析探讨贸易政策不确定性下政府研发补贴对于高技术产品出口增长的数量、种类、价格边际以及出口质量的影响机理。通过建立双向固定效应模型，检验研发补贴、贸易政策不确定性及二者相互作用对中国高技术产品出口发展的影响。采用倾向得分匹配法和倍差法分别检验研发补贴、贸易政策不确定性与出口发展间的因果效应，进一步运用动态面板回归和工具变量法解决模型内生性问题，研究结果发现，研发补贴对高技术产品出口发展呈正相关关系，具体来说，研发补贴提高了出口数量、种类和产品质量，降低了出口价格。随着贸易政策不确定性的增强，研发补贴对中国高技术产品出口发展的促进作用更强，具体地，研发补贴促进了出口数量、种类和质量的提升，抑制了出口价格的增长。

全书共分为7章：

第1章是绪论，介绍了本书的研究背景、研究目的和意义、研究方法。从贸易政策不确定性、政府研发补贴对出口发展的影响方面梳理、评述相关文献，进而阐述研究的创新与不足。

第2章是对贸易政策不确定性、研发补贴与出口相关基础理论的分析。首先在实物期权理论、增长期权理论下分析贸易政策不确定如何影响出口。其次通过市场失灵理论、战略性贸易政策理论阐述研发补贴实施的理论基础，通过寻租理论和信息不对称理论分析实施研发补贴存在的难题。

第3章阐述贸易政策不确定性、政府研发补贴和高技术产品出口的特征事实。首先，立足于贸易政策频繁变动的现实环境，分析国际贸易政策不确定性的发展态势。其次，本书介绍了国际研发政策，并系统梳理了中国对高技术产品研发补贴政策的基本情况。最后，本书从出口规模、出口市场分布、出口产品质量和出口增长边际方面介绍了中国高技术产品的出口状况。

第4章分析贸易政策不确定性下研发补贴影响出口的机理。

首先通过构建理论模型分析研发补贴影响出口的机制，研发补贴通过降低研发成本、增加研发投入激励企业创新，从而降低出口价格边际，促进出口扩展边际、数量边际和质量水平的提升。其次，基于异质性企业贸易理论框架分析贸易政策不确定性对出口的影响。企业出口需要支付一笔高额固定成本，只有生产效率高的企业赚到足够利润才能负担这一成本。贸易政策不确定性的增加将提高沉没成本，同时提高投资的等待价值，引起企业出口和投资的积极性下降。研发补贴则能够增加企业研发投入，降低研发投资风险，进而提高企业创新能力，这有利于帮助企业抵御不确定带来的风险，从而弱化贸易政策不确定性对出口发展的抑制作用。

第 5 章从国家层面检验贸易政策不确定性下研发补贴对中国高技术产品出口发展的影响。该部分采用 2003 ~ 2016 年中国对 31 个国家（地区）出口 SITC Rev. 3 五分位高技术产品的贸易数据，在控制国家和年份固定效应基础上分别验证政府研发补贴、贸易政策不确定性及二者交互作用对高技术产品出口扩展边际、数量边际、价格边际和出口产品质量的影响。研究表明，政府研发补贴对中国高技术产品出口市场份额的提高整体上起到显著促进作用。具体地，研发补贴促进了高技术产品出口种类、数量的扩张以及出口质量的提升，降低了出口价格。通过检验贸易政策不确定性对中国高技术产品出口发展的影响发现，贸易政策不确定性对高技术产品出口市场份额的增加具有抑制作用，这一抑制作用主要表现为高技术产品出口扩展边际和数量边际的下降。在贸易政策不确定性加大情况下，政府研发补贴能够有效降低贸易政策不确定对高技术产品出口市场份额、出口种类和出口数量所产生的负面影响。随后，考虑出口目的地收入水平差异和国际金融危机的影响，分析贸易政策不确定性、研发补贴对高技术产品出口发展的异质性影响。研究发现，相对于中等收入水平国家（地区），研发补贴对中国对于高收入国家（地区）高技术产品出口种类的影响更为显著。贸易政策不确定性对中国出口到高收入国家（地区）的产品数量的影响更明显。研发补贴更有利于缓解贸易政策不确定性对中国出口到中等收入国家（地区）的不利影响。国际金融危机之前，研发补贴对于缓解贸易政策不确定性对出口发展的消极影响并不明显。而在国际金融危机之后，研发补贴有助于缓解贸易政策不确定性对出口数量和出口产品质量产生的不利影响。

第6章从企业层面研究贸易政策不确定性下政府研发补贴对高技术产品出口发展的影响效果。首先，通过控制行业、省份和年份的固定效应模型和倾向得分匹配法证明政府研发补贴对于企业出口高技术产品的决策起到显著促进作用，对出口扩展边际的增长同样具有促进作用，但对出口集约边际增长和出口产品质量提升具有抑制作用。其次，通过固定效应模型和倍差法模型发现贸易政策不确定性的下降有助于推动高技术企业参与出口市场，对扩展边际的增长具有积极影响，但对出口集约边际增长和出口产品质量提升具有抑制作用。最后，综合考虑研发补贴和贸易政策不确定性后发现，在贸易政策不确定性降低的情况下，政府研发补贴对高技术企业参与出口市场以及扩展边际增长的促进作用减弱，对出口集约边际增长的消极影响增强，对出口产品质量提升的消极影响减弱。进一步考察行业类型、所有制、地区、贸易类型方面的异质性影响。研究发现，在国际贸易政策不确定性降低的情况下，政府研发补贴对企业参与出口市场的促进作用减弱主要体现在科技创新型企业、本土企业、东部地区企业和一般贸易企业；对扩展边际增长的促进作用减弱主要体现在科技创新型企业、外资企业、东部地区企业以及一般贸易企业；对集约边际的消极影响增强主要体现在科技创新型企业、本土企业、中西部地区企业和一般贸易企业；对出口产品质量提升的不利影响减弱主要体现在科技创新型企业、本土企业、东部地区企业以及加工贸易企业。

第7章是对前面研究结论的总结，并根据研究结论从完善研发补贴政策、降低贸易政策不确定性、提高创新能力等方面对我国研发补贴政策的实施及高技术产品出口贸易的发展提出相应的政策建议。

目　　录

第 1 章

绪　论

自“入世”以来，出口贸易在我国经济发展过程中发挥着越来越重要的作用。我国出口贸易总额从 2001 年的 2 660.98 亿美元增长到 2018 年的 24 866.82 亿美元，年均复合增长率 14.05%①。而我国高技术产品出口贸易额则从 2001 年的 464.52 亿美元增长到 2018 年的 7 430.44 亿美元，年均增长率高达 17.71%。研发补贴对于高技术产品的出口发展具有重要作用。政府研发政策既可以通过加大研发投入、分担研发风险、缓解融资约束等途径促进高技术产品出口发展，也可能因为信息不对称、寻租行为、提高生产要素价格等阻碍高技术产品出口发展。本书首先基于异质性企业贸易理论的研究框架，探讨研发补贴对高技术产品出口发展的影响效果。当前全球贸易环境不确定性增加，国际贸易的稳定发展面临挑战。企业出口需支付沉没成本以及由于信息不对称导致的信息搜寻成本。在全球贸易政策不确定性增强的环境下，企业出口面临的信息不对称、市场需求波动风险更大，企业产品的出口发展是否会受到贸易政策不确定性的不利影响？在不确定的环境下，研发补贴对出口发展的影响又会发生怎样的变化？探究这些问题对于贯彻新发展理念，加快培育我国国际经济合作与竞争新优势，进而推进建设世界科技强国

① 资料来源：根据国家统计局数据计算得到（http://www.stats.gov.cn）。

具有重要的理论和现实意义。本章主要对研究背景、意义进行介绍，介绍国内外与此文章相关的研究，阐述本书的研究框架及创新与不足之处。

1.1 研究背景与意义

1.1.1 研究背景

在经济增长缓慢、贸易摩擦频发、美国货币政策走向不明、人口老龄化加剧的不利环境下，当今世界形势存在诸多不确定性。自2008年全球金融危机爆发之后，世界各国为稳定经济频繁出台经济政策，经济政策表现出极大的不确定性，成为经济不确定性的主要表现形式。在逆全球化浪潮中，全球经济环境越来越不稳定，贸易政策的不确定性呈现出上升趋势。尤其是特朗普上台后推行贸易保护政策，无视世贸组织规则，单方面挑起中美贸易战，大大增加了中国及相关国家的贸易不确定性。党的十九大报告也指出世界正面临突出的不确定性，对人类构成严峻的挑战，需要各国共同建立人类命运共同体。2019年博鳌亚洲论坛年会讨论的主题是“世界经济展望2019：确定性与不确定性”，参会嘉宾集思广益，共商良策。可见，经济不确定性已成为一项全球性问题，引起国内外学者的广泛关注。中国贸易政策的制定基于国内现实情况，随外界贸易环境的变动而调整。在全球贸易政策不确定性增强的同时，中国的贸易政策不确定性也表现出增长的趋势。因此，本书立足于全球贸易政策不确定性，着重分析其对中国出口发展及研发补贴的影响，对于营造稳定的国内外环境具有重要意义。

中国自2009年开始便保持着世界第一出口大国的地位，高技术产品的出口也保持着不断增长的势头，逐步发展成高技术产品出口大国，但由于对国外市场核心部件和技术的依赖，中国出口的增加值较低，虽是出口大国却非出口强国。中国目前的出口增长仍是以集约边际为主的增长方式（施炳展，2010），高技术产品的出口也主要由集约边际中的数量边际带动，扩展边际和价格边际的促进作用很小（钟建军，2016；刘钧霆等，2018）。由此可看出，中国的出口增长仍处于以量取胜的阶段，亟须向数量和质量同步发展转变。同时，不能忽视这样一个事实，由于中国制造业长期处于全球价值链的低端制造环节，缺乏对关键技术的掌握和运用，企业发展受制于拥有核心技术的国外企业。在中国高技术产品出口规模迅速扩张的同时需要从上游国家进口更多中间品，不仅导致出口利润部分被上游国家获得，而且出口规模和数量也受上游国家控制。例如，美国通过切断上游核心技术产品的供应链封杀中国高技术产业（中兴、华为等），其实施的技术封锁是想阻止中国通过学习发达国家的先进技术提升自身竞争力（Giuliani et al.，2005）。因此，在出口规模扩大的同时更应该重视通过自主创新提高出口产品的技术含量和质量，这样才能在激烈的国际市场竞争中形成竞争优势，提高产品出口竞争力。政府研发补贴在一定程度上能够推动企业自主创新。由于技术所具有的公共产品特性（非竞争性和部分排他性），新产品的研发活动具有很强的正向技术外溢效应，容易引发市场失灵和投资不足等问题（Tassey，2004），导致企业自主创新动力减弱（Arrow，1962）。政府研发补贴相当于为企业分担了部分研发风险（Hussinger，2008），激发了企业创新动力。政府研发补贴通过为高技术企业提供资金支持直接增加了企业研发投入，有助于增强企业自主创新能力和出口技术含量（Moraga et al.，2005；李秀芳和施炳展，2013）。研发补贴还能起到信号传递的作用（Narayanan et al.，2000），向外界投资者传达企业具有发展潜力的信息（Meuleman & Maeseneire，2012），从而增加外界投资、缓解融资约束。但研发补贴也有可能无法起到促进出口的作用。由于信息不对称，企业若为获得研发政策支持而仅从事策略性创新，难以起到促进出口发展的实质性效果。寻租行为造成公共资源的浪费，降低了研发补贴效率。高额的研发补贴还会间接提高研发要素的价格，进而提高企业研发成本，降低企业研发效率（Goolsbee，1998）。作为正处在转型中的出口大国，中国的研发补贴能否对高技术产品出口发展起到提升作用?

在不确定的环境中，全球贸易政策的频繁变动使得出口企业的发展方向不明确、经营风险增加，企业家进行研发创新以及出口的意愿更加微弱。由于外界投资者和企业间存在信息不对称，投资者难以了解到企业项目的真实情况，尤其在贸易政策不确定时期，投资者将会更加谨慎地选择投资项目，企业获得投资的难度加大。贸易政策不确定性加大了企业出口面临的交易风险，增加了企业出口需支付的沉没成本，带来融资约束难题，这些都有可能影响研发补贴对出口的影响效果。已有研究主要从研发补贴自身对出口贸易的影响着手，却忽视了贸易政策不确定的外部环境，因此有必要在不确定的环境下探讨研发补贴的有效性。探讨这一话题将对中国持续提升出口发展、向出口强国转变具有重要的现实意义，也对世界其他国家在贸易政策不确定时期实施怎样的研发补贴政策具有参考价值。

1.1.2 研究意义

1. 理论意义

本书基于贸易政策不确定性视角深化了已有研究对于政府研发补贴的认识。以梅利茨（Melitz，2003）提出的新新贸易理论为基础，探究政府研发补贴对企业出口行为的影响，在理论层面对研发补贴与出口发展间的关系提出合理解释。已有大量文献开展了关于研发补贴对出口的影响研究，但这类研究主要着眼于研发补贴本身所发挥的作用，忽视了企业所处的贸易政策不确定环境对研发补贴效果的影响。本书将贸易政策不确定性、研发补贴与出口发展纳入统一框架，从不确定的贸易政策视角考察研发补贴对出口发展的影响，丰富了关于研发补贴影响出口这类文献的研究视角，拓宽了与研发补贴相关的研究领域，进而对中国在贸易政策不确定环境下如何实施研发补贴提供了理论和经验证据。本书采用出口增长边际和出口产品质量衡量高技术产品出口发展，不仅从数量层面研究贸易政策不确定性对研发补贴有效性的影响，还从质量方面进行了验证，对研发补贴影响出口贸易这一研究领域提供了新的研究视角和经验证据，为检验研发补贴的有效性提供了新的思路。国家层面，参考哈梅尔斯和克莱诺（Hummels & Klenow，2005）将出口增长边际划分为出口扩展边际、数量边际和价格边际；企业层面，参考杨连星等（2015）将出口边际分为是否进入出口市场、扩展边际和集约边际三个维度，从微观角度考察了研发补贴对于出口增长的具体影响，丰富和深化了已有关于出口增长边际的研究。已有研究主要从出口二元边际角度分析贸易政策不确定性的影响，本书进一步将二元边际分解为三元边际，有利于清楚把握贸易政策不确定性影响出口增长的具体路径，拓展了贸易政策不确定性与出口方面的研究。在考虑贸易政策不确定性对出口产品质量的影响时，通过构建质量异质性模型探讨贸易政策不确定性影响出口质量的理论机制，掌握其长期性的基本规律，从而为中国更好地应对不断变化的贸易政策环境提供理论支撑。

2. 现实意义

第一，为促进出口转型升级，实现经济高质量发展提供政策导向。中国经济已经由高速增长转向高质量发展阶段，目前正处在转变发展方式、优化经济结构、转化增长动力的攻关期，坚持以创新推动经济发展质量变革成为重要目标。本书对高技术产品出口发展的分析包括出口增长边际和出口产品质量，其中出口增长边际细分为扩展边际、集约边际。将出口增长边际具体化，能够准确分析出高技术产品出口增长究竟沿哪一条路径实现，有利于为中国出口产品结构优化和转型升级提供合理的建议，推动中国从贸易大国发展为贸易强国，持续发挥出口贸易对经济增长的促进作用。出口产品质量反映了产品的技术含量，直接关系到高技术产品的出口竞争力。我国出口产品质量升级不仅能减少贸易摩擦，还有利于改善高技术产业在全球价值链中的地位，进而推动经济高质量发展。

第二，有利于通过改革创新推进国家治理体系和治理能力现代化。本书对于出口发展的研究包括了扩展边际和出口产品质量两方面。扩展边际的提升意味着出口增长致力于通过研发创新提高产品多样性，产品质量的提升也是技术创新的产物。对于扩展边际和出口产品质量的研究，是为了正确认识贸易政策不确定性和研发补贴对创新的影响，这对于如何提高自主创新能力、加快转变经济增长方式提供了启发。党的十八届三中全会提出“使市场在资源配置中起决定性作用和更好发挥政府作用”①，中国更加重视市场机制的作用，重视功能性产业政策的应用。了解研发补贴政策的演进历程，探讨其有效性及不足，对于产业政策转型及市场化改革具有重要的现实意义。

第三，为营造和平、稳定的贸易环境和国际秩序提供经验证据。自2008年国际金融危机以来，逆全球化浪潮兴起，发达国家为了自身利益，企图成为国际经贸规则的制定者和主导者，在贸易议题上倡导高标准的规则。国际经贸规则的变动不仅加剧了贸易政策的不确定性，造成了紧张的贸易局势，还使得中国出口贸易的发展面临严峻挑战。基于对国际、国内经济环境新变化的考虑，本书首先介绍了当今世界经济环境面临的不确定性，同时分析了在这一环境下中国贸易政策不确定性的表现，然后进一步研究全球贸易政策不确定性对中国高技术产品出口发展的影响，以及在这一环境下政府研发补贴对出口发展的影响变化。这一思路不仅讨论了政府研发补贴的有效性问题，有利于形成与国际贸易规则和体系相衔接的产业政策，而且有助于为中国有效应对贸易政策不确定性建言献策，从而降低

① 人民网：《习近平关于社会主义经济建设论述摘编》（三）（http：//theory. people. com. cn/n1/2017/0619/c148980 - 29347273. html）。最后一次访问日期：2020 年 3 月 20 日。

经济波动、实现经济的平稳发展。伴随世界经济全球化的深入发展，各国间的联系日益紧密。一国贸易政策的不确定性将会对其他国家产生影响，如中美贸易摩擦加剧两国贸易政策不确定性的同时也加重了世界贸易政策不确定性。在新的形势下探究中国与世界经济共生共赢发展至关重要。由于各国经济联系密切，不确定性将会蔓延到各个国家。世界整体的贸易政策不确定性是各国不确定性的集中体现，为了全球的稳定发展，各国应首先稳定国内的贸易政策环境。本书重点研究中国面临的目的国贸易政策不确定性，为其他国家稳定贸易政策提供理论依据，也为化解贸易摩擦、推进贸易自由化提供政策参考，最终有利于推动建设开放型世界经济。

1.2 文献综述

1.2.1 政府研发补贴对出口影响的研究

政府研发补贴对企业出口的影响既有积极的激励作用，也有消极的阻碍作用。激励效应主要表现为：(1) 政府研发补贴直接降低了企业的生产、研发成本（于建勋，2012），从而降低出口产品价格，出口产品在国际市场上更具价格优势，有利于出口规模的扩大，出口规模的扩大又有利于形成规模经济进一步降低成本，形成促进出口的良性循环。(2) 政府研发补贴在一定程度上分担了企业研发创新的风险（Hussinger，2008），同时为企业融资提供方便，不仅有助于鼓励潜在企业出口（Chaney，2005），还有助于企业将更多资金投入到产品研发中，从而提高企业生产率和出口产品的技术含量（李秀芳和施炳展，2013），提高企业在国际市场的出口竞争力。(3) 政府补贴有利于企业引进更多优秀的科研人才，为技术研发创新提供人力资源（曹献飞等，2018）。但政府政策支持也有不利的一面。徐志伟和郭树龙（2018）发现政府补贴在多数情况下起到恶化出口企业盈利的作用。政府补贴对出口的阻碍具体表现为：(1) 大规模且持久的政府补贴容易让出口企业产生依赖，企业的研发动力逐渐减弱，最终弱化出口竞争力。持续的低成本使得企业的出口竞争力仅停留在价格优势上，难以倒逼企业通过技术创新获得出口质量优势（余娟娟，2018）。在贸易环境不确定的国际市场中，缺乏质量的产品难以获得持久的竞争力、难以在出口市场中立足。(2) 政府和企业间存在信息不对称（安同良等，2009），企业为获得政府补助盲目追求专利数量，无法真正起到促进技术创新的作用（黎文靖和郑曼妮，2017）。同时，补贴监管难度大易诱发企业寻租活动，政企联合导致不公平的竞争，应该获得补贴的企业无法得到补贴，不仅无法达到补贴的真正目标，还造成了公共资源的浪费。(3) 政府补贴容易引起与贸易伙伴国间的冲突（廖玫和赵婧，2014），中国企业出口的低价格产品可能导致伙伴国同类产品生产者利益受损，伙伴国倾向于提高进口关税或对出口国开展反补贴调查，以此打击出口企业竞争力。现有关于补贴与出口关系的文献从多种研究视角同样得出正反两方面的结论。

1. 政府补贴政策对企业出口边际的影响

随着梅利茨（2003）提出新新贸易理论后，学者们逐渐将研究视角转移到对贸易边际的分析。出口增长边际主要包括扩展边际和集约边际，集约边际又包括数量边际和价格边际。有关补贴对企业出口边际的影响主要集中在对出口扩展边际和数量边际的分析，即对潜在企业参与出口的可能性和在位企业出口规模的分析。

已有部分文献肯定了政府补贴对企业出口的积极作用。于建勋（2012）采用固定效应和随机效应 Logit 回归分别对生产补贴与出口规模、出口参与的关系进行检验，研究表明接受政府对企业提供的生产补贴有助于企业扩大出口规模且提高参与出口市场的可能性。在考虑补贴和出口之间存在内生性后，这一结论同样成立。获得政府补贴的企业更倾向于出口，那么企业的出口是否由政府补贴引起？苏振东等（2012）分别选用Logit模型和PSM模型分析生产性补贴与制造业出口间的相关关系和因果关系，研究证明补贴与出口行为存在正向相关关系，并且补贴还是促进潜在企业进入出口市场、已出口企业增加出口密集度的原因。康志勇（2014）发现政府对企业的生产性补贴主要是通过增加出口企业数量来促进出口，且这一影响对于大规模企业和非国有企业而言更明显。进一步，周世民等（2014）在倾向得分匹配方法的基础上又通过倍差法消除个体效应可能产生的干扰，发现生产性补贴有利于激励企业出口，且激励效果在下一期更强烈。进一步研究发现，生产补贴对民营企业、东部地区、非出口企业里中等生产率水平的企业、技术和资本密集型行业的积极影响更明显。周康（2015）运用最邻近匹配、卡尺匹配及核匹配三种方法证明了生产性补贴有利于增加出口目的国的数量和出口品种类，但对出口贸易额和集约边际的影响不显著。许和连等（2017）通过倾向得分匹配法证明政府对企业的创新补贴对出口扩展边际和集约边际均有显著促进效应，且对扩展边际的影响更大。进一步研究还发现创新型补贴对高生产率企业、小规模企业、民营企业出口二元边际的影响更明显。

还有一类文献认为寻租、缺乏有效监管等难题抑制了补贴的作用效果，难以对出口起到显著且持续的影响。如伯纳德和詹森（Bernard & Jensen，2004）研究美国补贴时发现政府补贴并未显著促进潜在企业积极出口。阿尔瓦里兹和克里斯皮（Alvarez & Crespi，2000）对智利企业出口的研究发现政府实施的促进出口政策对于智利企业出口量和市场规模具有积极促进作用，但对出口产品种类的影响却并不显著。马丁库斯和卡巴罗（Martincus & Carballo，2008）对秘鲁出口企业的研究却得出相反的结论，其研究表明政府促进出口政策的有效性主要表现在出口扩展边际的增加，对出口贸易量和集约边际并没有起到积极促进作用。吉尔马等（Girma et al.，2009）虽然认同补贴有利于出口企业扩大规模的结论，但指出补贴无法增加出口企业的数量，即其对出口扩展边际没有显著积极影响。刘晓宁

(2015) 研究证明政府补贴显著抑制了企业参与出口的积极性及出口强度。赫尔默斯和特罗菲门科 (Helmers & Trofimenko, 2013) 对哥伦比亚的研究表明政府补贴有利于促进企业扩大出口规模，但伴随政企关系发展得越来越紧密，这一促进作用将逐渐削弱。徐建军和汪浩瀚 (2014) 从动态视角采用广义倾向评分匹配法研究补贴与出口的关联，得出类似的结论，认为政府补贴对出口起到促进作用，但这一促进作用随人均补贴强度的增加而减弱。张杰和郑文平 (2015) 从企业层面探讨了政府补贴对出口二元边际的影响，认为政府补贴对出口的影响主要体现在扩展边际，但二者间呈倒“U”型关系，即补贴对企业出口的促进作用仅在政府补贴较少时才能发挥出来。文章进一步分析了所有制类型和贸易方式下补贴对出口扩展边际的异质性影响，发现政府补贴对外资企业和民营企业的出口扩展边际具有积极影响，对加工贸易企业的集约边际有促进作用。

从上述研究可以看出，较少有文献从出口价格的角度研究补贴的有效性，施炳展等 (2013) 重点考察补贴对出口数量和价格的影响，认为政府补贴有助于出口企业形成以低价和数量取胜的出口优势。并且上述研究主要从生产性补贴的视角考察，并没有考虑研发补贴对出口边际的具体影响。

2. 补贴政策对企业出口产品质量的影响

大多数文献认为政府研发补贴对出口产品质量的影响主要是通过提高创新投入实现的。研发补贴不仅直接增加了企业的研发资金，对企业创新起到重要推动作用（杨洋等，2015），还会以积极信号的形式增加外界投资，获得更多有利的创新资源（余明桂等，2016）。莫拉卡等 (Moraga et al., 2005) 认为政府可以通过补贴达到提高企业产品质量的目的。罗伯和杜达斯 (Roper & Hewitt-dundas, 2010) 认为政府补贴对新产品研发起到积极作用，同时有利于产品质量的提高。邵敏和包群 (2012) 则认为补贴额度只有处于适度区间内才能起到激励产品创新的作用。

毛其淋和许家云（2015）同样认可这一观点，并认为补贴对新产品研发的激励作用受地区知识产权保护的影响而存在差异，完善的地区知识产权保护制度有利于促进新产品研发。李秀芳和施炳展（2013）也从出口产品质量的视角探究了政府补贴对出口的影响，研究结果证实补贴规模和程度的增加均有利于提升企业的出口产品质量，尤其是对外资企业、高技术企业、具备生产效率高、研发能力强、人力资本投入高等特征的企业质量提升更显著。施炳展和邵文波（2014）在探究出口产品质量的影响因素时再次验证了政府补贴对出口产品质量的提升作用，且这一作用体现在私营和外资企业。而李秀芳和施炳展（2016）在研究中间产品进口种类多样化与出口产品质量的关系时却发现，政府补贴对出口产品质量并未起到提升作用，补贴效率有待提高。鲁晓东（2015）用出口产品的复杂度和质量衡量出口转型升级，实证得出政府补贴能够通过提升出口复杂度和产品质量有效促进出口产品转型升级的结论。张洋（2017）认为政府补贴提升出口产品质量的渠道是研发创新及进口高质量中间品，并采用倍差法验证了这一机制。曹献飞等（2018）利用Probit模型检验出政府补贴有利于促进企业出口，认为这主要归功于补贴降低了出口沉没成本，并助力企业加强研发创新；OLS模型表明政府补贴对出口品质量提升具有促进作用，认为这得益于补贴能够缓解企业融资约束和人才匮乏等问题。布朗等（Brown et al.，2012）认为补贴可以通过缓解企业融资约束促进研发创新。蔡旺春等（2018）认为政府的研发补贴通过提高企业技术创新能力，从而有利于促进产品质量的提高。唐丹丹和阮伟华（2019）的研究同样支持了补贴有利于提高企业出口产品质量这一观点。

但是还有部分文献认为补贴对出口产品质量起到抑制作用。刘晓宁（2015）认为补贴存在逆向选择、道德风险等问题，对出口产品的质量起到负面影响。张杰等（2015）实证检验政府补贴和市场竞争对出口产品质量产生的影响，发现市场竞争能够激发企业提升产品质量的动力，而政府补贴却起到抑制产品质量的作用。政府补贴通常属于生产补贴，因而有利于降低企业生产成本，从而形成价格竞争优势，但长此以往，容易对政府补贴产生依赖，丧失提升产品质量的动力。余娟娟和余东升（2018）利用中国工业企业数据库和中国海关统计数据库，通过倍差法和倾向得分法比较了政府补贴和行业竞争对出口技术复杂度的影响，发现政府补贴对企业提升出口技术复杂度起到阻碍作用，但行业竞争能够起到积极促进作用。政府补贴激励企业研发，对中高竞争行业的出口技术升级有显著促进作用。

1.2.2 贸易政策不确定性对出口影响的研究

现有关于经济政策不确定性的文献，主要集中于对投资、就业、创新等的影响分析。如巴克等（Baker et al.，2016）发现政策不确定性引起股价波动、投资和就业减少等问题。李凤羽和杨墨竹（2015）也证实了经济政策不确定性对企业投资的抑制作用。佟家栋和李胜旗（2015）认为贸易政策的不确定性得到缓解有利于促进出口产品创新，不确定性的缓解由于促进了出口活动，不仅加剧了国际市场竞争，而且企业在出口过程中学习到目的国先进的技术和经验，最终都将对产品创新起到积极影响。刘和马（Liu & Ma，2016）同样证实贸易政策不确定性下降对创新的积极影响，以专利数量衡量企业创新能力，中国加入世界贸易组织（WTO）后贸易政策不确定性下降，增加了企业专利数量，最终提高了企业创新能力。在不确定性加剧的环境下，企业同样可以抓住机遇，通过研发环节的投入增强创新能力，从而抵御不确定性的冲击。如顾夏铭等（2018）便从创新投入和创新产出的角度得出经济政策不确定性的加剧对创新存在激励效应。

近年来，关于经济政策不确定性的文献逐渐将视角转移到对贸易的影响研究。企业进入出口市场需要支付一项沉没成本，政策不确定性提高了企业投资的期权价值（Bernanke，1983），企业会选择等到条件改善或不确定状况缓解再进入国际市场。汉德雷和利茅（Handley & Limão，2015）

从理论和实证两方面证明贸易政策不确定性对投资和参与出口有显著抑制影响。伯奥尤尔等（Bouoiyour et al.，2014）探讨了汇率不确定性与突尼斯出口之间联系的稳健性，发现汇率不确定性在短期或达到一定阈值时，对出口的影响总是不利的。潘家栋和韩沈超（2018）同样支持这一结论，认为中国和世界经济政策不确定性分别通过供给和需求方面抑制中国出口。金（Kim，2016）研究了风险态度如何改变不确定性对企业出口决策的影响，当企业特定的不确定性增加时，规避风险的企业在出口市场参与方面更加谨慎。面对宏观经济不确定性，风险投资公司减少其参与出口市场的可能性较小。

1. 贸易政策不确定性对出口边际的影响

随着新新贸易理论的兴起，学者们将研究视角从贸易总额转移到贸易边际，试图从微观角度深入分析贸易增长的源泉。已有文献主要从二元边际视角考察政策不确定性对贸易的影响。格林兰德（Greenland，2014）将1995~2002年间的贸易总额分解为扩展边际和集约边际两部分，用引力模型评估政策不确定性对这两部分的影响，发现政策不确定性上升导致贸易总额和扩展边际均下降，主要以扩展边际的下降为主，对集约边际影响不明显。奥斯纳格等（Osnago et al.，2015）研究了149个国家在HS6位数水平上的出口，用多边和区域贸易协定下的约束关税和应用关税间的差额衡量贸易政策不确定性，发现贸易政策不确定性是阻碍出口的重要因素。若贸易政策不确定性下降1%，出口量将增加1%，出口可能性提高12%。之后，冯等（Feng et al.，2017）利用包含贸易政策不确定性的异质企业模型探讨贸易政策不确定性下降时既有新企业出口也有在位企业退出的原因，发现这和新企业价低质优有关，不确定性的降低使得企业生产优质产品，并鼓励生产率高的企业出口，通过质量和价格优势增强中国企业对美国出口的竞争力。钱学锋和龚联梅（2017）从贸易协定角度分析贸易政策不确定性对出口的影响，由于贸易协议的签订降低了中国在贸易方面的不确定性，从而对出口起到促进作用，且这一促进作用主要体现为集约边际的增加。魏友岳和刘洪铎（2017）着眼于中国的经济政策不确定性，分析其对出口边际产生的影响，发现经济政策不确定性显著抑制出口的扩展边际，对集约边际的影响无法确定。谷克鉴等（2018）从目的国视角分析经济政策不确定性对多产品出口的影响，理论和实证研究表明目的国经济政策不确定性的增加将抑制企业出口总量和出口种类，但会增加核心产品集中度，即提高主要产品出口额占出口总额的比重。刘竹青和佟家栋（2018）则同时考察中国和国外经济政策不确定性对出口的影响，发现二者均会对中国出口贸易产生抑制作用，并且这一抑制作用主要体现在扩展边际。哈梅尔斯和克莱诺（2005）将集约边际分解成数量边际和价格边际，提出三元边际的分解框架后，学者们将研究视角转向对出口三元边际的研究，如曲丽娜和刘钧霆（2020）研究了经济政策不确定性对出口三元边际的影响。但关于贸易政策不确定性对出口的影响缺乏从三元边际视角分析的文章。由于行业和产品间存在差异，有必要对具体行业进行研究，从而提出更具针对性的建议。

通过以上分析可知，现有文献多关注经济政策不确定性对贸易总量的影响，具体研究贸易政策不确定性并将其与贸易边际联系起来的文章并不多，且缺乏对高技术产品的针对性研究。因此，本书将从理论和实证方面具体分析贸易政策不确定性对高技术产品出口种类、数量、价格和质量的影响。

2. 贸易政策不确定性对出口产品质量的影响

张莹和朱小明（2018）用 1995～2010 年间 18 个经济体的经济政策不确定性进行实证检验，发现经济政策不确定性通过降低固定资产投资来阻碍出口产品质量提升。如冯等（2017）研究中国加入 WTO 后贸易政策不确定性对出口的影响时发现中国加入 WTO 降低了贸易政策不确定性，这促进了优质产品的生产，对出口市场中的新进入企业具有质量促进作用。但部分学者却得出相反的结论。苏理梅等（2016）通过倍差法识别出贸易政策不确定性下降将引起出口品质量的下降，对于不确定性下降大的行业，有更多生产低质产品的企业进入，且在位企业未能及时提升产品质量，综合作用导致整体出口质量下降较大。张兵兵和田曦（2018）从目的国的视角探讨了经济政策不确定性对于中国出口产品质量的影响，研究结果表明，目的国经济政策不确定性的增加反而有利于中国提高出口产品质量，这既可能是因为目的国频繁变动的经济政策倒逼中国提升产品质量，也可能因为出口国主动创新以应对不确定的国外市场环境。

1.2.3 贸易政策不确定性、研发补贴对出口影响的研究

在贸易政策不确定的环境下，风险和机遇同时存在。不确定性既可能导致企业研发造成的损失增加，也可能带给企业更高的研发投资回报。孟庆斌和师倩（2017）认为经济政策的不确定性对企业研发活动起到正向激励作用，企业倾向于通过创新摆脱不确定性这一困境。对经济政策的不确定性较为敏感的企业受到的激励作用更大。宋玉禄等（2018）指出机遇和风险两方面力量的权衡使得经济政策不确定性与研发投入存在倒“U”型关系。寇恩惠和戴敏（2019）考察官员变更这一政策不确定性时发现，这一不确定性的增加反向影响了地方政府对企业的研发补贴效果。政府补贴直接降低了企业的成本，同时又向外界投资者、银行等释放利好信号，间接缓解企业融资约束，减少企业投资顾虑，从而促使企业有更多资金投入到研发创新中去。顾夏铭等（2018）发现经济政策不确定对创新所产生的激励效果主要体现在获得更多政府补贴的企业上。王等（Wang et al.，2017）通过实证检验发现政策和市场不确定性对低政府补贴公司的研发投入具有显著负向影响，但对政府补贴较多的公司影响并不明显，说明政府补贴在这一过程中起到了正向作用。他们认为在政策不确定时政府补贴能够增强企业的信心，政府对部分行业或企业的支持减轻了政策或市场不确定性带来的负面影响。越来越高的经济政策不

确定性将会导致企业更加谨慎地选择投资，同时有可能对企业造成财务困境。政府补贴可以视为企业分散投资风险的重要渠道（Lee & Cin，2010），政府补贴有助于缓解企业融资约束问题，通过提高公司研发投资的预期收益打消企业推迟研发投资的意图，从而减轻不确定性对企业研发投资的负面影响（Czarnitzki & Toole，2007）。克扎尼斯基和图勒（Czarnitzki & Toole，2007）利用德国制造业的样本证实了研发补贴在减轻不确定性造成的负面影响方面起到的积极作用。王闽和侯晓红（2015）也认为政府补贴在经济不确定环境下发挥了促进创新的重要作用。申明浩等（2019）的研究表示受到政府财政扶持的企业具有较好的发展环境和较小的融资约束，对不确定的政策变动具有更强的应对能力，抵御风险的能力也更强。

但陈鑫霞和朱晶（2019）却认为得到政府补贴的企业在面临上升的经济政策不确定时所受到的抑制作用强于没有得到补贴的企业。这主要是因为补贴政策未有效起到促进企业进行“实质性”创新的作用。补贴政策存在的信息不对称以及诱发的寻租行为降低了补贴的效率，过度的补贴还会通过提高资源价格增加企业研发成本。因此，在不确定的环境下补贴难以有效帮助企业抵御风险。

1.2.4 文献评述

从已有研究文献的发展来看，主要存在以下特点：

第一，对政府补贴的研究主要集中在生产性补贴。于建勋（2012）检验了生产补贴与出口规模、出口参与间的关系。苏振东等（2012）同样是分析了生产性补贴与制造业出口间的相关关系和因果关系。康志勇（2014）、周世民等（2014）及周康（2015）均是研究生产性补贴对于企业出口的影响。现有研究主要从生产性补贴的视角考察，较少考虑研发补贴对出口的影响。许和连等（2017）通过倾向得分匹配法证明政府对企业的创新补贴对出口扩展边际和集约边际均有显著促进效应。蔡旺春等

(2018) 认为政府的研发补贴通过提高企业技术创新能力，从而有利于促进产品质量的提高。

第二，对于政策不确定性的研究从整体的经济政策不确定性转向具体的政策不确定性。现有关于经济政策不确定性的文献，主要集中于对投资、就业、创新等的影响分析。如巴克等（2016）发现政策不确定性引起股价波动、投资和就业减少等问题。李凤羽和杨墨竹（2015）也证实了经济政策不确定性对企业投资的抑制作用。顾夏铭等（2018）从创新投入和创新产出的角度研究经济政策不确定性的加剧对创新的激励效应。之后，文献的研究重点从经济政策不确定性转向贸易政策不确定性、汇率不确定性等方面。汉德雷和利茅（2015）从理论和实证两方面证明贸易政策不确定性对投资和参与出口有显著抑制影响。佟家栋和李胜旗（2015）及刘和马（2016）研究了贸易政策不确定性对创新的影响，不确定性的缓解将对创新起到积极作用。伯奥尤尔等（2014）探讨了汇率不确定性与突尼斯出口之间联系的稳健性。此外，现有文献关于不确定性的研究从立足于本国政策不确定性发展为考虑目的国政策不确定性对本国的影响。魏友岳和刘洪铎（2017）着眼于中国的经济政策不确定性，分析其对出口的影响。谷克鉴等（2018）从目的国视角分析经济政策不确定性对出口的影响。刘竹青和佟家栋（2018）则同时考察中国和国外经济政策不确定性对出口的影响。潘家栋和韩沈超（2018）同样综合考虑了中国和世界的经济政策不确定性对中国出口的影响。

第三，对出口的研究从数量维度转向结构和质量维度。已有文献关于政府补贴对出口的影响研究较多集中在出口规模和出口结构。阿尔瓦里兹和克里斯皮（2000）发现政府补贴政策对于智利企业出口量和市场规模具有积极促进作用。赫尔默斯和特罗菲门科（2013）对哥伦比亚的研究发现政府补贴有利于促进企业扩大出口规模。近年来关于出口产品质量的研究越来越多。李秀芳和施炳展（2013）从出口产品质量的视角探究了政府补贴对出口的影响。施炳展和邵文波（2014）也验证了政府补贴对出口产品质量的提升作用。张洋（2017）认为政府补贴通过研发创新及进口高质量中间品提升出口产品质量。曹献飞等（2018）、蔡旺春等（2018）及唐丹丹和阮伟华（2019）均发现政府补贴对出口品质量提升具有促进作用。贸易政策不确定性影响出口的相关研究也经历了从出口总量、出口边际到出口质量的过程。奥斯纳格等（2015）、汉德雷和利茅（2015）发现贸易政策不确定性的降低会促进出口量的增加。随着新新贸易理论的兴起，学者们将研究视角从贸易总额转移到贸易边际，从微观角度分析贸易增长的源泉。已有文献主要从二元边际视角考察政策不确定性对贸易的影响。格林兰德（2014）、奥斯纳格等（2015）、冯等（2017）、魏友岳和刘洪铎（2017）、刘竹青和佟家栋（2018）均是研究不确定性对出口扩展边际和集约边际的影响。

通过梳理相关文献，发现其中的不足及有待完善的地方，为本文的研究指明方向。探究政府补贴对出口影响的文献十分丰富，已有学者从理论和实证方面都做了全面研究。但重点关注研发补贴与出口关系的文献相对较少。政府补贴既包括生产性补贴也包括研发补贴，两种类型补贴对出口作用的效果存在差异。鉴于本书选择的是高技术产品，将重点研究与其密切相关的研发补贴。同时，考虑到现有文献对研发补贴与出口的研究多集中于对出口总量和出口结构的分析，本书将出口发展分为出口增长和出口质量两大维度，从“量”和“质”两方面全面衡量研发补贴对出口的影响。关于贸易政策不确定性对出口发展影响的文献也较为丰富，其中有研究对一国整体贸易的影响，也有研究对贸易边际的影响，但是缺乏从三元边际视角分析其对具体产品出口的影响。因此，本书将贸易增长边际扩展到三个维度，从更加具体的路径探讨贸易政策不确定性对出口增长的影响，有利于为稳定贸易政策不确定性提供针对性的政策建议。考虑到出口贸易在产品层面存在差异，因此区分产品来研究显得十分必要。同时，现有文献并未将贸易政策不确定性、研发补贴和出口发展三者放在一个统一的框架下研究，贸易政策不确定性对出口的影响可能会对研发补贴的作用效果产生影响，因此有必要在不确定的环境下探讨研发补贴的有效性。

综合来看，已有文献主要是对出口规模、出口二元边际的研究，缺乏研发补贴对出口三元边际和产品质量的影响研究，并且在贸易政策不确定性视角下探讨政府研发补贴与高技术产品出口发展的文章很少，且缺乏理论和实证支撑。因此，本书从贸易政策不确定性这一视角探究中国高技术产品出口增长的实现路径及出口质量提升，并实证研究贸易政策不确定性和研发补贴对其出口发展的影响，最后根据研究结果提出促进高技术产品出口的对策建议。

1.3 研究方法

本书试图研究政府研发补贴这一“扶持之手”在贸易政策不确定环境下对高技术产品出口发展的影响机制和效果，为使得研究结论更加科学和稳健，采用多种研究方法进行全方位分析。具体研究方法总结如下：

1.3.1 比较分析法

第3章描述政府对高技术产品的研发补贴及高技术产品出口现状时，不仅进行整体分析，还进一步将高技术产业划分为医药制造业、航空航天器制造业、电子及通信设备制造业、电子计算机及办公设备制造、医疗设备及仪器仪表制造业，分别比较五大细分行业的高技术产品所获研发补贴和出口的状况。按照创新来源将其分为互动型和创新型行业，比较两类行业高技术产品的补贴及出口情况。在测算高技术产品出口三元边际后，比较了中国对不同贸易伙伴国（地区）出口高技术产品的增长路径。在第6章的实证研究中，为了更加全面地分析研发补贴对不同企业高技术产品出口发展的异质性影响，将样本进一步分为不同行业类型（科技创新型和应用互动型行业）、不同所有制企业（本土企业、外资企业）、不同地区企业（东部地区、中西部地区）以及不同贸易方式（一般贸易、加工贸易），分析并比较政府研发补贴对同一分类下不同企业出口发展的影响差异，为本书提出的更加准确具体的政策建议提供依据。

1.3.2 理论与实证相结合

本书第2章结合已有文献，首先回顾了研发补贴和贸易政策不确定性影响企业出口的相关理论，第4章在新新贸易理论框架下采用理论模型分别对政府研发补贴和贸易政策不确定性影响企业出口增长边际和产品质量的机制进行数理分析。随后基于理论分析进行第5章、第6章的实证检验，用国家和企业层面的数据具体分析贸易政策不确定环境之下研发补贴对出口发展的影响效果，有效检验第4章提出的研究假设，做到理论和实证的有机结合，对本书的研究中心进行全面的分析。

1.3.3 定性分析和定量分析相结合

第4章对于影响机制的分析属于定性分析，第5章、第6章的实证检验部分属于定量分析，根据理论分析设计合理的计量模型，通过中国工业企业数据库、中国海关进出口数据库、UN Comtrade数据库、CEPII BACI数据库、《中国高技术产业统计年鉴》、世界银行WDI数据库等途径搜集数据，对数据进行相应处理，利用Stata软件选择控制年份和国家固定效应对模型进行统计分析。

1.3.4 多种计量方法相结合

为保证研究结论的准确和规范，本书实证部分综合采用多种计量方法。具体地，对于研发补贴有效性的检验，本书采用固定效应模型和倾向得分匹配法；对于贸易政策不确定性对企业出口发展的影响，基准回归控制行业、省份和年份固定效应，随后采用倍差法模型进一步检验。为解决上述模型可能存在的内生性问题，选择动态面板回归和两阶段最小二乘法（2SLS），并对研究结果进行稳健性检验。

1.4　结构安排和技术路线

1.4.1　结构安排

本书选择高技术产品作为研究对象，分别从理论和实证两个方面全面分析贸易政策不确定性、研发补贴对高技术产品出口发展的影响。首先，分别探讨贸易政策不确定性对出口发展、研发补贴对出口发展、贸易政策不确定性与研发补贴二者共同作用对出口发展的影响机制，并提出相应的理论假设。其次，通过实证检验这一影响机制和假设，以期为高技术产品出口的高质量发展提供具有建设性的意见。全书共分为7章，结构安排如下：

第1章是绪论，分别介绍了本书的研究背景、研究目的和意义、研究方法。从贸易政策不确定性、政府研发补贴对出口发展的影响方面梳理相关文献，并对现有文献进行评述，在此基础上总结出本书的创新之处和可行性，进而阐述整体的研究框架并指出研究中的创新与不足。

第2章是对相关理论的具体分析。该部分从贸易政策不确定性与出口、研发补贴与出口方面进行相关基础理论的阐述和分析。首先在异质性企业贸易理论下研究贸易政策不确定如何影响出口。贸易政策不确定性对出口的影响主要涉及实物期权理论、增长期权理论方面。在研发补贴影响出口的分析部分，首先介绍市场失灵理论（外部性理论、公共产品理论）、战略性贸易政策理论来阐述研发补贴政策实施的理论基础，其次通过寻租理论和信息不对称理论，尤其是信息不对称理论存在的道德风险和逆向选择问题，分析研发补贴政策实施存在的难题。

第 3 章是对于贸易政策不确定性、政府研发补贴和高技术产品出口特征事实的阐述。首先，立足于贸易政策频繁变动的现实环境，分析国际贸易政策不确定性的变化趋势。其次，本书介绍了国际研发政策的基本情况，并系统地梳理了中国高技术产品所获研发支持情况，主要包括对与高技术产品相关的政府研发补贴政策的介绍、对研发补贴的规模、行业分布等作出详细描述和分析。最后，本书介绍了 2003～2017 年中国高技术产品的出口状况。先从出口规模和出口市场分布方面进行简单阐述。随后着重分析中国高技术产品出口质量状况，并刻画高技术产品出口种类、出口数量和出口价格的变化情况，识别出促进中国高技术产品出口增长的源泉。

第 4 章是对贸易政策不确定性下研发补贴影响高技术出口发展的机理分析。在第 2 章的基础上，进一步探讨具体的影响机制，首先通过构建理论模型分析研发补贴影响出口的机制，研发补贴通过降低研发成本、增加研发投入激励企业创新，从而降低出口价格边际，促进出口扩展边际、数量边际和质量水平的提升。其次通过异质性企业理论分析贸易政策不确定性对出口的影响。企业出口海外市场需要支付一笔高额固定成本（沉没成本），只有生产效率高的企业赚到足够利润才能负担这一成本。贸易政策不确定性的增加将提高沉没成本，同时提高投资的等待价值，企业通常持观望态度，对出口和投资的积极性下降。政府研发政策能够直接或间接地增加企业研发投入，企业有机会和动力研发新技术，提高出口产品技术含量，能够更好地满足国外消费者的高需求，弱化贸易政策不确定性的不利影响，最终有助于促进企业出口。

第 5 章是从国家层面研究贸易政策不确定性加剧环境下政府研发补贴对高技术产品出口发展的影响效果。首先，该部分采用 2003～2016 年中国对 31 个国家（地区）出口 SITC Rev. 3 五分位高技术产品的贸易数据，在控制国家和年份固定效应基础上选择固定效应分别验证政府研发补贴对高技术产品出口增长边际（出口扩展边际、数量边际和价格边际）和出口产品质量的影响效果。其次，基于关税测算的贸易政策不确定性指标，实证检验贸易政策不确定性对高技术产品出口发展的影响。最后，将贸易政策不确定性与研发补贴的交互项纳入模型中，进一步探讨贸易政策不确定性的加剧如何影响政府研发补贴对高技术产品出口发展的作用效果。考虑出口目的国收入水平的差异和金融危机的影响，分析贸易政策不确定性、研发补贴对出口发展的异质性影响。在解决内生性，进行更换变量、删除异常值等稳健性检验后再次验证上述结论。

第6章是从企业层面研究贸易政策不确定性降低的环境下政府研发补贴对高技术产品出口发展的影响效果。首先，该部分采用2000～2007年中国工业企业数据库和海关数据库，在控制行业、省份和年份固定效应基础上分别验证政府研发补贴对高技术企业出口产品增长边际和出口质量的影响效果，通过倾向得分匹配方法进一步验证了研发补贴与出口发展间的因果关系。其次，实证检验贸易政策不确定性对高技术企业出口产品发展的影响。通过中国"入世"后被美国授予永久正常贸易关系这一准自然实验，采用倍差法模型检验贸易政策不确定性的影响效果。最后，将贸易政策不确定性与研发补贴的交互项纳入模型中，进一步探讨贸易政策不确定性的下降如何影响政府研发补贴对高技术产品出口发展的作用效果。接下来，根据不同行业、不同所有制方式、不同地区及不同贸易方式分析贸易政策不确定性下研发补贴对出口发展的异质性影响。在解决内生性，进行更换变量、删除异常值等稳健性检验后再次验证上述结论是否成立。

第7章为研究的主要结论和政策建议。这一章是对前文研究结论的总结，并根据研究结论对我国研发补贴政策的实施、贸易政策的稳定及高技术产品出口贸易的发展提出相应的政策建议。

1.4.2　技术路线图

本书的技术路线图如图1－1所示。

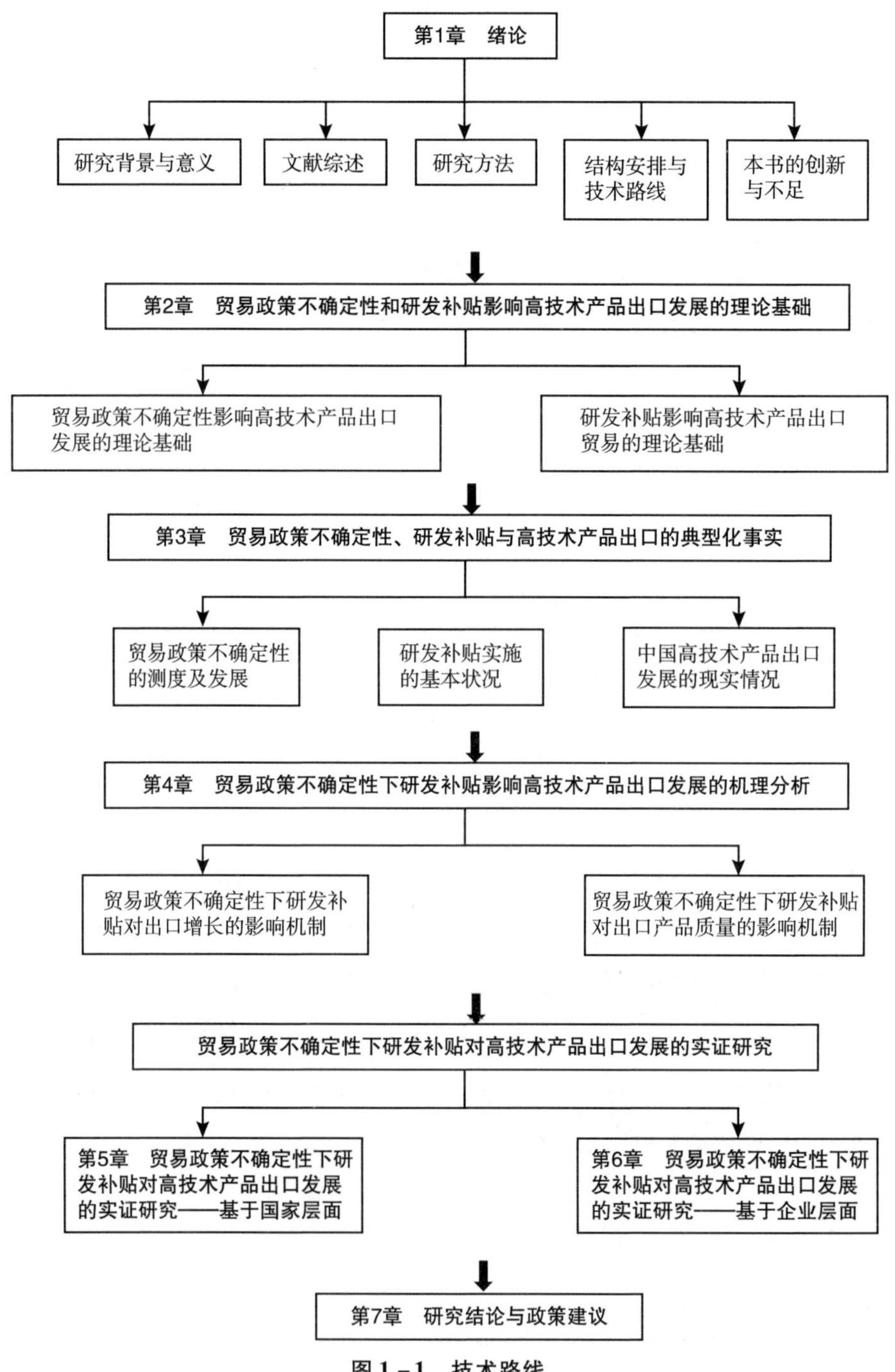

第1章　绪论
研究背景与意义
文献综述
研究方法
结构安排与技术路线
本书的创新与不足
第2章　贸易政策不确定性和研发补贴影响高技术产品出口发展的理论基础
贸易政策不确定性影响高技术产品出口发展的理论基础
研发补贴影响高技术产品出口贸易的理论基础
第3章　贸易政策不确定性、研发补贴与高技术产品出口的典型化事实
贸易政策不确定性的测度及发展
研发补贴实施的基本状况
中国高技术产品出口发展的现实情况
第4章　贸易政策不确定性下研发补贴影响高技术产品出口发展的机理分析
贸易政策不确定性下研发补贴对出口增长的影响机制
贸易政策不确定性下研发补贴对出口产品质量的影响机制
贸易政策不确定性下研发补贴对高技术产品出口发展的实证研究
第5章　贸易政策不确定性下研发补贴对高技术产品出口发展的实证研究——基于国家层面
第6章　贸易政策不确定性下研发补贴对高技术产品出口发展的实证研究——基于企业层面
第7章　研究结论与政策建议

图 1-1　技术路线

1.5 本书的创新与不足

1.5.1 创新之处

（1）研究视角创新。已有文献主要研究补贴政策对贸易的影响，鲜有从贸易政策不确定性的视角探究补贴这一产业政策对于出口发展的影响。同时考虑到贸易政策不确定性和政府研发补贴的共同作用符合当今世界经济的客观现实，但却缺乏这方面的研究文献。本书试图从贸易政策不确定性增加这一方面入手，从理论和实证两方面考察研发补贴政策的有效性，这有利于在贸易政策不确定性和政府研发补贴的互动中加深对高技术产品出口发展的认识，并且对于我国补贴政策的完善和高技术产品出口的持续发展具有重要现实意义。

（2）研究内容创新。虽然已有文献分析了研发补贴与出口、贸易政策不确定性与出口间的关系，但主要是基于出口总量和二元边际的分析，并没有考虑出口价格边际的影响。本书参考哈梅尔斯和克莱诺（2005）、施炳展（2010）构建的三元边际分解方法，将出口增长进一步分解为出口扩展边际、数量边际和价格边际，从出口产品种类、数量和价格方面具体刻画贸易政策不确定性、研发补贴对高技术产品出口的影响效果，从而为出口贸易有效规避不确定性风险提供较为精准的建议。考虑到出口产品质量是企业出口竞争力的反映，还加入出口产品质量方面的研究。以“量”和“质”共同衡量出口绩效，对于研发补贴有效性的评价将更加全面。在实证检验中不仅验证了研发补贴和贸易政策不确定性与出口发展间的相关关系，而且通过倾向得分匹配及倍差法分别验证了两组关系的因果效应。此外，现有文献并未将贸易政策不确定性、研发补贴和出口发展三者放在一个统一的框架下研究，贸易政策不确定性所带来的高风险和高成本可能会对研发补贴的作用效果产生影响，因此有必要在不确定的环境下探讨研发补贴的有效性。

（3）考虑到不同行业和产品出口增长实现路径的差异，同时鉴于高技术产业已发展为各国抢占技术制高点的主战场并对经济发展起到重要的引领作用，本文选择对出口转型升级具有关键作用的高技术产品，具体分析贸易政策不确定性和研发补贴对高技术产品出口发展的影响，以期为高技术产品的出口发展提供更具针对性的政策建议。

1.5.2 不足之处

（1）第6章实证涉及微观企业数据，样本期间为2000～2007年，存在时间较短且缺乏时效性的问题。本书关于企业层面的研究结论只能反映国际金融危机之前的情况，无法对近些年的现实情况进行合理解释。此外，中国工业企业数据库和中国海关进出口数据库数据量庞大，需经过复杂的处理与匹配，工作量之大难以避免存在数据遗漏等问题，可能对实证结果产生微弱偏差。但由于遗漏数据比例较小，并不会对实证结论产生实质性影响。

（2）由于本书样本选择的是高技术产品，仅能分析出高技术产品的情况，无法得知整体的出口情况，也无法进行高技术与低技术产品间的比较，所提政策建议主要针对高技术产品。

第2章

贸易政策不确定性和研发补贴影响高技术产品出口发展的理论基础

为了能够更好地理解贸易政策不确定性、研发补贴与出口发展间的影响机理，本章系统归纳了与三者相关的基本理论，试图从理论层面初步分析三者间的内在联系，为第4章影响机制的分析奠定理论基石。

2.1 贸易政策不确定性影响高技术产品出口发展的理论基础

2.1.1 实物期权理论与高技术产品出口发展

目前，研究政策不确定影响投资的理论中位于主导地位的是实物期权理论，这一理论将企业投资视为一项期权，认为不确定性的增加抑制了当期投资。投资推迟主要是因为资本不可逆性和不确定性相互作用后提高了期权价值（Bernanke，1983）。企业进行投资决策前需比较立即投资和延迟投资两者的收益，虽然推迟投资会减少当前利润，但可能避免代价高昂的错误。不确定性的增加提高了延期期权的价值，因此企业更愿意等到风险解除或环境稳定后再进行投资，由此导致投资和不确定性之间呈负相关。投资和不确定性的关系取决于投资的性质和产品市场竞争力（Atanassov et al.，2015），特别是对于资本极不可逆的研发投资而言，由于这一投资的调整成本高昂，若投资失败，研发费用中很大一部分将无法收回。基于此，不确定性对研发投资的负面影响较之其他投资类型更加严重。迪克斯特和平迪克（Dixit & Pindyck，1994）、古伦和伊昂（Gulen & Ion，2016）均支持实物期权理论所解释的不确定性增加抑制投资这一观点。谭小芬和张文靖（2017）的研究也支持了实物期权理论的观点，并提出政策不确定性还会通过金融摩擦导致企业投资减少。古伦和伊昂（2016）指出不确定性可能增加违约风险和股权风险溢价，从而增加外部融资成本，导致投资率下降。对于融资约束程度高的企业而言，由于其更依赖外部资本市场，当不确定性导致外部融资成本增加时，企业投资将受到更加消极的影响。靳光辉等（2016）、南晓莉和韩秋（2019）通过股价波动率衡量公司层面的不确定性，证明了不确定性对研发投资的抑制作用。

高技术产品的研发活动相当于一项特殊的投资，相较一般投资而言，高技术产品的研发活动更具探索性和风险性。研发活动周期长，充满不确定性，失败概率较高。研发活动不仅自身具有较大的不确定性，也极易受外界不确定环境的影响（孟庆斌和师倩，2017）。出口也属于特殊投资行为（谷克鉴等，2018），在贸易政策不确定的环境下，出口行为所面临的成本和风险都是极高的，因此其对贸易政策的频繁变动更为敏感。卡帕（Campa，1993）研究了企业的出口投资行为，发现汇率波动越大，出口到国外市场的企业数量越少。当贸易政策不确定性降低时，高技术出口企业在生产经营、国际贸易等活动中面临的风险也随之降低，这有利于已经出口的企业积极参与到国际市场中去，增加与更多国家间的贸易；与此同时，国际市场也会涌进更多新出口企业，出口企业的增加势必加剧紧张的竞争环境。高技术出口企业在竞争效应的激励下将会加大创新研发投入力度，研制出更加符合消费者需求的高品质产品，在出口产品种类方面将以多样化赢得消费者的青睐，最终以强大的产品竞争力在国际市场中立足。

2.1.2 增长期权理论与高技术产品出口发展

虽然实物期权理论认为在不确定的条件下，调整成本和资本不可逆性会导致企业延迟投资。但也有理论提出其他机制可能使得企业无法等待而是提前投资。投资对不确定性的敏感性取决于不确定性的类型。由于高技术产品的研发项目在技术方面有着较高的不确定性，需要经历较长的研究期完成项目，项目完成难度和持续期的不确定性推动企业加快研发。

增长期权属于实物期权中的一种，主要针对企业研发活动等先行投资项目，是指项目投资后可能创造出更多机会，更加看中投资的长远利益。从战略角度来看，对这类项目的投资能够为企业的未来发展提供更多机会，比如研发出的新产品、企业竞争力的提高、丰富的人才、技术资源等，这些都是投资所创造的未来价值。库拉蒂拉卡和佩罗蒂（Kulatilaka & Perotti，1998）通过战略增长期权模型表明不确定性的增加有可能鼓励当前投资。维茨（Weeds，2002）认为由于战略竞争产生的先发制人威胁，企业会担心竞争对手抢先一步，因此即使在不确定的环境下企业也可能选择早期投资。阿塔纳索夫等（Atanassov et al.，2016）研究政治不确定性变化对企业研发投资的影响支持了研发投资具有增长期权并且能在战略上先发制人的结论。古伦和伊昂（1994）认为对于投资机会短暂、战略性先发优势巨大且行业竞争激烈的企业而言，延迟投资所损失的利润可能远远超过等待信息披露所带来的利润。因此，如果政策不确定性确实是通过影响等待期权的价值而影响投资，那么其对于竞争性行业的影响并不严重。古伦和伊昂（2016）通过研究发现政策不确定性对最具竞争力行业的投资影响不大，但会对竞争力弱的企业投资产生负向影响。

奈特（Knight，1921）指出企业利润主要来源于不确定性，在不确定性提高的环境下企业倾向于增加创新投入。奥伊（Oi，1961）提出“好消息和坏消息原理”来解释在不确定性下进行早期投资的依据，认为企业可以通过投资扩大规模这一好消息来抵御不确定性风险这一坏消息。布鲁姆和范·里内（Bloom & Van Reenen，2002）则将专利作为期权来解释不确定性刺激研发的机制，他们认为表现为专利成果的研发投资可以通过出售知识产权部分地抵消研发投资的不可逆性，从而加速不确定条件下的研发投资。研发这类分阶段进行的投资，由于投资滞后，随着不确定性的增加，等待的机会成本也将增加，这使得早期投资的动机增加（Atanassov et al.，2015）。阿吉翁（Aghion，2005）认为企业在竞争激烈、不确定环境下更倾向于选择创新增强市场势力。郭平（2016）认为政策不确定性对研发投入的影响取决于“延迟效应”和“抢占效应”的较量，实证发现“抢占效应”占得上风，政策不确定性对企业研发投入起到正向影响。

2.2 研发补贴影响高技术产品出口发展的理论基础

2.2.1 市场失灵理论与高技术产品出口发展

市场失灵指依靠市场的自由竞争机制无法实现资源的有效配置，难以实现帕累托最优、社会福利最大。巴托尔（Bator，1958）将市场失灵理解为由于外部性、不确定性、公共产品等的存在，导致市场机制失效。市场失灵理论为政府研发支持政策的实施提供了理论依据。在市场失去效用的情况下，政府应该承担起调整责任。

1. 外部性理论

有关外部性的研究最早可追溯至1890年马歇尔提出的“外部经济”，但其所提外部经济是指企业活动受到外部影响，并非现在意义上研究企业活动对外部的影响。随后，庇古在《福利经济学》中系统阐述了外部性问题，从福利经济学视角证明自由竞争的市场机制无法实现社会福利最大化，政府应采取合适的政策促进正外部性的外溢、限制负外部性的产生。

外部性包括起正面影响的外部经济（正外部性）和起负面影响的外部不经济（负外部性）。外部经济表现为生产者或消费者的行为对社会带来福利，但却无法享受到全部的收益；外部不经济的情况表现为生产者或消费者的行为对社会造成损失，但是却不需要对此付出全部代价。外部效应的存在导致市场机制的自发调节无法实现资源的优化配置。市场机制失灵时，政府应该出面发挥作用。通常，政府可以采用补贴等手段促进外部经济的产出，采取行政命令或征税等管制措施抑制外部不经济的产出。

新产品的研发活动具有不确定性和复杂性的特点，同时研发需要投入巨额资金，一旦研发失败，资金就无法收回，这就使得研发活动具有很高的风险性。研发成功产生的知识或技术创新成果又具有很强的正外部性，容易产生显著的正向技术外溢。在这种环境下企业通常会选择“搭便车”，坐享创新企业的技术外溢，由此引发市场失灵和投资不足等问题（Tassey，2004），导致企业自主创新的动力减弱（Arrow，1962）。如果所有企业均希望等待他人创新，那么技术创新水平便会停滞不前。如果缺乏有效的激励政策，便会导致技术成果供给不足，达不到帕累托最优。由于研发活动的收益为大家所共享，但研发报酬很低，因此，政府可通过为企业提供研发补贴等政策激励机制，调动企业参与技术研发活动的积极性，同时科研成果的正向技术溢出能够推动其他技术的研究与开发，最终提高社会福利水平（Romer，1990）。

本书所研究的对象是高技术产品，高技术产品的技术创新活动将对其他企业产生大量的正向技术外溢，其他企业可以享受到技术发明者创造的收益但是却不需要付出任何成本。高技术产品的创新成果不仅需要巨额研发支出、承担高风险，还面临成本难以回收、技术成果得不到保护等难题。如果无法保护好创新者的利益，将会削弱其自主研发的积极性，甚至削弱整个行业的创新能力。因此，政府应该采取研发补贴等政策减少创新企业的成本，补偿其受到的损失，扶持高技术产业的发展，从而起到提高国民收入的作用（保罗·克鲁格曼，2016）。

2. 公共产品理论

公共产品具有两个最基本的特征，一个特征是非排他性，还有一个则为非竞争性。非排他性表示一个人使用这件公共品但无法排除或阻止其他人的使用，产品消费产生的利益不能为任何人所专有。非竞争性意味着这件公共产品不会因为一个人的使用而影响其他人的使用，也不会因为一个人受益而影响其他人受益，增加一个人使用并不影响生产成本，边际成本为零。由于公共物品不同于私人物品，其所具有的特殊性使得消费者在自利心态驱动下总是希望免费享受公共物品带来的福利（免费搭便车现象），最终导致市场失灵，即由市场机制决定的公共物品供给难以达到帕累托最优状态。在市场提供公共物品失灵的情况下，政府的介入就显得十分必要，政府可通过财政补贴支持公共物品的供给。

高技术产品属于知识密集型和技术密集型产品。由于技术和知识不会因为一个人的使用而限制其他人使用，也不会影响其他人共同使用，因此具备公共物品的两个基本特征。虽然刚研发出来的新技术受到专利权的保护，但保护期过后这项技术便可由大家共享。通过市场价格机制，创新企业难以收回成本，政府通过直接的财政政策支持企业研发活动能够有效激励企业持续创新。

2.2.2 信息不对称理论与高技术产品出口发展

信息不对称指参与市场经济活动的各方掌握的信息有差异，部分成员掌握着其他人无法掌握的信息。在交易过程中，掌握信息多的一方将处于有利地位，而另一方由于信息缺乏处于不利地位。信号传递理论能够有效缓解信息不对称。

1. 信号传递理论

信号传递是指信息从具有优势的一方传递给缺乏信息的一方，具有优势的一方做出的各种行为都会成为一种信号，让信息劣势一方通过信号判断出更多信息。

高技术产品的研发活动本身具有极高的风险性和不确定性，前期投入巨大，且技术、知识这类无形资产难以评估，无法衡量出真实的价值。创新企业能够了解自身研发所投入的各项成本、研发出的技术成果所具有的价值以及行业前景等信息，而外界投资机构等却无法获得企业的真实情况，由此导致企业和投资机构之间产生信息不对称。在信息不对称的情况下，企业想要获得外界投资将更加困难（Berger & Udell，1998）。外界投资机构通常会向中介查证企业相关信息，最可靠的中介便是政府。如果该企业获得了政府的研发政策支持，相当于向外界释放信号（Narayanan et al.，2000），证明企业是具有发展潜力的。因为政府支持企业之前已经对企业的情况进行了收集、比较和详细调查，能够获得政府补贴的企业通常具有良好的市场发展前景和巨大的发展潜力。因此，政府对企业的研发政策支持有力地向银行和投资者传递出企业具有发展潜力的信息（Meuleman & Maeseneire，2012），在信息不对称的情况下，这一信号成为投资者判断企业是否值得投资的重要依据（傅利平和李小静，2014），有利于企业顺利获得外部融资，缓解融资约束，进而促进企业创新产出，增强企业整体的创新能力。

2. 寻租理论

寻租理论是指政府干预和管制企业经济活动所引致的寻租活动。通过市场竞争优化资源配置能够实现帕累托最优，当市场功能被其他因素影响时，政府便会介入。政府用行政权力干预经济活动、配置资源，容易诱导寻租活动。企业通过各种途径说服政府获得拥有某种稀缺资源的特权，将大量精力和资源投入到非生产性寻租活动中，降低了边际投资生产率，最终造成社会福利净损失。

政府补贴虽然能够在一定程度上降低企业和投资者间的信息不对称，增加外界投资，从而缓解企业融资约束，但补贴行为同样存在寻租等低效率问题。改革开放后，中国开启了分权化改革，这一改革调动了地方政府的积极性。地方政府拥有大量资源控制权和支配权，同时由于法律难以有效约束政府官员的行为，政府在对企业发放补贴时也具有自由裁量权，这就为企业寻租创造了条件。为了获得政府的研发补贴，企业可以利用寻租这一途径与地方政府建立关系。如果企业并不具备创新潜力或者没有进行创新活动的打算，便会将寻得的补贴用于研发之外的领域，这一行为不仅剥夺了真正需要研发补贴的创新型企业获得补贴的机会，而且会扭曲资源，降低研发补贴效率，使得社会整体的研发水平下降。

政府和企业间同样存在信息不对称问题。政府在选择补贴对象时，一方面由于信息不对称的存在，政府无法完全了解企业的真实能力。企业为获得政府研发补贴，可能盲目增加创新成果的数量，而忽视质量，制造出创新型企业的假象，以欺骗的方式获得补贴，但政府难以甄别出补贴对象的质量。另一方面，由于政绩考核压力和以 GDP 为标尺的不良竞争，政府为追求短期增长选择创新成果数量多的企业。

2.2.3 战略性贸易政策理论与高技术产品出口发展

战略性贸易政策理论最早由斯潘塞和布兰德（Spencer & Brander，1985）提出。战略性贸易政策是指不完全竞争的市场中，政府针对某些重要产业提供重点扶持，这类重要产业的特点是具有比较优势、在国际市场占有较高市场份额且面临激烈的国际竞争，政府通过研发补助、出口信贷支持等形式的政策支持使受扶持的产业拥有更强的国际竞争力。所谓“战略”则是采取行动诱导竞争企业作出于己有利的反应。美国波音和欧盟空中客车便是实施战略性贸易政策的最佳例证。两者起初的博弈取决于进入市场的时间先后，若美国政府对波音进行研发补助等政策扶植则会改变“博弈规则”，最后的结果则是波音获得整个市场的利润。

政府对产业的补贴扶持会产生两种效应，第一是节约成本，政府对国内企业的补贴与降低成本具有同样的效应；第二是战略性效应，政府补贴使国外竞争对手有理由相信国内企业将扩大生产，因而竞争企业将选择缩减生产，最终增加了国内企业的利润。政策应该为企业的技术创新活动和企业家提供良好的环境，同时弥补明显的市场失灵。由于研发活动具有的正向技术外溢效应使得创新企业无法获得研发创造的所有收益。因此，政府对高技术产业研发活动的支持是正当且合理的。

由于高技术产品所具有的外部性、规模经济、不完全竞争等特点，使得战略性贸易政策在推动高技术产业升级的过程中表现得更加重要。战略性贸易政策理论的观点主要是围绕规模经济与高科技展开论述，其中，“进口保护促进出口论”强调了 R&D 引发的动态规模经济，“外部经济效应论”认为技术具有外溢效应，应该对高技术产业予以扶持。国家通过战略性贸易政策为高技术产业提供资金支持、政策支持等，不仅有利于减缓高技术企业融资约束、降低生产和研发成本，还有助于降低高技术产品的研发风险，调动研发创新积极性，实现动态规模经济以及产品技术含量和质量等的提升，最终为高技术产业创造出更具优势的竞争力。因此，对于具有外部经济、公共产品性质的行业，政府可通过战略性研发政策给予适当的扶持，这对于中国这样的发展中国家提高企业自主创新能力、转变经济增长方式具有重要理论意义和现实意义。

2.3　本章小结

本章介绍并分析了与贸易政策不确定性、研发补贴相关的理论。通过实物期权理论发现贸易政策不确定性将导致企业推迟投资，减缓出口。而增长期权理论认为立刻投资对某些投资项目而言能够产生更大的未来发展机遇，以先发制人的优势实现战略地位的提升。奈特不确定性理论认为在不确定的环境下企业更有动力进行创新以抵御外部环境的不确定，这将会促进出口种类多元化及出口产品质量的升级。

在对研发补贴影响出口发展的理论分析中，首先介绍了市场失灵理论，这为政府实施研发补贴的必要性提供了理论依据。由于研发活动的外部性、不确定性和高风险性，极易引起市场失灵和投资不足，政府的研发补贴能够有效支持创新企业的研发活动，有利于社会福利水平的提高。其次，通过分析信息不对称理论发现，政府研发政策能够有效缓解企业和投资者间的信息不对称问题，如政府对企业提供研发补贴，这一行为是对企业发展现状和未来前景的认可，向外界传达出积极的信号，有利于增加投资者对企业的肯定和信心，从而有效缓解企业融资约束。因此，政府行为不仅直接支持了企业发展，还会通过信号传递间接推动企业发展壮大。但是信息不对称也会引发寻租等行为。企业通过寻租获得政府研发补贴，如果未将资金用于研发活动，则会扭曲资源，降低研发补贴效率。考虑到补贴可能引发的寻租行为以及企业与政策制定者之间的信息不对称问题，如果企业为获得政府补贴，盲目增加创新成果的数量，而忽视质量，那么这种策略性创新并不能真正推动企业技术进步（安同良等，2009；黎文靖和郑曼妮，2016）。最后，通过战略性贸易政策理论再次证实研发政策实施的合理性及必要性。由于研发活动具有高风险、高投入、长周期等特殊性质，政府应该通过研发政策予以支持。

第 3 章

贸易政策不确定性、研发补贴与高技术产品出口的典型化事实

在研究贸易政策不确定性、政府研发补贴与高技术产品出口发展间的影响之前，本章先对三者的现实情况进行描述分析，这有助于我们对本书的研究主体形成较为全面和清楚的认识。首先介绍贸易政策不确定性的内涵、测度及发展趋势，其次介绍国际研发政策以及中国对高技术产品实行的研发政策，最后从国家、产业、行业等层面全面刻画中国高技术产品出口发展的现实情况，量化高技术产品出口增长边际和出口产品质量指标，从而分析出高技术产品出口存在的问题。

3.1 贸易政策不确定性的测度及发展

3.1.1 贸易政策不确定性的测度

经济政策不确定性指政策制定者在用何种工具应对国内外不利的经济环境，以及政策变化对企业盈利和投资产生何种影响方面具有不确定性

(Gulen & Ion, 2016)。贸易政策不确定性是经济政策不确定性的具体表现形式之一。贸易政策不确定性主要指企业、投资者无法预测到政府在贸易政策方面即将作出何种决定，由此导致企业和消费者在投资、出口、消费等方面面临重大经济风险（蔡洁等，2017）。

研究贸易政策不确定性，首先要解决对这一指标的测度。目前已形成以下两种主要测度方法：

1. 文本提取法

斯坦福大学和芝加哥大学公布的经济政策不确定性指数（EPU 指数）是巴克等（2016）根据期刊报纸等媒体报道中出现“经济”“不确定性”等相关词汇的频率测算得到。该度量指标为连续的月度数据，学者们通常用算术平均法或几何平均法将月度 EPU 指数转化为年度数据。目前，EPU 指数已被多篇权威期刊采用，如王等（2014）、古伦和伊昂（2016）、李凤羽和杨墨竹（2015）、谭小芬和张文婧（2017）、孟庆斌和师倩（2017）、顾夏铭等（2018）、张峰等（2019）。可见，这一衡量指标已发展得较为成熟，得到广泛采用和认可。

巴克等（2016）构建的指标是关于经济政策不确定性的测算，虽然可以在一定程度上反映出贸易政策的不确定性，但过于宽泛，需要更加具体的指标对贸易政策不确定性加以度量。随后，汉德雷和利茅（2017）采用巴克等（2016）的思路，选取新闻媒体报道中“贸易”“政策”“不确定”等词语出现的频率测度贸易政策不确定性指数。可见，这一方法能够通过变换关键词测度经济、贸易等多个方面的不确定性。但这种评估方法也存在不足之处。通过文本筛选关键词需要付出巨大的人工成本，虽然评估团队受过严格训练且有效性较高，但通过报纸、网站等文本形式反映出的政策不确定性并不完全准确、科学，具有较强的主观臆断性。重复报道的新闻还会影响关键词出现的频率，造成统计上的困难，缺乏公信力和说服力。

2. 关税变动

现有文献通常选择关税的变动幅度衡量贸易政策不确定性。汉德雷（2014）的关注点即为关税，世贸组织成员国作出实际关税不高于关税上限的强制性承诺，成员国的实际关税仅能在关税上限内浮动，其文章采用实际关税与关税上限间的差异表示贸易政策的不确定性，差异越小则表示贸易政策不确定性越低。还有部分文章侧重研究加入贸易协定对贸易政策不确定性的影响。汉德雷和利茅（2015）认为一国加入某项优惠贸易协定将会降低贸易政策的不确定性，以葡萄牙出口企业为例，葡萄牙加入欧共体后享受的实际关税要低于不加入欧共体时的最惠国待遇关税，因此，同样可以采用两者间的差距反映贸易政策不确定性。冯等（2017）和汉德雷等（2018）还关注了中国加入WTO前后美国对中国的贸易政策不确定性变化，这种不确定性取决于最惠国待遇关税和美国取消最惠国待遇关税后设定的斯穆特—霍利关税间的差异。1980年，美国开始对中国实行正常贸易关系，中国的出口品因而可以享受到较低的最惠国待遇关税（MFN）。但这一待遇具有很大的不确定性，每年需由国会重新审议，审议通过才能继续享受这种待遇。直到中国加入WTO，这一不确定性才得以减弱。汉德雷和利茅（2017）根据美国向中国征收的最惠国关税和斯穆特—霍利关税（Smoot - Hawley）推导出贸易政策不确定性的表达式为：$TPU = 1 - (\tau_{MFN}^{\sigma}/\tau_{SH}^{\sigma})$，其中，$SH$ 指斯穆特—霍利关税，σ 指替代弹性。

3.1.2 国际贸易政策不确定性的发展态势

阿希尔等（Ahir et al.，2019）利用经济学人智库的国别报告，根据报告中涉及贸易的不确定出现的次数构建出世界贸易不确定性指数（WTUI），该数据包含143个国家从1996年起每季度的贸易不确定性。此外，参考余淼杰和祝辉煌（2019）的研究，汇总20个国家[①]的经济政策不确定性（EPU）指数，按GDP加权的平均值得到世界经济政策不确定性指数。WTUI和全球EPU指数均能在一定程度上反映国际贸易政策不确定性的发展趋势。图3－1和图3－2分别展示了WTUI以及全球EPU指数的变动趋势。WTUI由2000年的0.16到2018年的16.69，呈增长趋势，

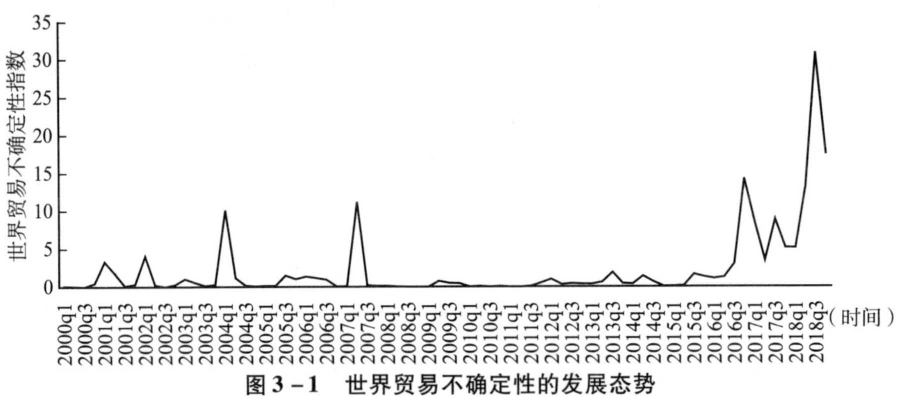

图3－1　世界贸易不确定性的发展态势

资料来源：Ahir等人。http：//policyuncertainty. com/wui_quarterly. html. 2019.

图3－2　全球EPU的演变趋势

资料来源：Baker等人。http：//policyuncertainty. com/global_monthly. html. 2016.

---

① 20个国家分别是澳大利亚、加拿大、巴西、智利、法国、中国、希腊、德国、印度、意大利、日本、爱尔兰、墨西哥、俄罗斯、韩国、荷兰、西班牙、美国、瑞典、英国。

年均复合增长率29.63%。全球EPU指数由2000年的75.41增长到2018年的190.15，年均复合增长率5.27%。从图中可以看出，WTUI和EPU指数的变动趋势大体一致，均出现多次剧烈波动，且样本后期的不确定性指数相较前期的波动更加频繁和剧烈。

具体分析WTUI和EPU指数波动幅度较大的时期。首先是2001～2003年，这一时期的不确定性主要归于美国“9·11”事件造成民众和投资者的恐慌与不安，加剧了全球贸易和金融的不确定性。“9·11”事件后，美国宣布对抗恐怖主义，将伊拉克列入开战对象。2003年，以英美为主的联合部队对伊拉克发动军事战争，称为第二次海湾战争，战争牵动着整个世界，为世界经济的前景蒙上了一层硝烟，引起世界经济的动荡。第二个时期是2007～2009年，2008年爆发的国际金融危机使得世界经济进入深度调整阶段，全球贸易面临的不确定性因素加剧。2009年欧元区国家由于持有过多负债而陷入危机，欧元危机不仅影响欧元区自身货币体系的稳定，还对亚洲出口造成冲击，减缓了全球经济复苏的步伐。第三个时期是2011～2013年，2012年美国、俄罗斯及法国进行了大选，选举政治成为对经济政策起着重要作用的因素。第四个时期从2015～2018年，2015年欧洲移民危机使得欧洲经济由萎靡变为一蹶不振。2016年英国举行脱欧公投，投票结果支持脱欧和支持留欧的比例不相上下，不仅增加了公投本身的不确定性，还对全球市场增添了不确定性。2016年特朗普当选美国总统，增加了未来美国政策的不确定性，也对全球经贸关系的发展带来极大的不确定性，对贸易体系、治理体制带来大的调整，全球化的推进遭受新的打击。2017～2018年期间，巴西、法国、韩国等政局动荡，政治上的不确定将会重创市场信息和积极性，从而推迟投资、减缓经济增长，成为经济发展最大的不确定性因素。2018年，WTUI一路高涨，达到30左右，全球EPU指数则达到340左右的历史高位，这一现象主要是因为美国特朗普政府挑起的中美贸易摩擦加剧了全球经济的不确定性，从而对全球贸易和投资产生不利的影响。

3.2 研发补贴实施的基本状况

3.2.1 研发补贴政策的内涵

政府支持政策包括税收优惠、政府采购、研发补贴、投资补贴、低息贷款与私人企业达成共识、进口保护等，这些政策有利于使资源流向受扶持的高技术产业。政府研发政策主要指与支持企业研发活动相关的政策，既包括研发补贴这一直接的补贴形式，也包括税收优惠等间接研发补贴形式。税收优惠是指政府对企业研发活动的税收做出减免或抵扣。研发补贴则是政府为激励企业积极参与创新研发活动而直接提供的经费补助，旨在通过生产率、技术水平、产品质量等的提高增强企业的国际竞争力。

技术和知识属于公共品，具有非竞争性和非排他性，企业进行技术创新活动会产生正的外部效应，致使创新投入不足。外部性的存在一般无法通过市场机制解决，需要政府出面。研发补贴和税收优惠等研发支持政策便是政府纠正市场失灵，推动企业技术创新的普遍手段（Becker，2015）。相比其他产品，高技术产品的技术密集型特征更显著，其面临的研发风险、外溢效应及不确定性也是最高的，因此政府对高技术产品提供研发补贴是十分必要的，效果也将更加明显。

现有文献大多认为税收优惠这类间接政策能够激励企业增加研发投入，但对直接的研发补贴政策却得出不同的结论。由于研发补贴属于事前补贴，存在的信息不对称容易引发寻租等影响研发补贴效果的行为，导致研发补贴政策的有效性仍有待验证。因此，本书选择在不确定的贸易环境下探讨研发补贴的有效性。广义的研发补贴指政府对涉及企业、大学、科研院所等的研发活动提供资金支持，而本书仅就政府对企业这一狭义的研发补贴进行研究。

3.2.2 国际研发政策实施的基本情况

美国政府高度重视技术创新，对高新技术产业提供了较大的政策支持，如税收优惠政策、研发资金支持以及对特定项目或企业的资助等。历届政府通过企业研发支出抵免、缩短设备折旧年限、调整资本利得税等举措间接为科技企业提供研发支持。1954 年颁布的《国内税收法》确定了企业研发支出的税前抵扣政策。随后，1981 年的《经济复兴税法》提出“研究与试验税收抵免”，并规定对企业研发设备仪器实行快速折旧。美国政府对重点项目的技术创新提供资金支持，以直接补贴的形式引导企业开展研发活动，从而实现产业结构调整。美国对企业研发活动的直接资助主要通过专项计划实现。1990 年，美国开始实施先进技术计划（ATP），以企业作为资助对象，通过与产业界共同承担成本的方式，促进产业界对企业研究项目投资。1983 年，里根政府建立了小企业创新研究计划（SBIR），规定符合要求的联邦机构应按比例向中小企业发放经费，支持小企业的技术转让项目，鼓励小企业的创新活动。美国政府高度重视基础研究开发。2001 年，美国政府提供 913 亿美元用于资助研发活动。2009 年出台的《美国经济复苏再投资法案》提到，政府提供 133 亿美元的研发资金，用来支持高新技术研发。2012 年通过的《先进制造业国家战略计划》中提出加大研发投资力度的目标，以 1 200 万美元启动“先进制造技术联合体”计划，提高制造业研发投入。2015 年，白宫发布的《美国创新新战略》中强调大力支持九大战略领域。奥巴马政府提出重新投资供应链创新，支持扩大技术密集型制造业公司。奥巴马政府提出建设科研众包平台，为大众创业提供资金和培训服务，激励企业研发。

英国自 1945 年开始对企业研发活动可全部税前扣除作出规定。2000 年和 2002 年分别对中小企业和大型企业推出研发税收优惠政策。英国实行的小企业研究和技术奖励计划（SMART），通过无偿资助和提供研发经费补贴的方式鼓励小企业进行商业化技术研发。对投资高技术的中小企业给予税收优惠，对创办小企业者可免60%投资税，对创办的小企业免100%资本税。为新成立的高技术公司提供2 000万英镑的风险资本合作资金，对开展革新技术研究不足50人的小企业给予最高4.5万英镑资助，对开展新产品、新工艺和样品试制前的开发工作不足250人的给予最高20万英镑资助。

法国于1983年开始对企业研发活动实行税收优惠政策，主要的税收激励手段包括研发税收抵免、创新税收抵免、研发资产加速折旧。为推动中小企业与公共研发机构进行合作研发，法国政府推出企业创新计划，为企业产品开发、专利注册等提供经费支出。创新企业项目竞争计划以项目资助的形式促进企业新建。为解决创新企业融资困难的问题，法国成立国家创业投资引导基金，政府资本与私人资本按出资比例分享风险和收益，促进创新企业发展。法国政府将34项产业列为重点发展的前沿技术产业，政府出资35亿欧元支持这些产业的发展①。为了支持研发和创新项目，政府制定不同的补贴政策，推行专门鼓励企业科研发展创新的减税项目。

日本政府为保持科研优势，不断通过加大资金投入力度、出台科技优惠政策激励创新科技的发展。日本自1966年开始实施对于研发支出的税收激励政策，2003年大幅调整了对企业研发支出的税收激励政策，提出研发支出总量法和增量法两大规则。2008年通过了《通过推进研发体系改革强化研发能力及提高研发效率》，以法律形式肯定了政府促进科技创新和研发的新理念、新举措。自1996年起，日本政府开始实施五年期科学技术基本计划，至2020年已经实施五期计划。2016年，日本政府为大企业制定了有利于其投资高新技术的新资金支持计划，日本政府在2016年第二次补充预算中增加数十亿日元支持大企业投资高新技术②。

印度软件业这一技术密集型产业的成功离不开政府的政策支持。卡拉

① 中国投资：法国投资不设特定门槛——专访法国政府投资部投资参赞孔士嘉（http://www.chinainvestment.com.cn/type_hwtz/4486.html）。最后一次访问日期：2020年3月10日。

② 人民网：日本政府出资扶持大型企业研发高新技术（http://japan.people.com.cn/n1/2016/0822/c35463-28656048.html）。最后一次访问日期：2020年3月10日。

塔克邦政府对高科技企业的科研实行财政资助，对企业科研成就颁发政府奖。软件业具有高风险、高投入的特点，印度政府通过资金支持和税收优惠为风险投资基金提供财政支持，从而推动软件业的发展。印度重视软件研发的投入，制定了鼓励研发的税收政策。获得印度科技部科学与工业研究局认证资格的研发机构，可免除其研发所需的仪器设备、零部件等的进口关税，在科研开发项目中的任何支出可以扣除。印度的“十二五”规划强调继续对研发支出和拥有自主知识产权的本土产品出口提供税收激励，继续落实研发税收抵免为200%这一政策。2019年，印度中央政府出台新政，允许企业扩大“企业社会责任资金”使用范围，印度每年将有1 500亿卢比的新增资金用于资助科研机构开展研发活动①。

为支持信息技术产业的研究和开发，俄罗斯联邦政府对其给予了强大资金支持。2013年，俄罗斯政府批准《2018年前信息技术产业发展规划》，2018年前计划投入40亿卢布建设50个信息技术领域创新研发中心。2010年，俄罗斯通过法令规定降低国家规费缴纳比例。联邦政府将研发的采购原则由以政府名义采购科研成果调整为由商业机构直接采购，国家对采购工作给予补贴，这一调整将加快技术成果转化。2012年，俄罗斯批准了《俄罗斯国家科技发展规划（2013～2020年）》，俄罗斯政府在2013～2020年间将投入1.6万亿卢布用于实施该计划②。2016年正式发布的《俄罗斯联邦科学技术发展战略》中明确了俄罗斯技术创新的发展目标，即到2035年，俄罗斯研发强度不低于2%。同年，俄罗斯出台《国家科技发展战略》，战略中明确提出支持基础研究发展是俄罗斯的首要任务，确保对基础研究领域的投入占全社会研发投入的比重不低于14.4%。2019年，俄罗斯政府出台《国家科学技术发展计划》，该计划面向2030年，涉及五大关键领域，俄罗斯政府将在2019～2030年间投入

① 新华网：印度出台新政促进科研投入（http://www.xinhuanet.com/world/2019-10/23/c_1125142004.htm）。最后一次访问日期：2020年3月10日。

② 数据来源：中华人民共和国科学技术部（http://www.most.gov.cn/gnwkjdt/201301/t20130121_99246.htm）。最后一次访问日期：2020年3月10日。

10万亿卢布支持该计划①。

3.2.3 中国高技术产品研发政策实施的基本情况

1. 政府对高技术产品实施的研发补贴政策

目前，国家已出台多项与高技术产品相关的研发政策，旨在通过政策的支持引导、激励高技术企业积极投入到研发创新中去，在研发中释放潜能，不断提高自身的科技竞争力。

1995年我国提出加速科学技术进步的决定，明确提出将高技术产业摆在国家产业政策和发展规划的重要位置。1999年发布的《中共中央、国务院关于加强技术创新、发展高科技、实现产业化的决定》中提到对高技术企业应给予的政策支持。为科技型中小企业建立创新基金，以资金支持方式推动高技术成果转化。对高新技术产品实行税收扶持，对社会力量资助科研机构和高校的研发经费可按比例在计税所得额中部分扣除。国家对有发展前景的高技术成果转化和技术改造给予贴息支持。对于进行企业化转制的科研机构按照分类通过科技项目招标支持企业研究活动，或通过扶持政策、竞争择优方式提供科研项目和基地建设经费。

国家重点研发计划是对973计划、863计划、国家科技支撑计划、国家科技合作与交流专项、产业技术研究与开发基金和公益性行业科研专项等计划的整合，重点改变现有科技计划按不同研发阶段设置和部署的做法，对基础前沿、重大共性关键技术、应用示范实行一体化设计和组织，主要解决关乎国家安全与自主创新的重大前沿科学技术难题，以及关乎国计民生的社会公益研究，力争突破重点领域的技术瓶颈。

技术创新引导专项于2005年实施，强调发挥好市场在资源配置中所

---

① 搜狐网：俄罗斯发布面向2030年的《国家科学技术发展计划》（https://www.sohu.com/a/358427190_468720）。最后一次访问日期：2020年3月10日。

起的决定性作用，在遵循市场规律条件下，政府通过研发补助、风险补偿等方式引导、鼓励企业进行创新活动，加速科技成果产业化。技术创新引导专项包括科技与金融结合、科技富民惠民专项、创新型企业培育、产学研合作专项等。2006年国家印发了“技术创新引导工程”实施方案，重点支持高新技术企业开展以增强自主创新能力为核心的“二次创业”，推进高新技术产业化和科技型中小企业的孵化发展。方案提出要稳步提高计划经费的支持比重，加大政策性经费的支持力度。2009年实施的国家技术创新工程是以技术创新引导专项为基础的系统工程。

1988年启动的国家重点新产品计划属于政策性引导和扶持计划，意在促进新产品开发及科技成果转化，从而促进产业结构优化升级、提高企业技术研发能力并推动企业技术进步。新产品计划优先支持的产品包括了高新技术领域的产品，如电子与信息、新材料、生物和医药、光机电一体化、航空航天、新能源与高效节能等高新技术产品。国家对列入计划的重点产品给予一定的新产品研发补助。1996年发布的《国家级重点新产品补助经费管理办法（试行）》提出重点支持与高新技术产业相关的国家级重点新产品，提供财政专项补助以加速新产品开发，促进企业创新。

1999年成立的科技型中小企业技术创新基金是用于支持科技型中小企业技术创新而设立的政府专项基金，主要以贷款贴息、拨款资助等方式实现对企业技术研发的引导和扶持，加快高新技术产业化进程，从而优化产业结构、带动经济稳定快速发展。贷款贴息用于产品扩大规模批量生产，拨款资助是对创新产品在研发和中试阶段的补助。

为加快实施国家创新驱动发展战略，中共中央、国务院于2016年发布《国家创新驱动发展战略纲要》（以下简称《纲要》）。《纲要》提出，到2020年，研发经费支出占国内生产总值的比重达到2.5%，到2030年，这一比重达到2.8%。《纲要》还表示要“切实加大对基础性、战略性、公益性研究的稳定支持力度，完善激励企业研发的普惠政策，充分发挥科技成果转化、中小企业创新、新兴产业培育等方面基金的作用，引导带动社会资本投入创新”①。

2. 政府对高技术产品研发补贴的基本情况

（1）整体补贴规模。

图3－3绘制了全国研究与试验发展资金经费支出情况。从图中可看出，中国的研究与试验发展经费投入呈逐年增长的趋势，2003年全国研发经费支出1 539.63亿元，2017年这一数值已达到17 606.13亿元，年均复合增长率达19.01%②，表明中国在研发经费方面的投入力度越来越大，对技术创新的重视程度越来越高。2017年，中国R&D经费总量已位居世界第二位，成为全球第二大研发投入大国。但研发投入对科技创新的

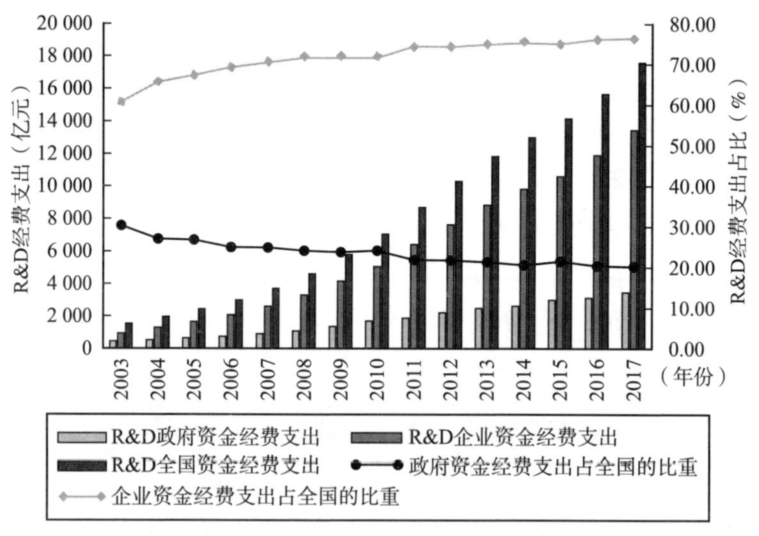

图3－3 全国研究与试验发展资金经费支出

资料来源：国家统计局（http：//data. stats. gov. cn/easyquery. htm？cn＝C01）。

① 中华人民共和国国务院新闻办公室：中共中央 国务院印发《国家创新驱动发展战略纲要》（http：//www. scio. gov. cn/xwfbh/xwbfbh/wqfbh/33978/34585/xgzc34591/Document/1478339/1478339_1. htm）。最后一次访问日期：2020年3月20日。

② 数据来源：国家统计局2003年全国科技经费投入统计公报（http：//www. stats. gov. cn/tjsj/tjgb/rdpcgb/qgkjjftrtjgb/200410/t20041020_30476. html）。最后一次访问日期：2020年3月10日。

作用依赖于研发投入的累积量，中国的R&D经费投入累积量与美国、日本、德国等国家相比仍存在一定差距①。研发投入与国内生产总值之比为2.13%②，虽超过同等发展水平的其他国家，但仍与创新型国家的研发投入强度（2.5%以上）有一定的差距。

研发经费支出按来源可分为企业、政府、国外和其他，主要以企业和政府为主。政府和企业的研发经费支出均呈逐年增长态势。政府研发经费支出从2003年的460.6亿元增长到2017年的3 487.45亿元，年均复合增长率为15.56%③，表明政府对科技创新活动的支持力度不断加大。但研发经费的主要来源是企业，政府研发经费支出占企业研发经费支出的比重平均仅有1/3。企业研发经费支出以年均21.08%的复合增长率从2003年的925.4亿元增加到2017年的13 464.94亿元；从增长速度来看，企业的增速明显快于政府经费的增加速度。来自企业的研发经费支出占全国研发支出的比重整体呈增长趋势，由2003年的60.11%增加到2017年的76.48%，平均占比为71.51%。而来自政府的研发经费支出占全国研发支出的比重却呈现下降趋势，由2003年的最高占比29.92%下降到2017年的19.81%，平均占比仅为23.26%④。

（2）高技术产品研发支持情况。

本节参考郭迎锋等（2016）研究方法，选择高技术产业R&D经费内部支出中来自政府的资金反映政府研发支持情况。鉴于数据的可获得性，图3-4仅展示了2009~2016年的补贴情况。从图中可看出，政府对高技术产业的研发经费支持从2009年的46.42亿元逐步增加到2016年的213.05亿元。但研发经费的增长率折线图却也反映出一个不容忽视的问题，政府研发经费的增长速度越来越慢，2010年增长速度为68.92%，到

① 中国产业调研网：《2017年全国科技经费投入统计公报》解读（http://www.cir.cn/R_ITTongXun/2018-10/2017NianQuanGuoKeJiJingFeiTouRuTongJiGongBaoJieDu.html）。最后一次访问日期：2020年3月10日。

② 数据来源于EPS数据库（https://www.epsnet.com.cn/index.html#/Home）。

③④ 数据来源：国家统计局（http://data.stats.gov.cn/easyquery.htm?cn=C01）。最后一次访问日期：2020年3月10日。

2016 年下降至 1.37% 的低位，表明政府对高技术产品的研发经费补助力度越来越小。从图 3 – 5 可以看出高技术产品的研发经费内部支出主要来自企业资金，政府资金占比较小。从 2009 ~ 2016 年政府对高技术产品的研发资金补贴占研发经费内部支出的比重均在 9% 以内，而企业资金占比能达到 90% 左右。可见，政府对高技术产品的研发支持力度有很大提升空间。

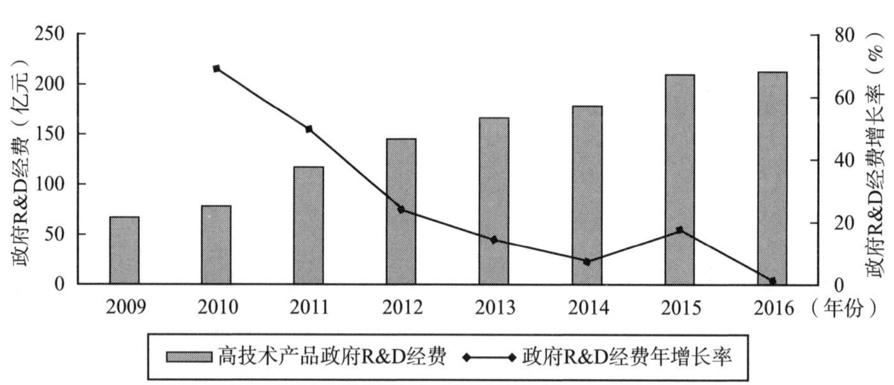

图 3 – 4　中国高技术产品所获政府研发补贴情况

资料来源：2010 ~ 2017 年《中国高技术产业统计年鉴》。

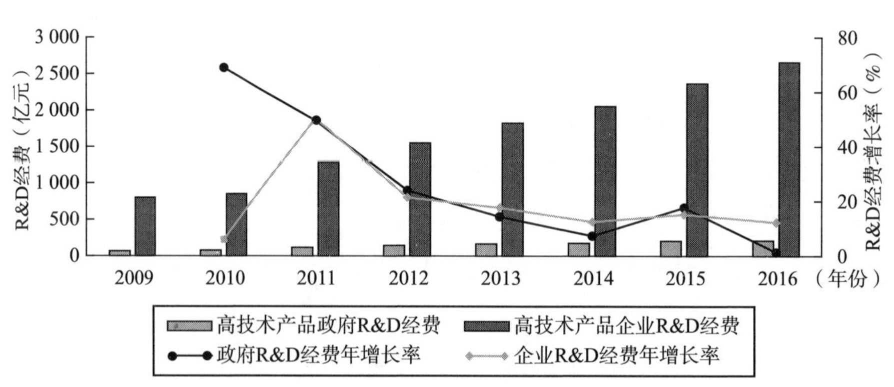

图 3 – 5　中国高技术产品研发补贴情况

资料来源：2010 ~ 2017 年《中国高技术产业统计年鉴》。

（3）应用互动型和科技创新型行业研发补贴情况。

为了深入分析研发补贴在不同类型高技术产业中的分布，参考蔡旺春等（2018）将高技术产业按创新来源划分为应用互动型和科技创新型两大类行业。应用互动型行业依赖于非正式的学习过程和基于经验的专门知识，其创新可能在企业与客户、供应商和知识机构等的互动中产生，能够在有效吸收先进技术的基础上创新；技术创新型行业侧重于基础研究，建立在科学技术知识的生产和使用基础上，具有研发周期长、难度大、收益正外部性等特点，研发活动主要在科研院所进行。电子及通信设备制造业、电子计算机及办公设备制造业两个细分行业属于互动型行业；医药制造业、航空航天器制造业、医疗设备及仪器仪表制造业三个细分行业属于技术创新型行业。图3－6直观地展示了不同行业高技术产品所获政府研发补贴的差异。总体来看，政府对创新型高技术行业的研发支持高于互动型行业。创新型行业以自主研发为主，依赖于基础研究，且创新成果具有正向技术溢出效应，需要大量的研发投入和政策支持。因此政府更倾向于支持创新型行业的研发活动。互动型和创新型行业在样本期间内获得的补贴额度整体呈增长态势。具体来看，互动型行业补贴额从2009年的23.25亿元增加到2016年的91.71亿元，年均复合增长率21.66%，仅在2014年出现小幅下降。创新型行业补贴额从2009年的43.85亿元增长到

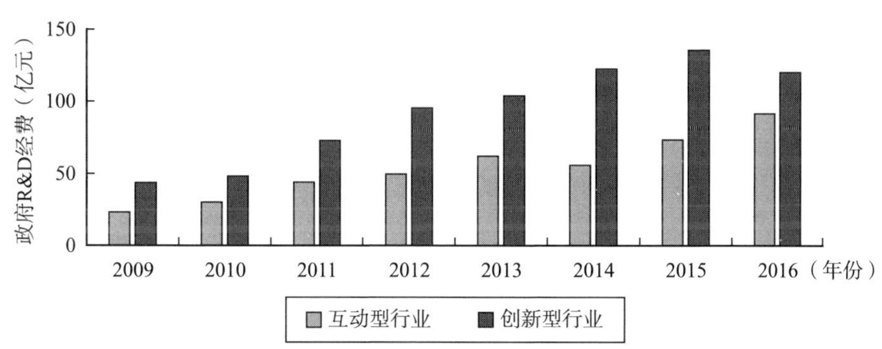

图3－6　互动型行业和创新型行业高技术产品的研发补贴情况

资料来源：2010～2017年《中国高技术产业统计年鉴》。

2016 年的 120.37 亿元，年均复合增长率 15.52%。2012～2015 年间，政府对两类行业产品的研发补贴额度差异明显，2016 年开始差值减小，表明政府正在加大对互动型行业的研发补贴，尤其是对计算机及办公设备制造业的支持力度，以促进互动型和创新型行业的共同发展。

3.3 中国高技术产品出口贸易的现实情况

3.3.1 中国高技术产品的出口规模

1. 高技术产品出口总额

经合组织（OECD，2011）将高技术产品采用 ISIC Rev. 3 进行分类，主要包括药品（2423），办公、会计和计算机器（30），广播、电视和通信设备（32），医疗、精密光学仪器（33）及航空航天（353）五大类产品。本节将 ISIC Rev. 3 转换为 HS02 六位编码，通过 CEPII BACI 数据库整理出 2003～2017 年中国高技术产品出口的贸易数据。图 3-7 展示了按照这一方法汇总的高技术产品出口总额及出口总额年增长率的变化趋势。从图中可以看出，中国高技术产品的出口总额整体呈现逐渐增长趋势，2003 年中国高技术产品的出口总额仅为 1 227.81 亿美元，至 2017 年这一数值快速增长到 6 106.96 亿美元，年均增长率高达 12.14%[①]。同时，中国高技术产品的出口表现出两次下降特征，第一次是 2009 年，受国际金融危机的影响，国外市场对中国高技术产品的需求减少，因此我国高技术产品出口经历了小幅下降；第二次是 2015～2016 年，高技术产品的出口再次呈现下降趋势。相对应地，中国高技术产品出口的年增长率在 2009 年、2015 年及 2016 年降至负值，其他年份均保持着正增长率。2004 年高技术

① 数据来源：根据 CEPII BACI 数据库计算而得。

产品的出口总额增长最快，其次是 2010 年，但大部分年份高技术产品出口的增长缓慢，平均保持在 12. 94% 的速度①。

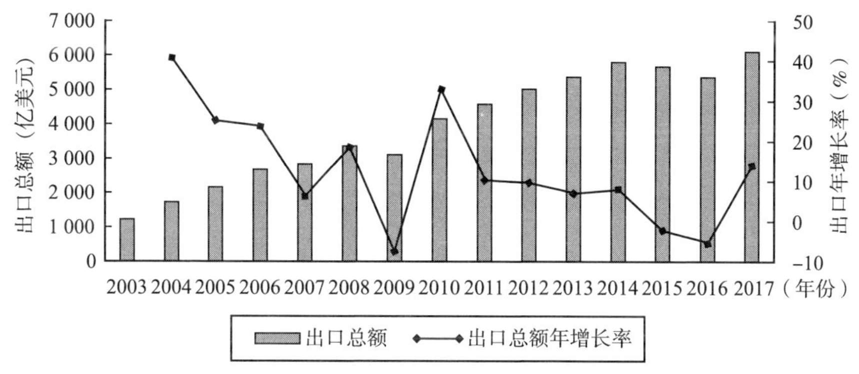

图 3－7　中国高技术产品出口总额和年增长率

资料来源：根据 CEPII BACI 数据库整理得到。

2. 高技术产品出口数量

图 3－8 展示了中国高技术产品的出口数量和出口增长率的变动趋势，可以看出，高技术产品出口数量与出口总额的变化趋势并非一致。除 2015 年出口数量出现巨大增长之外，其他年份的出口数量较为稳定，平均约为 1 110. 48 万吨。总体来看，中国高技术产品的出口数量呈增长状态，2003 ~2010 年高技术产品出口数量在 500 万 ~1 000 万吨间波动，2010 年之后出口数量均保持在 1 000 万吨之上。2015 年达到最高值 2 791. 15 万吨，比出口数量最少的年份 2003 年增长了 4. 19 倍。从 2003 年的 537. 42 万吨增长到 2017 年 1 151. 07 万吨，年均复合增长率 5. 59% 。其中，2015 年的增速最高，达到 166. 49% ，2016 年以 63. 86% 的负增长成为数量下降最多的年份，平均增长率为 15% ②。增长率的下降对应出口数量的减少，从图中可以清楚看出样本期间内出口数量出现 6 次下降。

①② 数据来源：根据 CEPII BACI 数据库计算而得。

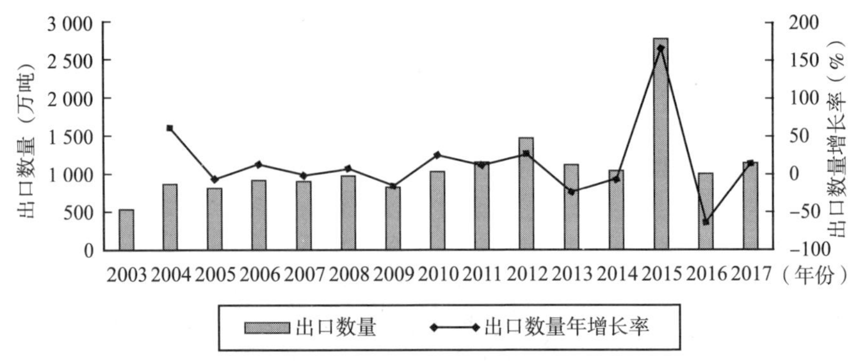

图 3-8　中国高技术产品出口数量及年增长率

资料来源：根据 CEPII BACI 数据库整理得到。

3. 高技术产品出口种类

图 3-9 描绘了中国高技术产品出口的分布情况。从图中可清楚看出，出口产品主要集中在广播、电视、通信设备这类产品，样本期间该类产品出口额占总出口额的比重平均在 68.83%。其次，高技术产品中的医疗、精密光学仪器，所占比重平均为 13.31%。在五类产品中占比最低的是航空航天产品，平均比重仅为 0.59%。下面具体分析每类产品的变化趋势。首先看航空航天产品，由于这类产品的出口额微乎其微，在图中无法清晰看出增长趋势。通过具体数据得知，2003～2017 年航空航天产品的出口呈现逐年增长的趋势，从 2003 年的 7.22 亿美元以年均复合增长率 14.74% 的速度增长到 2017 年的 49.46 亿美元。虽然航空航天产品的出口额及所占比重最低，但年均复合增长率是五类产品中最高的。其次分析药品，该产品出口额仅在 2009 年出现微小缩减，其他年份均保持增长态势，年均复合增长率达到 13.07%。再看办公、会计和计算机类产品，这类产品出口额的波动较频繁，经历过多次上升下降，如在 2003～2006 年表现为上升趋势，2007～2009 年下降，2010 年又上升、2011 年下降，2012～2014 年上升，2015～2016 年下降，2017 年上升，呈现反复的上升下降状态。广播、电视和通信设备类产品的出口额整体上是增长状态，但在 2009 年和 2015～2016 年出现过小幅下降。年均复合增长率位列第二，达

到 14.44%。最后是医疗、精密光学仪器类产品，这类产品以年均复合增长率 11.63% 的速度从 2003 年的 165.10 亿美元增长到 2017 年的 770.48 亿美元①，发展成为五类产品占比中的第二位，但与第一大类产品的出口额相差甚远。

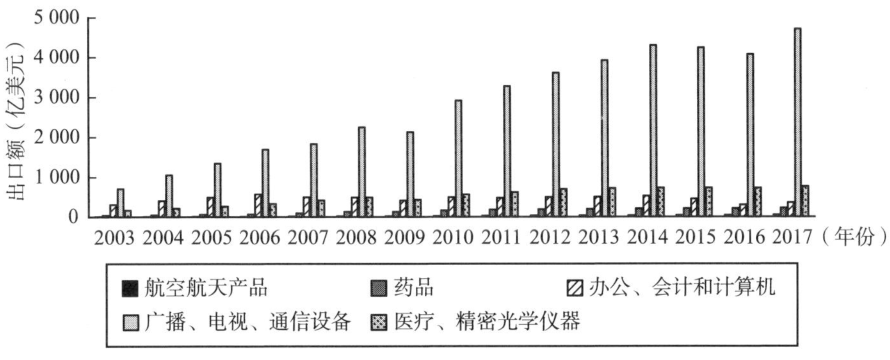

图 3－9　中国高技术产品出口种类分布

资料来源：CEPII BACI 数据库整理得到。

3.3.2　中国高技术产品出口市场分布

图 3－10 呈现了中国高技术产品的出口市场分布。从图中可看出，中国高技术产品主要出口市场是亚洲，平均占比 48.94%，自 2013 年开始亚洲市场的比重保持在 50% 以上，占据整个市场的一半。其次是北美洲市场，平均比重约为 22.67%。位列第三的是欧洲市场，欧洲市场占到整个市场的 22.23%，与北美洲市场所占比重相当。亚洲、北美洲和欧洲是中国高技术产品的三大主要出口目的地，三个市场份额之和高达 90%。南美洲、非洲和大洋洲的市场份额最小，占比不足 7%。

按照 2017 年中国高技术产品出口市场份额绘制出图 3－11，图中将排名前 20 的市场由高到低排列。中国高技术产品出口到这 20 个国家的贸易

① 数据来源：根据 CEPII BACI 数据库计算而得。

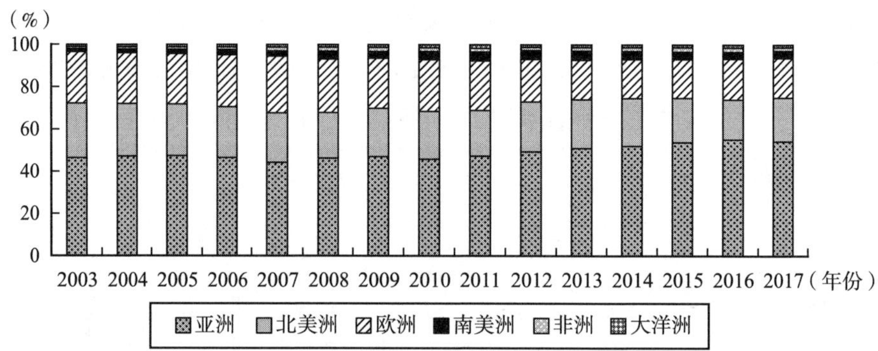

图3-10　中国高技术产品出口的市场分布

资料来源：根据 CEPII BACI 数据库整理得到。

额占总贸易额的比例高达82.83%，其中又以中国香港和美国为主。可见，中国高技术产品的出口市场集中度较高。在贸易形势不确定的环境下极易受到外界冲击的不利影响，还可能加重贸易摩擦，引发贸易纠纷。同时，高技术产品出口市场主要集中在成熟的发达经济体，不利于出口市场多元化，应该到新型工业化国家，到经济发展比较快的发展中国家去开发新的出口市场。因此，中国在出口市场的选择方面应该更加注重多样化，增加新兴市场等国家的市场开拓，优化贸易格局。共建“一带一路”倡议，提高贸易便利化，增加与沿线国家的贸易往来，使产品更多地涌入合作国家的出口市场。

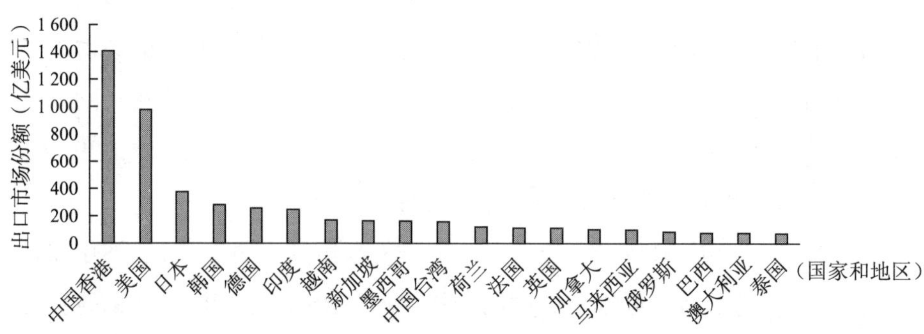

图3-11　2017年中国高技术产品出口市场排名

资料来源：根据 CEPII BACI 数据库整理得到。

3.3.3　中国高技术产品出口质量

质量是一个复杂且多方面的概念。加尔文（Garvin，1984）在研究中总结了体现产品质量的八大要素，包括产品的性能、特征、可靠性、一致性、耐用性、操作性能、美学及顾客感知质量。出口产品质量将产品范围锁定在出口产品，主要体现的是出口产品内在的性能，包括产品的耐用性、兼容性、配套服务及使用的灵活性、安全性等（Aiginger，2001）。此外，产品的美观设计带给消费者的满足感及产品的品牌信誉等都是质量的象征（Garvin，1984）。上述性能使得出口产品表现出更高的质量，消费者愿意为其支付的价格更高。哈拉克等（Hallak et al.，2011）将质量定义为一种商品能够增加消费者对它的估价的一切有形或无形的特征。可以说，在数量既定的条件下，一切能够提高消费者效用水平的特征都可以理解为质量（施炳展和邵文波，2014）。随着新新贸易理论的兴起与发展，学者们逐渐从更多维度研究异质性问题，在企业异质性模型中考虑产品质量因素成为一项重要内容。

1. 出口产品质量的测度方法

由于产品质量本身难以察觉，学者们提出各种代理变量间接反映产品质量。至今，已有大量文献对出口产品质量进行了测度，测度方法已经非常成熟。一种方法是通过产品技术复杂度反映出口产品质量，这一方法主要是以一国某产品出口额占世界该产品出口总额的比重对人均GDP进行加权（Michaely，1984），由于该方法会低估小国的出口产品质量，后被显示性比较优势指数替代（Hausmann et al.，2007）。但显示性比较优势指数无法体现各国间出口产品的技术差异，因此还是不能准确地反映出口产品的质量。技术复杂度与质量的内涵并不相同，质量反映的是产品内部垂直差异，是对同种产品的比较，而技术复杂度体现的则是产品间的技术水平差异，针对不同产品的比较（李坤望等，2014）。由于二者存在的本质区别，现有研究较少采用这种方法衡量产品质量。

目前，学者们普遍采用的是单位价值法来测度出口产品质量（Schott，2004；景光正和李平，2016；曲如晓和臧睿，2019），单位价值法是以价格或单位价值作为质量的代理指标，认为质量高的产品通常有着较高的价格。这一方法简便易操作，数据也容易获取，通过产品出口总额与出口数量之比便可计算得到。但需要较强的假设，因为价格不仅可以反映出产品的质量信息，还可以反映制造成本的变化。单位价值的差异可能是生产要素价格、市场竞争、需求等多方面因素的反映。还有一些研究认为消费者愿意为商品支付的价格可以体现出产品质量，因为质量高的产品更容易受到消费者的青睐和认可，因此消费者愿意以高价格购买高质量产品。哈梅尔和克莱诺（2005）在将集约边际分解为数量边际和价格边际时，用价格边际衡量出口价格，从而测算出口质量。库格勒和维霍根（Kugler & Verhoogen，2012）的研究同样用出口价格反映出口质量。但是单位价值易受通货膨胀、汇率等因素的干扰，芬塔格尼等（Fontagne et al.，2008）和哈里甘等（Harrigan et al.，2015）提出相对单位价值法来改善这一不足。出口产品的相对单位价值是以某种产品出口单位价值与该种产品出口的平均价值之比衡量。国内学者李坤望等（2014）、李方静（2015）等均采用这一方法研究中国出口产品质量问题。

质量调整价格指数法也可以克服单位价值法的不足，该方法认为质量指数和质量调整价格指数两者的乘积即为价格指数，因此可通过求解质量调整价格指数和价格指数得到质量指数。哈尔拉克和舒特（Hallak & Schott，2011）、费恩斯特拉和罗马利斯（Feenstra & Romalis，2012）及张洋（2017）在研究中采用了这一方法。但该方法测算过程复杂，且难以测算出产业层面的质量水平（魏方，2015）。

科汉德沃（Khandelwal，2010）认为单位价值并不能等同于产品质量，通过单位价值和数量信息反向推理得到出口产品质量，这一方法被称为事后反推法。事后反推法具有和单位价值法一致的逻辑，即以产品价格相同为条件，市场份额较高的产品被认为具有较高的质量。哈尔拉克和舒特（2011）、阿密第和科汉德沃（Amiti & Khandelwal，2013）、樊等（Fan et al.，2015）、亢梅玲等（2014）、李秀芳和施炳展（2016）、张先锋（2018）等大量国内外研究均采用事后推理方法，利用需求函数反向推出产品质量信息。施炳展等（2013）采用嵌套 Logit 法反推测算出口产品质量。

2. 高技术产品出口质量

（1）相对单位价值法。

本章对于产品质量的测算主要参考魏方（2019）采用的相对单位价值法。相对单位价值法不仅可以避免绝对单位价值衡量质量时产生的偏差，还可以汇总出不同分类产品以及国家等层面上的产品质量，合理且便于比较。具体公式如下：

$$quality_{i\omega jt} = \frac{UV_{i\omega jt}}{UV_{r\omega rt}} \tag{3.1}$$

其中，i 表示中国，j 表示出口目的国（地区），r 表示世界，ω 表示产品种类。t 时期中国 i 对目的地 j 出口产品 ω 的质量可以表示为 t 时期中国 i 对 j 出口 ω 产品的单位价值与 ω 产品出口到世界的平均价格之比。$UV_{i\omega jt}$ 表示中国对 j 出口产品 ω 的单位价值，$UV_{r\omega rt}$ 是以出口市场份额为权重将所有出口国对世界出口 ω 产品的单位价值进行加权平均。

$$UV_{r\omega rt} = \sum_{i \in I} \frac{TV_{i\omega rt}}{\sum_{i \in I} TV_{i\omega rt}} \times UV_{i\omega rt} \tag{3.2}$$

式（3.2）中 I 表示产品 ω 的出口国（地区）集合。

$$UV_{i\omega rt} = \sum_{j \in J} \frac{TV_{i\omega jt}}{\sum_{j \in J} TV_{i\omega jt}} \times UV_{i\omega jt} \tag{3.3}$$

上式中 J 表示中国出口产品 ω 的目的地集合。

不考虑目的市场，中国对世界出口产品 ω 的质量可以表示为：

$$quality_{i\omega t} = \frac{UV_{i\omega rt}}{UV_{r\omega rt}} \tag{3.4}$$

为了得到中国对世界出口高技术产品 h 的质量水平，按下式进行测算：

$$quality_{iht} = \sum_{i \in I_h} \frac{TV_{i\omega t}}{\sum_{i \in I_h} TV_{i\omega t}} \times quality_{i\omega t} \tag{3.5}$$

（2）数据来源及处理。

测度出口产品质量的数据来自 CEPII BACI 数据库，BACI 的原始数据是由 UN Comtrade 数据库提供，但相比 UN Comtrade 数据库而言，BACI 数据中出口数量的单位更加统一，便于比较。CEPII BACI 数据库涵盖了 2003～2017 年 200 多个国家（地区）在 HS02 六分位产品编码下的双边贸易数据。数据具体包括：年份、HS6 分位编码、出口国（地区）、进口国（地区）、贸易价值（千美元）和贸易数量（以吨计量）。年度产品种类最多达 5 179 种，年度观测数据多达 7 854 820 条。由于本书的研究对象是高技术产品，首先通过联合国统计司（UNSD）公布的代码转换表将 OECD（2011）报告的 ISIS Rev. 3 高技术产品代码转换为 SITC Rev. 3，然后将 SITC Rev. 3 与 HS02 六分位编码匹配，得到 460 个高技术产品 HS 编码。

3. 出口产品质量的变化趋势

根据以上总结的关于出口产品质量的测度方法，本章计算出 2003～2017 年中国高技术产品的出口质量，并对这一数据进行具体分析。

（1）整体变化趋势。

图 3－12 是关于 2003～2017 年间中国高技术产品出口质量的发展趋势图。从图中可看出，中国高技术产品出口质量在样本期间内整体呈现上升态势，由 2003 年的 0.55 增加到 2017 年的 0.75。但是高技术产品出口质量的变化趋势并不稳定。2003～2004 年中国高技术产品的出口质量有所上升，然后长时间处于下降状态，受国际金融危机的影响，2007～2009 年出口产品质量始终维持在 0.5 以下的低水平。直到 2011 年，高技术产品出口质量开始提高，虽然 2013 年经历了一次下降，但仍保持在 0.5 以

上。2014～2017年出口产品质量的波动幅度更大。具体来看，2015年，高技术产品出口质量达到最高值0.92，增长速度达到49.12%，但2016年又以45.98%的速度迅速下降到0.5，随后又提升至0.75。可见，高技术产品的出口质量波动频繁，十分不稳定。

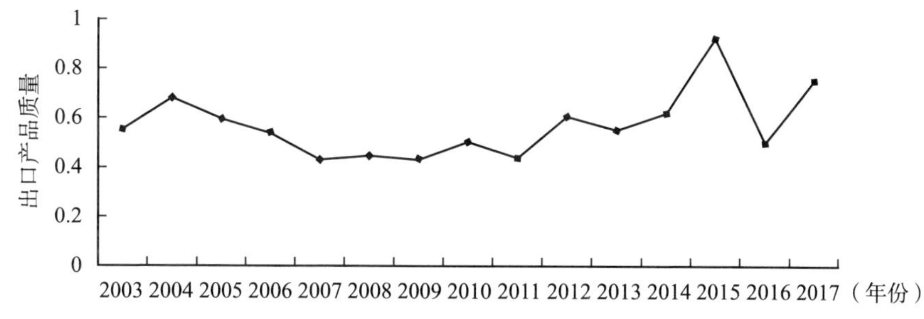

图3－12　2003～2017年中国高技术产品出口质量变化趋势

资料来源：CEPII BACI数据库计算得到。

（2）细分行业的变化趋势。

图3－13展示了不同行业高技术产品的出口质量变化趋势。从图中可以看出，除医疗和精密光学仪器之外，其他产品均呈现出上升的趋势。波动最剧烈的是航空航天产品，但自2013年开始，这一产品的出口质量保持持续提升的状态，到2016年该产品出口质量超过其他四类产品。药品的出口产品质量变动幅度最小，主要处于0.2～0.4的范围内。办公、会计和计算机类产品的出口质量在2007～2014年间是最低的，但2016年开始以接近10倍的速度高速增长。

（3）创新型和互动型行业的变化趋势。

进一步分析互动型行业和创新型行业的出口产品质量变化趋势。从图3－14可以看出，互动型行业的出口产品质量变动趋势与图3－13的整体变化趋势基本一致，产品质量的上升与下降时间基本吻合，2015～2016年同样是互动型行业出口产品质量变动最剧烈的时间。相比之下，创新型行业的出口产品质量波动幅度不大，并且从2014年开始保持在0.4左右。

创新型行业出口产品质量在2008年国际金融危机之前表现出上升的趋势，危机之后出口产品质量逐渐降低到0.5以下，直到2017年仍未表现出提升的迹象。

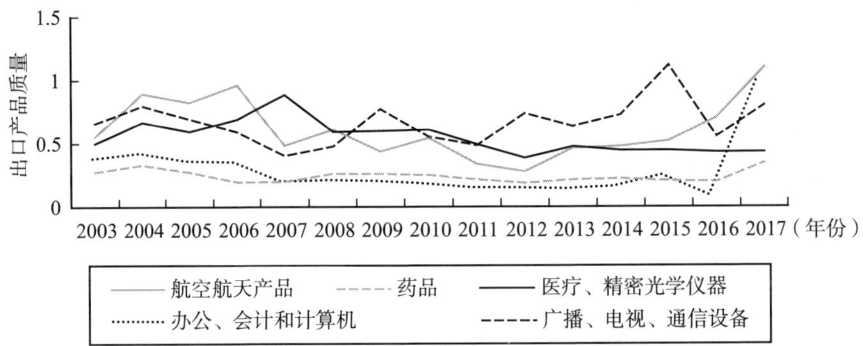

图3-13　2003~2017年中国细分行业高技术产品出口产品质量变化趋势

资料来源：根据CEPII BACI数据库计算得到。

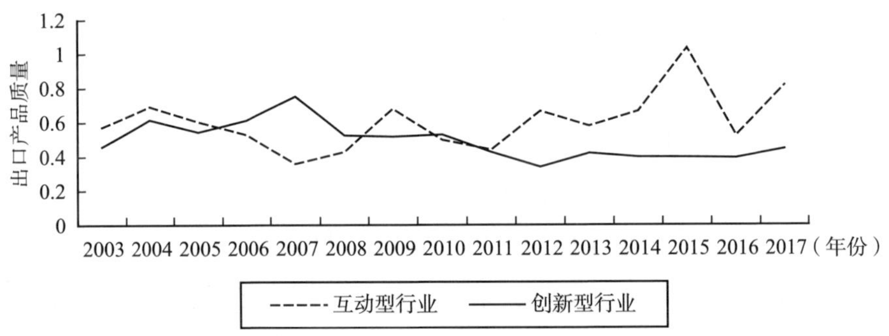

图3-14　中国互动型行业和创新型行业高技术产品出口质量

资料来源：根据CEPII BACI数据库计算得到。

3.3.4　中国高技术产品出口增长边际分析

本章将高技术产品出口分解为扩展边际、数量边际和价格边际，深入探究高技术产品出口增长的源泉，以期全面分析高技术产品出口增长的实现路径。

1. 三元边际分解框架

根据新新贸易理论，一国出口增长可分为扩展边际与集约边际。哈梅尔斯和克莱诺（2005）将集约边际进一步分为数量边际和价格边际，奠定了三元边际的研究基础，从而有助于从微观视角精准地测度出口增长的来源。本节按照三元边际分解方法分析中国高技术产品出口增长的动力。

首先，按照产品扩展边际的定义，得到扩展边际的表达式：

$$EM_{jm} = \frac{\sum_{i \in I_{jm}} \mathrm{P}_{rmi} X_{rmi}}{\sum_{i \in I_{rm}} \mathrm{P}_{rmi} X_{rmi}} \tag{3.6}$$

公式（3.6）中 j 代表中国，r 代表世界，m 代表进口国。I_{jm}、I_{rm} 分别代表中国和世界向伙伴国出口产品的集合。分子代表世界和中国对伙伴国出口产品中相同部分的世界价值；分母代表世界对伙伴国出口产品的总价值。因此，扩展边际是世界与中国对伙伴国出口相同产品的贸易额占世界总出口额的比值，比值越大，说明中国出口产品种类越多。

其次，按照产品集约边际的定义，得到公式（3.7）：

$$IM_{jm} = \frac{\sum_{i \in I_{jm}} P_{jmi} X_{jmi}}{\sum_{i \in I_{jm}} \mathrm{P}_{rmi} X_{rmi}} \tag{3.7}$$

公式（3.7）的分子代表中国出口额，分母代表世界和中国在相同产品上的贸易额。因此，集约边际的含义为在相同产品的出口中，中国出口总额占世界总出口的比重。集约边际越大，表示中国在同一产品上的出口数量越多。

扩展边际式（3.6）与集约边际式（3.7）的乘积即为出口市场份额，即中国出口占世界出口的比重：

$$\frac{\sum_{i \in I_{jm}} P_{jmi} X_{jmi}}{\sum_{i \in I_{rm}} \mathrm{P}_{rmi} X_{rmi}} = EM_{jm} \times IM_{jm} \tag{3.8}$$

式（3.8）左边为中国出口总额与世界出口总额间的比值，右边是出口扩展边际与集约边际的乘积，表明一国出口产品的种类数越大，或在相同产品上的出口量越大，都可创造较高的市场份额。

进一步将集约边际表示为价格边际和数量边际的乘积：

$$IM_{jm} = P_{jm} \times Q_{jm} \tag{3.9}$$

价格边际和数量边际的公式分别为：

$$P_{jm} = \prod_{i \in I_{jm}} \left(\frac{p_{jmi}}{p_{rmi}} \right)^{w_{jmi}} \tag{3.10}$$

$$Q_{jm} = \prod_{i \in I_{jm}} \left(\frac{q_{jmi}}{q_{rmi}} \right)^{w_{jmi}} \tag{3.11}$$

其中，权重 W_{jmi} 由公式（3.12）计算得到：

$$W_{jmi} = \frac{(S_{jmi} - S_{rmi})/(\ln S_{jmi} - \ln S_{rmi})}{\sum_{i \in I_{jm}} [(S_{jmi} - S_{rmi})/(\ln S_{jmi} - \ln S_{rmi})]} \tag{3.12}$$

其中，S_{jmi} 与 S_{rmi} 分别表示中国 i 种商品出口占本国出口的比重：

$$S_{jmi} = \frac{P_{jmi}X_{jmi}}{\sum_{i \in I_{jm}} P_{jmi}X_{jmi}} \tag{3.13}$$

$$S_{rmi} = \frac{\mathrm{P}_{rmi}X_{rmi}}{\sum_{i \in I_{jm}} \mathrm{P}_{rmi}X_{rmi}} \tag{3.14}$$

2. 数据来源及处理

参照 OECD 标准（2011）中 ISIC Rev. 3 对高技术产品的分类标准[①]，根据联合国提供的 ISIC Rev. 3 和 SITC Rev. 3 转换表，整理得到 SITC Rev. 3 五分位高技术产品编码。本节使用 UN Comtrade 数据库中的贸易数据，单位为美元，样本期间为 2003 ~ 2017 年。如果出现某国的某类出口商品在某些年份缺失产品数量值，则去掉该产品；如果数量值为 0，则取

① 参照 OECD 标准（2011）中 ISIC Rev. 3 对高技术产品的分类，选择航空航天产品（353）、药品（2423）、办公、会计和计算机（30）、广播、电视和通信设备（32）、医疗、精密光学仪器（33）五类为高技术产品。

为 1。这种情况占比较小，因此在统计意义上不会影响本书的结论。

根据中国向世界各经济体出口高技术产品的贸易情况，本节选取 31 个国家（地区）作为研究对象，分别是德国、美国、日本、意大利、匈牙利、法国、英国、加拿大、卢森堡、比利时、巴西、智利、韩国、中国香港、哥伦比亚、捷克、马来西亚、墨西哥、荷兰、巴基斯坦、波兰、俄罗斯、沙特阿拉伯、新加坡、斯洛伐克、南非、西班牙、泰国、土耳其、阿根廷、澳大利亚。2017 年，中国对这 31 个国家（地区）出口高技术产品的总贸易额占中国 2016 年高技术产品出口总值的 96.58%，足够具有代表性。

3. 多边层面

如表 3－1 所示，自 2003 年以来，中国高技术产品的出口扩展边际均值为 0.91，最高年份甚至达到 0.96，表明中国高技术产品出口的种类具有多样性。同时，高技术产品的出口集约边际整体呈现增长趋势。2017 年集约边际为 0.29，相比 2003 年的 0.13，增长了近 1.31 倍。市场份额在这 15 年间的年均复合增速约为 6.34%，而集约边际的复合增速达到 6.16%，表明中国高技术产品出口的增长主要由集约边际推动。

表 3－1　　2003～2017 年中国向世界出口高技术产品的三元边际分解

年份	*R*	*EM*	*IM*	*P*	*Q*
2003	0.1174	0.9312	0.1260	0.7037	0.1791
2004	0.1419	0.9327	0.1521	1.0083	0.1508
2005	0.1671	0.9371	0.1784	0.7993	0.2231
2006	0.1908	0.9409	0.2028	0.7898	0.2567
2007	0.2532	0.7915	0.3199	0.7890	0.4054
2008	0.2068	0.8637	0.2395	0.7654	0.3129
2009	0.2231	0.9151	0.2438	0.8976	0.2716
2010	0.2115	0.9470	0.2233	0.8021	0.2784

续表

年份	*R*	*EM*	*IM*	*P*	*Q*
2011	0. 2241	0. 9468	0. 2368	0. 7186	0. 3295
2012	0. 3989	0. 8003	0. 4984	0. 7884	0. 6322
2013	0. 2695	0. 9611	0. 2804	0. 8123	0. 3452
2014	0. 2812	0. 8719	0. 3225	0. 8365	0. 3856
2015	0. 2841	0. 9603	0. 2958	0. 7407	0. 3993
2016	0. 2640	0. 8633	0. 3058	0. 8373	0. 3652
2017	0. 2777	0. 9541	0. 2910	0. 8270	0. 3519
年均复合增速（%）	6. 3427	0. 1737	6. 1612	1. 1599	4. 9426

资料来源：根据 UN Comtrade 数据库中的数据，通过公式（3. 6）~（3. 14）计算得出。

进一步分析价格边际和数量边际可知，高技术产品出口价格边际的年均复合增速是 1. 16%，数量边际的年均复合增速是 4. 94%，对集约边际的增长贡献最大的是数量边际。除 2004 年，中国出口高技术产品的价格边际均低于 1，说明中国向世界出口高技术产品的价格一直低于世界平均价格。除个别年份，中国出口数量边际整体呈增长趋势，从 2003 年的 0. 18 增长到 2017 年的 0. 35，增长约 0. 96 倍，而出口价格边际的波动幅度较小。

总体来看，中国向世界各主要伙伴国（地区）出口高技术产品的贸易增长以数量边际为主，扩展边际和价格边际对出口增长的贡献不大。

通过表 3 -2 中呈现的增长率分析出口增长的稳健程度。从中国不同时段高技术产品出口的增速可以看出，市场份额、扩展边际、集约边际、价格边际及数量边际的标准差均较小，表明这五个指标的增长速度较稳定。相对来说，扩展边际的标准差最小，说明中国高技术产品出口种类的波动最小。数量边际的标准差较大，说明高技术产品出口数量的波动大。价格边际部分年份增速为负，但整体呈现增长趋势。

表 3－2　　2003～2017 年中国向世界出口高技术产品的三元边际增速分析

时段	*R*	*EM*	*IM*	*P*	*Q*
2003～2004 年	0.2088	0.0017	0.2068	0.4329	－0.1578
2004～2005 年	0.1781	0.0046	0.1727	－0.2073	0.4794
2005～2006 年	0.1416	0.0042	0.1369	－0.0118	0.1505
2006～2007 年	0.3270	－0.1588	0.5775	－0.0010	0.5792
2007～2008 年	－0.1830	0.0912	－0.2513	－0.0300	－0.2282
2008～2009 年	0.0786	0.0595	0.0181	0.1728	－0.1319
2009～2010 年	－0.0522	0.0349	－0.0841	－0.1065	0.0250
2010～2011 年	0.0600	－0.0002	0.0602	－0.1041	0.1834
2011～2012 年	0.7796	－0.1547	1.1053	0.0972	0.9188
2012～2013 年	－0.3244	0.2009	－0.4374	0.0304	－0.4540
2013～2014 年	0.0436	－0.0928	0.1503	0.0297	0.1171
2014～2015 年	0.0101	0.1014	－0.0829	－0.1144	0.0356
2015～2016 年	－0.0707	－0.1011	0.0338	0.1304	－0.0855
2016～2017 年	0.0519	0.1053	－0.0482	－0.0123	－0.0364
标准差	0.2571	0.1046	0.3692	0.1565	0.3564

资料来源：根据表 3－1 计算得出。

4. *双边层面*

表 3－3 展示了中国对主要伙伴国（地区）出口的三元边际数据。在扩展边际方面，中国对 31 个贸易伙伴国（地区）的出口扩展边际大多处于 0.8～0.98，整体呈增长趋势，表明中国高技术产品的出口种类逐渐增多。每个国家的扩展边际均较为集中，仅有小幅波动。

价格边际方面，中国对伙伴国（地区）出口的价格主要介于 0.86～1.50，各国出口价格均处于不断波动状态。具体来看，法国、德国、中国香港、匈牙利、意大利、卢森堡、波兰、俄罗斯、新加坡、斯洛伐克、南非、西班牙、英国及美国只有部分年份价格边际高于 1，其他国家价格边际均小于 1。因此，中国向这 31 个国家（地区）出口的价格在大多数年份低于世界向这些国家（地区）出口的价格。

表 3-3　2003~2017 年中国对主要贸易伙伴国（地区）出口的三元边际

国家（地区）	2003 年			2008 年			2013 年			2017 年		
	EM	*P*	*Q*	*EM*	*P*	*Q*	*EM*	*P*	*Q*	*EM*	*P*	*Q*
阿根廷	0. 745	0. 537	0. 084	0. 900	0. 765	0. 126	0. 933	0. 794	0. 334	0. 941	0. 679	0. 329
澳大利亚	0. 897	0. 470	0. 096	0. 918	0. 579	0. 163	0. 940	0. 845	0. 159	0. 924	0. 793	0. 284
比利时	0. 942	0. 397	0. 043	0. 942	0. 377	0. 041	0. 967	0. 616	0. 047	0. 869	0. 945	0. 035
巴西	0. 744	0. 701	0. 111	0. 820	0. 716	0. 259	0. 922	0. 647	0. 347	0. 945	0. 586	0. 430
加拿大	0. 875	0. 523	0. 040	0. 884	0. 447	0. 099	0. 919	0. 568	0. 120	0. 929	0. 374	0. 264
智利	0. 729	0. 632	0. 141	0. 879	0. 844	0. 174	0. 906	0. 865	0. 318	0. 972	0. 737	0. 329
哥伦比亚	0. 732	0. 685	0. 062	0. 832	0. 933	0. 107	0. 908	0. 811	0. 165	0. 927	0. 645	0. 345
捷克	0. 865	0. 483	0. 161	0. 884	0. 613	0. 613	0. 948	0. 527	0. 225	0. 944	0. 898	0. 178
法国	0. 920	0. 592	0. 039	0. 922	0. 660	0. 045	0. 954	0. 875	0. 044	0. 947	1. 470	0. 035
德国	0. 954	0. 686	0. 074	0. 888	0. 619	0. 095	0. 971	0. 928	0. 074	0. 949	1. 088	0. 077
中国香港	0. 936	0. 786	0. 367	0. 800	0. 864	0. 675	0. 975	0. 944	0. 672	0. 961	0. 869	0. 739
匈牙利	0. 870	1. 251	0. 125	0. 890	0. 727	0. 315	0. 942	1. 031	0. 182	0. 924	1. 084	0. 132
意大利	0. 874	0. 460	0. 047	0. 805	0. 620	0. 070	0. 950	0. 658	0. 076	0. 961	1. 499	0. 059
日本	0. 918	0. 776	0. 192	0. 862	0. 770	0. 273	0. 944	0. 829	0. 341	0. 945	0. 730	0. 432
韩国	0. 969	0. 694	0. 137	0. 809	0. 797	0. 362	0. 973	0. 839	0. 521	0. 987	0. 768	0. 489
卢森堡	0. 558	0. 637	0. 094	0. 424	0. 748	0. 112	0. 778	1. 445	0. 407	0. 660	1. 310	0. 010
马来西亚	0. 962	0. 815	0. 085	0. 832	0. 635	0. 323	0. 953	0. 661	0. 333	0. 970	0. 628	0. 361
墨西哥	0. 901	0. 452	0. 066	0. 913	0. 659	0. 153	0. 972	0. 557	0. 301	0. 974	0. 364	0. 522
荷兰	0. 900	0. 576	0. 109	0. 871	0. 598	0. 138	0. 959	0. 768	0. 202	0. 954	0. 940	0. 252
巴基斯坦	0. 823	0. 624	0. 247	0. 890	0. 748	0. 346	0. 954	0. 905	0. 402	0. 930	0. 840	0. 504
波兰	0. 785	0. 479	0. 039	0. 943	0. 797	0. 141	0. 970	0. 695	0. 168	0. 941	1. 341	0. 120
俄罗斯	0. 861	0. 663	0. 076	0. 877	0. 780	0. 147	0. 936	0. 764	0. 153	0. 928	1. 237	0. 161
沙特阿拉伯	0. 654	0. 423	0. 053	0. 813	0. 705	0. 100	0. 924	0. 751	0. 077	0. 893	0. 731	0. 184
新加坡	0. 945	0. 755	0. 089	0. 738	0. 682	0. 219	0. 913	0. 728	0. 174	0. 969	0. 744	0. 240
斯洛伐克	0. 599	0. 548	0. 053	0. 891	1. 402	0. 106	0. 934	0. 814	0. 175	0. 932	1. 274	0. 157
南非	0. 859	0. 505	0. 103	0. 858	0. 686	0. 161	0. 941	0. 931	0. 200	0. 953	0. 931	0. 230
西班牙	0. 892	0. 564	0. 040	0. 721	0. 730	0. 055	0. 927	0. 714	0. 084	0. 920	1. 327	0. 058

续表

国家（地区）	2003 年			2008 年			2013 年			2017 年		
	EM	*P*	*Q*	*EM*	*P*	*Q*	*EM*	*P*	*Q*	*EM*	*P*	*Q*
泰国	0.948	0.853	0.097	0.852	0.961	0.204	0.955	0.753	0.308	0.981	0.680	0.316
土耳其	0.850	0.592	0.091	0.745	0.501	0.119	0.916	0.767	0.188	0.958	0.910	0.220
英国	0.924	0.502	0.062	0.909	0.598	0.102	0.937	0.740	0.103	0.931	1.040	0.093
美国	0.933	0.589	0.151	0.931	0.691	0.198	0.968	0.703	0.266	0.944	0.787	0.300

资料来源：据 UN Comtrade 数据库中的数据，通过公式（3.6）~（3.14）计算得出。

数量边际方面，中国向伙伴国（地区）出口的产品数量边际很低，多数在 0.5 以内，韩国 2015 年达到 0.55，中国香港达到 0.74。中国对大多数伙伴国（地区）的出口数量边际呈明显的上升趋势；对比利时、法国、西班牙和英国的出口数量边际较为稳定，未出现明显波动；对加拿大、捷克、卢森堡的出口数量出现大幅波动。

总体来看，中国对伙伴国（地区）的出口扩展边际处于高位且较为稳定，价格边际处于波动之中，数量边际整体呈现增长状态。因此，中国对多数伙伴国（地区）的出口增长主要源于出口数量，对比利时、捷克、法国、德国、匈牙利、意大利、卢森堡、波兰、西班牙的出口增长则主要是由出口价格所推动。

3.4 本章小结

本章描述了贸易政策不确定性、研发补贴及中国高技术产品出口的现状。首先看贸易政策不确定性，结合巴克等（2016）及阿希尔等（Ahir et al., 2019）编制的不确定性指数可知，国际贸易政策不确定性呈现波动中不断上升的趋势。其次，本章介绍了国际研发政策和中国研发政策的基本情况，描述了研发补贴的现实特征。中国的研究与试验发展经费投入呈逐年增长趋势，其中企业是研发经费的主要来源，政府研发经费支出占企业研发经费支出的比重仅有1/3。高技术产品政府研发经费支出同样呈逐步增长趋势，但增长速度越来越慢。政府对创新型高技术产品的研发投入高于互动型行业的产品。关于高技术产品出口分别从出口总额、出口市场分布、出口产品质量、出口增长边际方面分析。高技术产品出口总额整体呈增长趋势；出口数量在2015年出现剧烈增长，其余年份较为稳定；高技术产品的出口主要集中在广播、电视、通信设备类；高技术产品出口市场以亚洲为主，其次是北美洲市场和欧洲市场，这三大市场的市场份额高达90%，市场集中度高；出口产品质量在2003～2017年间整体呈上升态势，但变化不稳定；高技术产品出口增长由集约边际中的数量边际推动，价格边际和扩展边际的贡献较小。

第 4 章

贸易政策不确定性下研发补贴影响高技术产品出口发展的机理分析

本章将在第 2 章理论分析的基础上，进一步通过构建理论模型探讨具体的影响机制。首先通过模型分析研发补贴影响出口的机制，政府研发补贴能够直接或间接地增加企业研发投入，企业有机会和动力研发新技术，提高出口产品技术含量，能够更好地满足国外消费者的高需求，最终有助于促进企业出口。其次通过异质性企业理论分析贸易政策不确定性对出口的影响。企业出口海外市场需要支付一笔高额固定成本（沉没成本），只有生产效率高的企业赚到足够利润才能负担这一成本。贸易政策不确定性的增加将提高沉没成本，同时提高了投资的等待价值，企业通常持观望态度，出口和投资的积极性下降。

4.1 贸易政策不确定性下研发补贴对出口增长的影响机制

4.1.1 研发补贴对出口增长的影响机制

本节以梅利茨（2003）提出的新新贸易理论为基础模型，探究政府研发补贴对企业出口增长的影响，具体包括对出口数量、出口种类和出口价格的影响。假设外国进口商 j 的消费者偏好表示为：

$$U_j = \left[\int_{\omega \in \Omega} q_j(\omega)^{\frac{\sigma-1}{\sigma}}\right]^{\frac{\sigma}{\sigma-1}} \tag{4.1}$$

上式中，$q_j(\omega)$ 表示进口国消费者消费的产品数量，ω 表示产品种类，Ω 则表示为产品种类的集合，σ 表示产品间的替代弹性（$\sigma > 1$）。

根据消费者效用最大化可以求解出需求函数：

$$\max \quad U_j = \left[\int_{\omega \in \Omega} q_j(\omega)^{\frac{\sigma-1}{\sigma}}\right]^{\frac{\sigma}{\sigma-1}}$$

$$\text{s. t.} \quad \int_{\omega \in \Omega} p_j(\omega) q_j(\omega) \mathrm{d}\omega = Y_j \tag{4.2}$$

其中，Y_j 表示进口国 j 的总支出，进口国的价格指数表示为：

$$P = \left[\int_{\omega \in \Omega} p_j(\omega)^{1-\sigma} \mathrm{d}\omega\right]^{\frac{1}{1-\sigma}} \tag{4.3}$$

构建拉格朗日函数：

$$L(q, \lambda) = \left[\int_{\omega \in \Omega} q_j(\omega)^{\frac{\sigma-1}{\sigma}}\right]^{\frac{\sigma}{\sigma-1}} + \lambda\left[Y_j - \int_{\omega \in \Omega} p_j(\omega) q_j(\omega) \mathrm{d}\omega\right]$$

求上式关于 $q_j(\omega)$ 的一阶导数，并令其等于0，

$$\frac{\partial L}{\partial q} = \frac{\sigma}{\sigma - 1}\left[\int_{\omega \in \Omega} q_j(\omega)^{\frac{\sigma-1}{\sigma}}\right]^{\frac{1}{\sigma-1}} \frac{\sigma - 1}{\sigma} q_j(\omega)^{\frac{-1}{\sigma}} - \lambda p_j(\omega) = 0 \tag{4.4}$$

可求得需求函数为：

$$q_j(\omega) = Y_j \frac{p_j(\omega)^{-\sigma}}{P_j(\omega)^{1-\sigma}} \tag{4.5}$$

因此，j 国消费者关于 ω 产品的支出 $V_j(\omega)$ 可表示为：

$$V_j(\omega) = Y_j \frac{p_j(\omega)^{1-\sigma}}{P_j(\omega)^{1-\sigma}} \tag{4.6}$$

企业生产数量为 q 的产品需要付出固定成本 f 和取决于劳动生产率的可变生产成本 $\frac{q}{\varphi}$，因此企业利润可整理为：

$$\pi = p_j(\omega) q_j(\omega) - f - \frac{q(\omega)}{\varphi} = Y \frac{p_j(\omega)^{1-\sigma}}{P_j(\omega)^{1-\sigma}} - f - \frac{Y}{\varphi} \frac{p_j(\omega)^{-\sigma}}{P_j(\omega)^{1-\sigma}}$$

根据企业利润最大化，可得：

$$\frac{\partial\pi}{\partial p(\omega)}=\frac{(1-\sigma)Y}{P^{1-\sigma}}p^{-\sigma}+\frac{\sigma Y}{\varphi P^{1-\sigma}}p^{-\sigma-1}=0$$

因此，国内市场最优价格：$p(\omega)=\frac{\sigma}{\sigma-1}\frac{1}{\varphi}$　　(4.7)

企业在国内市场的均衡价格乘以可变贸易成本（τ）得到出口市场价格 p_x：

$$P_x=\tau p(\omega)=\frac{\sigma}{\sigma-1}\frac{\tau}{\varphi} \tag{4.8}$$

考虑政府提供研发补贴这一情况，企业获得研发补贴直接降低了企业的生产成本。令补贴率为 s_i（$s_i>1$），获得补贴后的国内市场价格可表示为：

$$p_d=\frac{\sigma}{\sigma-1}\frac{1}{\varphi s_i} \tag{4.9}$$

企业出口到岸价格为：

$$p_x=\tau p_d=\frac{\sigma}{\sigma-1}\frac{\tau}{\varphi s_i} \tag{4.10}$$

将价格公式（4.10）分别代入需求数量式（4.5）和消费支出式（4.6）可得到企业获得研发补贴后的出口数量和出口总额。

获得补贴后的出口数量：

$$q_x(\omega)=\left(\frac{\sigma}{\sigma-1}\right)^{-\sigma}\frac{(\varphi s_i)^{\sigma}(\tau)^{-\sigma}}{P_j(\omega)^{1-\sigma}}Y_j \tag{4.11}$$

获得补贴后的出口总额：

$$V_{ij}(\omega)=\left(\frac{\sigma}{\sigma-1}\right)^{1-\sigma}\frac{(\varphi s_i)^{\sigma-1}(\tau)^{1-\sigma}}{P_j(\omega)^{1-\sigma}}Y_j \tag{4.12}$$

通过公式（4.10）、式（4.11）和式（4.12）可以看出，企业出口价格、出口数量及出口额均受到研发补贴的影响。具体来看，获得研发补贴后，企业出口价格、出口数量和出口额的变化情况。分别求三个公式对补贴的偏导数，可得：

$$\frac{\partial p_x}{\partial s_i}=\frac{\sigma}{\sigma-1}\frac{\tau}{\varphi}\frac{-1}{s_i}<0$$

$$\frac{\partial q_x}{\partial s_i}=\left(\frac{\sigma}{\sigma-1}\right)^{-\sigma}\frac{\sigma\varphi\tau^{-\sigma}Y_j}{P_j(\omega)^{1-\sigma}}(\varphi s_i)^{\sigma-1}>0$$

$$\frac{\partial V_{ij}(\omega)}{\partial s_i}=\left(\frac{\sigma}{\sigma-1}\right)^{1-\sigma}\frac{(\sigma-1)\varphi\tau^{1-\sigma}Y_j}{P_j(\omega)^{1-\sigma}}(\varphi s_i)^{\sigma-2}>0$$

由此可见，政府研发补贴对企业出口价格产生负向影响，即随着研发补贴额度的增加，出口价格将因为成本的降低而下降。政府研发补贴对出口数量和出口额产生正向影响，即随着政府对企业研发补贴额度的增加，企业出口数量和出口总额将增加。

用于研发环节的补贴直接降低了企业研发成本，从而降低了生产成本。成本的降低使得企业在出口市场上更具价格竞争优势，有助于获得更多消费者的青睐，从而增加产品需求，致使企业扩大生产规模和出口规模。另外，研发补贴不同于一般性生产补贴，研发补贴以技术研发为补贴对象、以提升技术创新水平为目的，对研发部门提供资金支持，这将会极大地促进企业内部的研发活动。因此，研发补贴具有激励企业不断创新、研制新产品的效果，从而对出口产品种类的多样化起到促进作用。

基于上述分析，本节提出假设：政府研发补贴对高技术产品出口价格具有负向影响，对出口种类、数量和出口贸易额具有正向影响。

4.1.2 贸易政策不确定性对出口增长的影响机制

借鉴汉德雷和利茅（2015），将关税变动的概率设为 γ，用以表示进口方调整关税的风险，γ 越小表示贸易政策不确定性越低。当冲击发生时，政策制定者将重新设置新的关税水平 τ'，新的关税服从 $H(\tau')$ 分布，τ'的取值在［1，τ_{max}］之间，τ_{max}指国外可能征收的最高关税。

企业进入出口市场需要支付一次性的进入成本（沉没成本）f_e，了解到生产效率 φ、适用税率及未来贸易政策的不确定程度后，决定出口到国外的企业每期需支付一笔出口固定成本 f_x。冯等（2017）的研究，固定出口成本随出口企业数目的增加而增加，$f_x=N^{\kappa}f$，N 代表出口企业数量，κ

表示进入出口市场的拥挤程度（$\kappa \geqslant 0$）。

根据上文公式（4.5）和式（4.7），可得企业可变利润函数和收益分别为：

$$\nu(\varphi)=\frac{\sigma}{\sigma-1}\frac{1}{\varphi}q-\frac{q}{\varphi}=Y(\sigma\tau)^{-\sigma}[P\varphi(\sigma-1)]^{\sigma-1} \tag{4.13}$$

$$R(\varphi)=Y_j\left(\frac{p_j}{P}\right)^{1-\sigma}=Y_j\left[\frac{\sigma-1}{\sigma}\frac{P\varphi}{\tau}\right]^{\sigma-1} \tag{4.14}$$

令 $\mu(\varphi)$ 表示幸存企业的生产率分布，价格指数可以表示为：

$$P=\left[\int_0^{\infty}p(\varphi)^{1-\sigma}N\mu(\varphi)\mathrm{d}\varphi\right]^{\frac{1}{1-\sigma}} \tag{4.15}$$

将式（4.8）代入式（4.15）可得：

$$P=\frac{\sigma}{\sigma-1}\frac{\tau}{\tilde{\varphi}}N^{\frac{1}{1-\sigma}} \tag{4.16}$$

其中，$\tilde{\varphi}=\left[\int_0^{\infty}\varphi^{\sigma-1}\mu(\varphi)\mathrm{d}\varphi\right]^{\frac{1}{\sigma-1}}$ 代表幸存企业的平均生产率。将式（4.16）分别代入式（4.13）和式（4.14），可得：

$$\nu(\varphi)=\frac{1}{\tau\sigma}\frac{Y}{N}\left(\frac{\varphi}{\tilde{\varphi}}\right)^{\sigma-1} \tag{4.17}$$

$$R(\varphi)=\frac{Y}{N}\left(\frac{\varphi}{\tilde{\varphi}}\right)^{\sigma-1} \tag{4.18}$$

企业是否出口基于可变利润现值与出口固定成本间的比较，只有当可变利润现值大于出口固定成本时，企业才会出口。生产率为 φ 的企业的可变利润现值为：

$$\nu_p(\tau_t,\ \varphi)=\nu(\tau_t,\ \varphi)+\rho[(1-\gamma)\nu_p(\tau_t,\ \varphi)+\gamma E_\tau\nu_p(\tau_{t+1},\ \varphi)] \tag{4.19}$$

对两边取期望，可以得到

$$E_\tau\nu_p(\tau,\ \varphi)=\frac{1}{1-\rho}E_\tau\nu(\tau,\ \varphi) \tag{4.20}$$

将式（4.20）代入式（4.19），可变利润现值可以表示为：

$$\nu_p(\tau_t,\ \varphi)=\frac{1}{1-\rho}\left[\frac{1-\rho}{1-\rho(1-\gamma)}\nu(\tau_t,\ \varphi)+\frac{\rho\gamma}{1-\rho(1-\gamma)}E_\tau\nu(\tau_t,\ \varphi)\right] \tag{4.21}$$

令 $\delta_a=\frac{1-\rho}{1-\rho(1-\gamma)}$，$\delta_e=\frac{\rho\gamma}{1-\rho(1-\gamma)}$。上式方括号内表示当期可变利润的加权平均，主要基于当前关税 τ_t 以及解释未来关税变动不确定性的无条件预期可变利润。如果贸易政策不确定性增加，即 γ 增加，企业将增加预期可变利润项的权重，降低基于当前应用关税的利润项的权重。

将可变利润函数式（4.17）代入式（4.21）中，可得：

$$\nu_p(\tau_t,\ \varphi)=\frac{1}{(1-\rho)N\sigma\tilde{\varphi}^{\sigma-1}}Y[\delta_a\tau^{-1}+\delta_e E_\tau(\tau^{-1})]$$

令 $\frac{1}{(1-\rho)N\sigma\tilde{\varphi}^{\sigma-1}}=A$，$\delta_a\tau^{-1}+\delta_e E_\tau(\tau^{-1})=T$。因此，上式可以简化为：

$$\nu_p(\tau_t,\ \varphi)=AYT\varphi^{\sigma-1} \tag{4.22}$$

根据公式（4.22），企业出口预期利润可表示为：

$$\pi_x=\nu_p(\tau_t,\ \varphi)-\frac{f_x}{1-\rho}=AYT\varphi^{\sigma-1}-\frac{N^\kappa f}{1-\rho} \tag{4.23}$$

令出口预期利润 $\pi_x=0$，可求得生产率临界值 φ^*：

$$\varphi^*=\left[\frac{N^\kappa f}{AYT(1-\rho)}\right]^{\frac{1}{\sigma-1}} \tag{4.24}$$

企业在出口市场的劳动力事后分布 $\mu(\varphi)$ 是事前分布的分段函数：

$$\mu(\varphi)=\begin{cases}\frac{g(\varphi)}{1-G(\varphi^*)}, & \text{如果 } \varphi\geqslant\varphi^* \\ 0 & \end{cases}$$

市场自由进入条件意味着出口预期收益等于市场进入成本：

$$\bar{\pi}_x[1-G(\varphi^*)]=f_e \tag{4.25}$$

其中，$\bar{\pi}_x$ 表示幸存企业的平均出口利润，$1-G(\varphi^*)$ 表示成功进入出口市场的概率。

具有平均生产率的企业可变利润：

$$\nu(\tau,\ \tilde{\varphi})=AYT\varphi^{\sigma-1}=\frac{YT\varphi^{\sigma-1}}{(1-\rho)N\sigma\tilde{\varphi}^{\sigma-1}}=\frac{YT}{(1-\rho)N\sigma} \tag{4.26}$$

因此，企业平均利润可以表示为：

$$\bar{\pi}_x = \nu(\tau,\ \tilde{\varphi}) - \frac{N^{\kappa}f}{1-\rho} = \frac{1}{1-\rho}\left(\frac{YT}{N\sigma} - N^{\kappa}f\right) \tag{4.27}$$

当贸易政策不确定性下降时或最高关税 τ' 下降，则预期项 $E_{\tau}(\tau^{-1})$ 增加，从而复合关税项 T 增加。通过式（4.27）可知，T 的增加意味着企业进入的预期回报更高，导致大量企业进入市场。根据式（4.24）可知，企业数目的增加及拥挤度的上升将会提高生产率临界值 φ^*。幸存企业依据公式（4.24）决定下期是否生产，即生产率水平高于临界值的企业因为有利可图将会继续出口，生产率低的企业将会退出市场。相反，当贸易政策不确定性增加时，则会减少进入市场的企业数量。

由上述分析可知，贸易政策不确定性的降低会增加出口企业的数量，而且是高生产率企业的数量。企业出口海外市场需要支付一笔高额固定成本（沉没成本），只有生产效率高的企业赚到足够利润才能负担这一成本。贸易政策不确定性的增强将提高沉没成本（Handley & Limão，2015），此时等待观望的价值增加。一方面，企业会选择延迟进入出口市场。通常，出口市场拥有比国内市场更加激烈的竞争环境，企业出口有利于在国际竞争中激发创新动力，为在国际市场赢得一席之地不断提高产品质量，研发更多具有技术含量的新产品，促进出口产品多样性。同时，出口企业在出口过程中还能学习到国外先进的技术和管理经验，对于多样化产品开发具有积极的促进作用。但在不确定的环境下，企业安于在国内市场发展，缺乏足够强的竞争和创新意识，还会失去在出口中学习的机会。另一方面，在位出口企业将减少投资，用于新产品研发的投资减少，最终减少高技术产品出口的种类。在不确定的贸易环境下，出口商对国外消费需求持悲观预期，出口和投资的信心受到打击，将会减少对生产和研发的投资。研发投资的下降直接导致企业研发资金短缺，难以研制出更多样化的创新型产品，出口种类减少。国外消费者对进口产品的要求往往比国内更高，出口产品为达到国外消费者的标准，会投入大量资源提升产品质量，如改进产品工艺、提高员工技术水平、发明新技术、提高生产率等途径（佟家栋和李胜旗，2015）。由于国外消费需求的减少导致企业对产品创新投入和多样性的需求减少，从而削弱企业研发新产品的动力。施瓦茨等（2003）发现不确定性会降低企业投资开发新技术的积极性。汉德雷和利茅（2015）认为降低贸易政策不确定性有助于增加出口产品的种类。拉卡托斯和尼尔森（Lakatos & Nilsson，2017）研究发现自由贸易协定促使欧盟出口可能性提高 11.2 个百分点，出口价值增加 10.7 个百分点。加格尼等（Gaigne et al.，2015）指出需求的不确定不仅降低企业参与出口的概率，同时还会降低出口数量、提高出口价格。克罗雷等（Crowley et al.，2019）认为贸易协定的重新谈判造成经济环境的不确定，2016 年英国和欧美重新谈判英欧贸易关系条款，超过 5 300 家英国出口企业未向欧美出口新产品，超过 5 400 家出口企业直接退出欧盟市场。

基于上述分析，本节提出假设：贸易政策不确定性与高技术产品出口扩展边际、数量边际负相关，与出口价格水平呈正相关。

4.1.3 贸易政策不确定下研发补贴对出口增长的影响机制

接下来同时考虑贸易政策不确定性和研发补贴两种因素对出口的作用效果。企业获得补贴后，产品的生产成本从而价格均会下降，出口价格将变为 $p_{x'}=\frac{\sigma}{\sigma-1}\frac{\tau}{s_i\varphi}$，价格指数可表示为 $P=\frac{\sigma}{\sigma-1}\frac{\tau}{s_i\tilde{\varphi}}N^{\frac{1}{1-\sigma}}$，从而，企业可变利润和收益分别为：

$$\nu(\varphi)=\frac{Y\tau^{-\sigma}}{\sigma}\left(\frac{\sigma-1}{\sigma}sP\varphi\right)^{\sigma-1} \tag{4.28}$$

$$R(\varphi)=Y\left(\frac{\sigma-1}{\sigma}\frac{sP\varphi}{\tau}\right)^{\sigma-1} \tag{4.29}$$

将可变利润函数（4.28）代入式（4.21）中，可得：

$$\nu_p(\tau_t,\ \varphi)=A'YT'\varphi^{\sigma-1} \tag{4.30}$$

其中，$A'=\frac{[(\sigma-1)sP]^{\sigma-1}}{(1-\rho)\sigma^{\sigma}}$，$T'=\delta_a\tau^{-\sigma}+\delta_eE_\tau(\tau^{-\sigma})$。

根据式（4.30），企业出口预期利润：

$$\pi_x = \nu_p(\tau_t, \varphi) - \frac{f_x}{1-\rho} = A'YT'\varphi^{\sigma-1} - \frac{N^{\kappa}f}{1-\rho} \tag{4.31}$$

令出口预期利润 $\pi_x = 0$，可求得生产率临界值 φ^*：

$$\varphi^* = \left[\frac{N^{\kappa}f}{A'YT'(1-\rho)}\right]^{\frac{1}{\sigma-1}} \tag{4.32}$$

具有平均生产率的企业可变利润：

$$\nu(\tau, \tilde{\varphi}) = A'YT'\varphi^{\sigma-1} = \frac{YT\varphi^{\sigma-1}}{(1-\rho)N\sigma\tilde{\varphi}^{\sigma-1}} = \frac{YT}{(1-\rho)N\sigma} \tag{4.33}$$

因此，企业平均利润可以表示为：

$$\bar{\pi}_x = \nu(\tau, \tilde{\varphi}) - \frac{N^{\kappa}f}{1-\rho} = \frac{1}{1-\rho}\left(\frac{YT}{N\sigma} - N^{\kappa}f\right) \tag{4.34}$$

当贸易政策不确定性下降时，τ'下降导致上式中 T 增加，从而平均利润增加，将引致更多企业参与出口活动。反之，贸易政策不确定性上升，平均出口利润减少，企业参与出口的可能性下降，出口企业部分退出市场。考虑政府对出口企业提供研发补贴支持，将会提高式（4.30）中的可变利润，从而提高式（4.31）的出口预期利润，同时还会降低生产率临界值，有助于促进更多企业出口。

研发活动所具有的高风险和高投入特点通常使得规模小、资金不足的企业望而却步，加之在贸易政策不确定的环境下，企业面临信息不对称和市场需求波动引致的高风险，导致企业研发投资和出口的积极性下降。政策不确定性通过加剧信息不对称、增加交易风险、降低企业研发投入、减缓创新步伐，从而对出口产品的多样性、数量和价格等产生不利影响。在这一环境下，政府加大对企业的研发政策支持有利于降低企业面临信息不对称和贸易环境不确定风险（Lu et al.，2014），促进企业增加研发投入，降低研发投资风险，进而提高企业创新能力，这有利于帮助企业抵御不确定带来的风险，增强企业在国际市场中的竞争力和生存能力。创新能力的提高不仅能够提高企业生产率，降低生产成本，从而促进出口数量的增加，还能通过创新促进多样化产品的研发。同时充足的资金使得企业可以扩大生产规模，提高出口数量。产品的技术含量、质量和规模在国际市场具有足够竞争力时，企业在出口价格方面也会掌握更大的自主权。

基于上述分析，本节提出假设：政府研发补贴有利于缓解贸易政策不确定性对高技术产品出口扩展边际、数量边际和价格边际的消极影响。

4.2 贸易政策不确定性下研发补贴对出口产品质量的影响机制

4.2.1 基准模型

1. 消费者需求方面

本节以新新贸易理论为基础，参考哈尔拉克和希瓦达桑（Hallak & Sivadasan，2009），在异质性企业模型中考虑产品质量这一因素，分析政府研发补贴对出口产品质量的影响。与梅利茨（2003）不同的是在需求方面考虑消费者关心的产品质量，在供给方面提供不同质量的产品。假设进口国 j 的消费者效用函数经质量改进后呈现如下形式：

$$U_j = \left[\int_{\omega\in\Omega}(\lambda_\omega q_\omega)^{\frac{\sigma-1}{\sigma}}\mathrm{d}\omega\right]^{\frac{\sigma}{\sigma-1}} \tag{4.35}$$

其中，λ_ω 表示 i 国出口到 j 国的产品 ω 的质量，q_ω 表示 j 国产品 ω 的消费数量，消费者效用水平不仅取决于消费产品的数量，还取决于产品质量。Ω 表示所有产品种类 ω 的集合，$\sigma>1$ 表示产品间可以相互替代。

消费者效用函数对应的价格指数为：

$$P = \left[\int_{\omega\in\Omega}\left(\frac{p_\omega}{\lambda_\omega}\right)^{1-\sigma}\mathrm{d}\omega\right]^{\frac{1}{1-\sigma}}$$

消费者在预算约束下的效用最大化可以表示为：

$$\max \quad U_j = \left[\int_{\omega\in\Omega}(\lambda_\omega q_\omega)^{\frac{\sigma-1}{\sigma}}\mathrm{d}\omega\right]^{\frac{\sigma}{\sigma-1}}$$

$$\text{s. t.} \quad \int_{\omega\in\Omega}(p_\omega q_\omega)\mathrm{d}\omega \leqslant Y_j \tag{4.36}$$

其中，p_ω 表示消费品价格，Y_j 表示 j 国消费者的总支出。

构建拉格朗日函数，求其对数量的一阶偏导，可得

$$\left[\int_{\omega\in\Omega}(\lambda_\omega q_\omega)^{\frac{\sigma-1}{\sigma}}\mathrm{d}\omega\right]^{\frac{1}{\sigma-1}}\lambda_\omega^{\frac{\sigma-1}{\sigma}}q_\omega^{-\frac{1}{\sigma}} - \lambda p_\omega = 0 \tag{4.37}$$

从而求出产品 ω 的需求函数形式如下：

$$q_\omega = \frac{p_\omega^{-\sigma}}{P}\lambda_\omega^{\sigma-1}Y_j \tag{4.38}$$

2. 生产者供给方面

生产率 φ 体现了企业以低的可变成本生产一定产量的能力，可变成本随 φ 的提高而降低。生产率以如下形式进入边际成本函数中：

$$MC(\lambda, \varphi) = \frac{c}{\varphi}\lambda^\beta \tag{4.39}$$

其中，c 是常数，β 是边际成本的质量弹性（$0\leqslant\beta<1$），通常假定生产率只影响可变成本。

除了可变成本，企业生产成本还包括固定成本。固定成本表示为：

$$F(\lambda, \xi) = F_0 + \frac{f}{\xi}\lambda^\alpha \tag{4.40}$$

其中，F_0 表示固定投入成本，f 是常数。ξ 表示质量生产能力，即以较低的固定成本生产高质量产品的能力，ξ 越高，固定成本越低。α 是固定成本的质量弹性（$\alpha>0$），$\alpha>(1-\beta)(\sigma-1)$。

因此，企业利润：

$$\pi_d = p_\omega q_\omega - q_\omega MC(\lambda, \varphi) - F(\lambda, \xi)$$

将式（4.38）、式（4.39）和式（4.40）的需求函数代入利润函数中，得到

$$\pi_d = p^{1-\sigma}\lambda^{\sigma-1}\frac{Y}{P} - p^{-\sigma}\lambda^{\sigma+\beta-1}\frac{c}{\varphi}\frac{Y}{P} - F_0 - \frac{f}{\xi}\lambda^\alpha \tag{4.41}$$

根据企业利润最大化，求出最优的产品价格和产量分别为：

$$p_d = \frac{\sigma}{\sigma - 1}\frac{c}{\varphi}\lambda^{\beta} \tag{4.42}$$

$$q_d = \frac{Y}{P}\lambda^{(\sigma - \sigma\beta - 1)}\left(\frac{\sigma}{\sigma - 1}\frac{c}{\varphi}\right)^{-\sigma} \tag{4.43}$$

将式（4.42）和式（4.43）代入利润函数（4.41）中：

$$\pi_d = \left(\frac{\sigma}{\sigma - 1}\right)^{-\sigma}\left(\frac{c}{\varphi}\right)^{\sigma}\frac{1}{\sigma - 1}\frac{Y}{P}\lambda^{(1-\beta)(\sigma-1)} - F_0 - \frac{f}{\xi}\lambda^{\alpha}$$

因此，可以求出利润最大化下的产品质量：

$$\lambda_d = \left[\left(\frac{\sigma}{\sigma - 1}\right)^{-\sigma}\left(\frac{c}{\varphi}\right)^{1-\sigma}\frac{Y}{P}\frac{1-\beta}{\alpha}\frac{\xi}{f}\right]^{\frac{1}{\alpha^*}} \tag{4.44}$$

其中，$\alpha^* = \alpha - (1-\beta)(\sigma - 1) > 0$。将式（4.44）代入式（4.42），最优价格可以表示为：

$$p_d = \left(\frac{\sigma}{\sigma - 1}\right)^{\frac{\alpha - \beta - \sigma + 1}{\alpha^*}}\left(\frac{c}{\varphi}\right)^{\frac{\alpha - \sigma + 1}{\alpha^*}}\left[\frac{Y}{P}\frac{1-\beta}{\alpha}\frac{\xi}{f}\right]^{\frac{\beta}{\alpha^*}}$$

3. 出口

企业在出口过程中需支付冰山成本 $\tau(\tau > 1)$，这里主要指进口国对出口产品征收的从价税，因此，出口到国外的产品价格表示为：

$$p_x = \tau p_d = \frac{\sigma}{\sigma - 1}\frac{\tau c}{\varphi}\lambda^{\beta} \tag{4.45}$$

从而出口数量表示为：

$$q_x = \frac{p_x^{-\sigma}}{P}\lambda^{\sigma - 1}Y_j = \lambda^{\sigma - 1}\frac{Y}{P}\left(\frac{\sigma}{\sigma - 1}\frac{\tau c}{\varphi}\lambda^{\beta}\right)^{-\sigma} \tag{4.46}$$

企业出口除了需要支付上述可变贸易成本外，还需要支付一项一次性的出口固定成本（沉没成本），如进入国外市场的成本、在国外市场建立分销网络、营销和定制产品等的成本。令出口固定成本为 f_x，则出口利润为：

$$\begin{aligned}\pi_x &= \frac{p_x}{\tau}q_x - q_x\frac{c}{\varphi}\lambda^{\beta} - F_0 - \frac{f}{\xi}\lambda^{\alpha} - f_x \\ &= \frac{\tau^{-\sigma}}{\sigma - 1}\left(\frac{\sigma}{\sigma - 1}\right)^{-\sigma}\left(\frac{c}{\varphi}\right)^{1-\sigma}\frac{Y}{P}\lambda^{(1-\sigma)(\beta-1)} - F_0 - \frac{f}{\xi}\lambda^{\alpha} - f_x\end{aligned} \tag{4.47}$$

根据企业出口的利润最大化条件可以解得出口产品质量的表达式：

$$\lambda_x = \left[\left(\frac{\sigma\tau}{\sigma-1} \right)^{-\sigma} \left(\frac{c}{\varphi} \right)^{1-\sigma} \frac{(1-\beta)}{\alpha} \frac{Y}{P} \frac{\xi}{f} \right]^{\frac{1}{\alpha^*}} \tag{4.48}$$

从式（4.48）中可以看出，出口产品质量受到从价关税率 τ、生产率 φ 及质量生产能力 ξ 的共同影响。关税率与出口产品质量呈负相关，关税率上升，出口产品质量将下降。生产率和质量生产能力对出口产品质量具有正向影响，生产率的提高及质量生产能力的增强有助于出口高质量的产品。生产效率高的企业通常选择进口高质量的中间投入品，从而生产出高质量的最终产品（余智，2015）。将式（4.48）代入式（4.45），可得出口产品价格：

$$p_x = \left(\frac{\sigma}{\sigma-1} \right)^{\frac{\alpha-\beta-\sigma+1}{\alpha^*}} \left(\frac{c}{\varphi} \right)^{\frac{\alpha-\sigma+1}{\alpha^*}} \left(\tau^{-\sigma} \frac{1-\beta}{\alpha} \frac{\xi}{f} \frac{Y}{P} \right)^{\frac{\beta}{\alpha^*}} \tag{4.49}$$

将式（4.48）代入式（4.47），可得出口利润的另一表示公式：

$$\pi_x = \left(\frac{\sigma\tau}{\sigma-1} \right)^{\frac{-\sigma\alpha}{\alpha^*}} \left(\frac{c}{\varphi} \right)^{\frac{\alpha(1-\sigma)}{\alpha^*}} \left(\frac{Y}{P} \right)^{\frac{\alpha}{\alpha^*}} \left(\frac{\xi}{f} \right)^{\frac{\alpha-\alpha^*}{\alpha^*}} \left(\frac{1-\beta}{\alpha} \right)^{\frac{\alpha}{\alpha^*}} \left(\frac{\alpha^*}{\alpha-\alpha^*} \right) - F_0 - f_x$$

令 $A = \left(\frac{\sigma}{\sigma-1} \right)^{\frac{-\sigma\alpha}{\alpha^*}} \left(\frac{Y}{P} \right)^{\frac{\alpha}{\alpha^*}} \left(\frac{1-\beta}{\alpha} \right)^{\frac{\alpha}{\alpha^*}} \frac{\alpha^*}{\alpha-\alpha^*}$，因此，出口利润函数可化简为：

$$\pi_x = A \left(\frac{c}{\varphi} \right)^{\frac{\alpha(1-\sigma)}{\alpha^*}} \left(\frac{\xi}{f} \right)^{\frac{\alpha-\alpha^*}{\alpha^*}} \tau^{\frac{-\sigma\alpha}{\alpha^*}} - F_0 - f_x \tag{4.50}$$

通过式（4.50）可以看出，出口企业利润同样受从价关税率 τ、生产率 φ 及质量生产能力 ξ 的影响，关税的降低、生产率和质量生产能力的提高有助于企业获得更高的出口利润。

4.2.2　政府研发补贴对出口产品质量的影响机制

本节主要分析政府提供研发补贴这一政策支持。获得补贴的企业边际成本将下降，从而出口价格下降：

$$MC(\lambda, \varphi) = \frac{c}{s\varphi}\lambda^{\beta} \tag{4.51}$$

$$p_x = \frac{\sigma}{\sigma - 1} \frac{\tau c}{s\varphi} \lambda^{\beta} \tag{4.52}$$

从而出口数量和出口利润表示为：

$$q_x = \frac{p_x^{-\sigma}}{P} \lambda^{\sigma-1} Y_j = \lambda^{\sigma-1} \frac{Y}{P} \left(\frac{\sigma}{\sigma-1} \frac{\tau c}{s\varphi} \lambda^{\beta} \right)^{-\sigma} \tag{4.53}$$

$$\begin{aligned} \pi_x &= p_x q_x - q_x \frac{c}{s\varphi} \lambda^{\beta} - F_0 - \frac{f}{\xi} \lambda^{\alpha} - f_x \\ &= \left(\frac{\sigma}{\sigma-1} \frac{\tau c}{s\varphi} \right)^{1-\sigma} \frac{Y}{P} \lambda^{(1-\sigma)(\beta-1)} - \left(\frac{\sigma}{\sigma-1} \frac{\tau c}{s\varphi} \right)^{-\sigma} \frac{Y}{P} \frac{c}{s\varphi} \lambda^{(1-\sigma)(\beta-1)} \\ &\quad - F_0 - \frac{f}{\xi} \lambda^{\alpha} - f_x \end{aligned} \tag{4.54}$$

考虑补贴因素之后，出口产品质量的表达式如下：

$$\lambda_x = \left[\left(\frac{\sigma\tau}{\sigma-1} \right)^{-\sigma} \left(\frac{c}{s\varphi} \right)^{1-\sigma} \frac{(1-\beta)(\sigma\tau-\sigma+1)}{\alpha} \frac{Y}{P} \frac{\xi}{f} \right]^{\frac{1}{\alpha-(1-\beta)(\sigma-1)}} \tag{4.55}$$

通过上式求出口产品质量对补贴的一阶偏导，可得：

$$\frac{\partial \lambda_x}{\partial s} = \frac{1-\sigma}{\alpha^*} \lambda_x^{\frac{1-\alpha^*}{\alpha^*}} \left(\frac{c\sigma\tau}{s\varphi(\sigma-1)} \right)^{-\sigma} \frac{Y}{P} \frac{\xi}{f} \left[\frac{-c\varphi(\sigma\tau-\sigma+1)(1-\beta)}{\alpha s^2 \varphi^2} \right] > 0 \tag{4.56}$$

根据已知条件判断上式各项的符号，最终得出上式大于0的结论，表明企业出口产品质量随研发补贴力度的加大而提高。

政府研发补贴对出口产品质量的影响主要体现为其对创新活动的影响。研发活动具有极高的风险性，前期投入巨大，且研发出来的技术具有溢出效应，大大减少创新企业的投资回报。当研发的私人回报率低于研发投资的回报率时，企业难以盈利，甚至无法收回成本，便会减少研发投入，产品将难以得到改进。政府研发补贴相当为企业分担了部分研发风险，并且直接降低了企业的研发成本，因此能够激发企业不断创新、提高改进产品质量的积极性。出口产品质量还受融资约束的抑制（胡大猛等，2019），在信息不对称的情况下，政府补贴向银行和投资者传递出企业具有发展潜力的信息，这一信息成为投资者判断企业是否值得投资的重要依据，有利于企业获得外部融资，缓解融资约束，进而促进企业创新和产品质量升级。另外，政府补贴还会对企业产生制度上的创新压力（Wu & Liu，2011），由于获得补贴的企业将会受到政府的监管，迫于这一压力，企业会以更高质量完成研发，这又会成为有利于企业融资的信号（Montmartin & Herrera，2015）。

产品质量的提高主要通过创新实现，创新可分为过程创新和产品创新，哈尔拉克和希瓦达桑（Hallak & Sivadasan，2009）认为生产率 φ 和质量生产能力 δ 可以理解为过程生产率和产品生产率。通过公式（4.55）可以看出，出口产品质量受 φ 和 δ 的影响，φ 和 δ 的提高将会正向影响出口产品质量。政府研发补贴主要用于支持企业的创新研发活动，企业资金充足有利于加大对人才资源、新型工艺和设备等的投入，在生产过程中通过先进的技术水平提高劳动生产率。高效的质量生产能力可以表现为有效地创造工作环境，这种环境能够培养设计创造力或迅速将消费者的品位融入设计中以吸引顾客，也可以表现为研发部门能够有效提出并实现新产品的创新理念。企业获得更多研发补贴有利于激励研发部门增强创造力。因此，政府研发补贴能够间接提高生产率和质量生产能力，从而对出口产品质量起到提升作用。

通过上述分析，本节提出假设：政府研发补贴有利于提升出口产品质量。

4.2.3　贸易政策不确定性对出口产品质量的影响机制

考虑贸易政策不确定的情形。未来关税水平并不确定，贸易政策的形成受到各种因素的影响。关税的变化主要表现为政策变化的时机和变化发生时的强度不确定。即使无法事先得知政策变化的结果，但企业可以形成对未来关税的预期。为了模拟关税不确定性，按照汉德雷和利茅（2014）的设定，将贸易政策不确定性以概率 γ 的形式进入模型，表示国外进口方在每一时期变动关税的风险，即进口方提高关税的概率为 γ，γ 越小表示贸易政策不确定性越低。当冲击发生时，政策制定者将重新设置新的关税

水平 τ'。新的关税服从 $H(\tau')$ 分布，τ'的取值在［1，$\tau_{\max}$］之间，$\tau_{\max}$指国外可能征收的最高关税。

企业进入出口市场需要支付一次性的进入成本（沉没成本）f_e，了解生产效率 φ、适用税率及未来贸易政策的不确定程度后，决定出口到国外的企业每期需支付一笔出口固定成本 f_x。冯等（2017）的研究，固定出口成本随出口企业数目的增加而增加，$f_x = N^{\kappa}f$，N 代表出口企业数量，κ 表示进入出口市场的拥挤程度（$\kappa \geqslant 0$）。

根据上文公式（4.39）、式（4.45）和式（4.46），可得企业可变利润函数和收益分别为：

$$\nu(\varphi) = \left(\frac{\sigma}{\sigma-1} - 1\right)\frac{c}{\varphi}\lambda^{\beta}q = \frac{(\sigma\tau)^{-\sigma}}{(\sigma-1)^{1-\sigma}}\left(\frac{c}{\varphi}\right)^{1-\sigma}\frac{Y}{P}\lambda^{(1-\beta)(\sigma-1)} \tag{4.57}$$

$$R(\varphi) = p(\varphi)q(\varphi) = \left(\frac{\sigma}{\sigma-1}\right)^{1-\sigma}\left(\frac{\tau c}{\varphi}\right)^{1-\sigma}\frac{Y}{P}\lambda^{(1-\beta)(\sigma-1)} \tag{4.58}$$

令 $\mu(\varphi)$ 表示幸存企业的生产率分布，价格指数可以表示为：

$$P = \left[\int_0^{\infty}\left(\frac{p(\varphi)}{\lambda}\right)^{1-\sigma}N\mu(\varphi)\,\mathrm{d}\varphi\right]^{\frac{1}{1-\sigma}} \tag{4.59}$$

将式（4.42）代入式（4.59）可得：

$$P = \frac{\sigma}{\sigma-1}\frac{c\tau}{\tilde{\varphi}}\lambda^{\beta-1}N^{\frac{1}{1-\sigma}} \tag{4.60}$$

其中，$\tilde{\varphi} = \left[\int_0^{\infty}\varphi^{\sigma-1}\mu(\varphi)\,\mathrm{d}\varphi\right]^{\frac{1}{\sigma-1}}$ 代表幸存企业的平均生产率。将式（4.60）分别代入式（4.57）和式（4.58），可得：

$$\nu(\varphi) = \frac{c^{-\sigma}(\sigma\tau)^{-\sigma-1}}{(\sigma-1)^{-\sigma}}\frac{\tilde{\varphi}}{\varphi^{1-\sigma}}\lambda^{\sigma-\sigma\beta}YN^{\frac{1}{\sigma-1}} \tag{4.61}$$

$$R(\varphi) = \left(\frac{\sigma\tau c}{\sigma-1}\right)^{-\sigma}\frac{\tilde{\varphi}}{\varphi^{1-\sigma}}\lambda^{\sigma-\sigma\beta}YN^{\frac{1}{\sigma-1}} \tag{4.62}$$

企业是否出口基于可变利润现值与出口固定成本间的比较，只有当可变利润现值大于出口固定成本时，企业才会出口。生产率为 φ 的企业的可变利润现值为：

$$\nu_p(\tau_t,\ \varphi)=\nu(\tau_t,\ \varphi)+\rho[(1-\gamma)\nu_p(\tau_t,\ \varphi)+\gamma E_\tau \nu_p(\tau_{t+1},\ \varphi)] \tag{4.63}$$

对两边取期望，可以得到：

$$E_\tau \nu_p(\tau,\ \varphi)=\frac{1}{1-\rho}E_\tau \nu(\tau,\ \varphi) \tag{4.64}$$

将式（4.64）代入式（4.63），可变利润现值可以表示为：

$$\nu_p(\tau_t,\ \varphi)=\frac{1}{1-\rho}\left[\frac{1-\rho}{1-\rho(1-\gamma)}\nu(\tau_t,\ \varphi)+\frac{\rho\gamma}{1-\rho(1-\gamma)}E_\tau \nu(\tau_t,\ \varphi)\right] \tag{4.65}$$

令 $\delta_a=\frac{1-\rho}{1-\rho(1-\gamma)}$，$\delta_e=\frac{\rho\gamma}{1-\rho(1-\gamma)}$上式方括号内表示当期可变利润的加权平均，主要基于当前关税 τ_t 以及解释未来关税变动不确定性的无条件预期可变利润。如果贸易政策不确定性增加，即 γ 增加，企业将增加预期可变利润项的权重，降低基于当前应用关税的利润项的权重。

将可变利润函数式（4.61）代入式（4.65）中，可得：

$$\nu_p(\tau_t,\ \varphi)=\frac{c^{-\sigma}\tilde{\varphi}\sigma^{-\sigma-1}}{(1-\rho)(\sigma-1)^{-\sigma}N^{1/(1-\sigma)}}Y[\delta_a\tau^{-\sigma-1}+\delta_e E_\tau(\tau^{-\sigma-1})]\varphi^{\sigma-1}\lambda^{\sigma-\sigma\beta}$$

令 $B=\frac{c^{-\sigma}\tilde{\varphi}\sigma^{-\sigma-1}}{(1-\rho)(\sigma-1)^{-\sigma}N^{1/(1-\sigma)}}$，$T=\delta_a\tau^{-\sigma-1}+\delta_e E_\tau(\tau^{-\sigma-1})$。因此，上式可以简化为：

$$\nu_p(\tau_t,\ \varphi)=BYT\varphi^{\sigma-1}\lambda^{\sigma-\sigma\beta} \tag{4.66}$$

根据式（4.66）可得企业出口预期利润：

$$\pi_x=\nu_p(\tau_t,\ \varphi)-\frac{f_x}{1-\rho}=BYT\varphi^{\sigma-1}\lambda^{\sigma-\sigma\beta}-\frac{N^\kappa f}{1-\rho} \tag{4.67}$$

令出口预期利润 $\pi_x=0$，可求得生产率临界值 φ^*：

$$\varphi^*=\left[\frac{N^\kappa f}{BYT(1-\rho)\lambda^{\sigma-\sigma\beta}}\right]^{\frac{1}{\sigma-1}} \tag{4.68}$$

企业在出口市场的劳动力事后分布 $\mu(\varphi)$ 是事前分布的分段函数：

$$\mu(\varphi)=\begin{cases}\dfrac{g(\varphi)}{1-G(\varphi^*)} & 如果\ \varphi\geqslant\varphi^* \\ 0 & \end{cases}$$

市场自由进入条件意味着出口预期收益等于市场进入成本：

$$\overline{\pi}_x[1-G(\varphi^*)]=f_e \tag{4.69}$$

其中，$\overline{\pi}_x$ 表示幸存企业的平均出口利润，$1-G(\varphi^*)$ 表示成功进入出口市场的概率。

具有平均生产率的企业可变利润：

$$\nu(\tau,\ \tilde{\varphi})=BYT\varphi^{\sigma-1}\lambda^{\sigma-\sigma\beta}=\frac{c^{-\sigma}\sigma^{-\sigma-1}}{(1-\rho)(\sigma-1)^{-\sigma}N^{1/(1-\sigma)}}YT\varphi^{\sigma-1}\lambda^{\sigma-\sigma\beta} \tag{4.70}$$

因此，企业平均利润可以表示为：

$$\overline{\pi}_x=\nu(\tau,\ \tilde{\varphi})-\frac{N^{\kappa}f}{1-\rho}=\frac{1}{1-\rho}\left(\frac{c^{-\sigma}\sigma^{-\sigma-1}}{(\sigma-1)^{-\sigma}N^{1/(1-\sigma)}}YT\varphi^{\sigma-1}\lambda^{\sigma-\sigma\beta}-N^{\kappa}f\right) \tag{4.71}$$

当贸易政策不确定性降低时，即最高关税 τ 下降，则预期项 $E_t(\tau^{-\sigma})$ 增加，复合关税 T 增加，这意味着企业进入的预期收益更高，将会诱使更多企业进入市场。更多的企业进入将提高临界生产率 φ^*，导致只有生产率高于临界值的企业才会继续留在国外市场或继续出口。当出口市场的生产率提高后，竞争将更加激烈，促使企业不断提高出口产品质量。因此，贸易政策不确定性的降低有助于提高出口产品质量。相反，当贸易政策不确定增强时，企业出口产品质量将下降。

综合上述分析，本节提出假设：贸易政策不确定性与出口产品质量间呈负相关。

4.2.4 贸易政策不确定下研发补贴对出口产品质量的影响机制

在模型中同时考虑贸易政策不确定性和研发补贴对出口产品质量的影响。根据上文的分析，在不确定的贸易环境下获得补贴的企业出口价格可以表示为：

$$p_x=\frac{\sigma}{\sigma-1}\frac{\tau c}{s\varphi}\lambda^{\beta} \tag{4.72}$$

从而出口数量、出口可变利润和收益分别表示为：

$$q_x = \lambda^{\sigma-1}\frac{Y}{P}\left(\frac{\sigma}{\sigma-1}\frac{\tau c}{s\varphi}\lambda^{\beta}\right)^{-\sigma} \tag{4.73}$$

$$\nu(\varphi) = \left(\frac{\sigma}{\sigma-1}-1\right)\frac{c}{s\varphi}\lambda^{\beta}q = \frac{(\sigma\tau)^{-\sigma}}{(\sigma-1)^{1-\sigma}}\left(\frac{c}{s\varphi}\right)^{1-\sigma}\frac{Y}{P}\lambda^{(1-\beta)(\sigma-1)} \tag{4.74}$$

$$R(\varphi) = p(\varphi)q(\varphi) = \left(\frac{\sigma}{\sigma-1}\right)^{1-\sigma}\left(\frac{\tau c}{s\varphi}\right)^{1-\sigma}\frac{Y}{P}\lambda^{(1-\beta)(\sigma-1)} \tag{4.75}$$

令 $\mu(\varphi)$ 表示幸存企业的生产率分布，价格指数可以表示为：

$$P = \left[\int_0^{\infty}\left(\frac{p(\varphi)}{\lambda}\right)^{1-\sigma}N\mu(\varphi)\mathrm{d}\varphi\right]^{\frac{1}{1-\sigma}} \tag{4.76}$$

将式（4.72）代入式（4.75）可得：

$$P = \frac{\sigma}{\sigma-1}\frac{c\tau}{s\tilde{\varphi}}\lambda^{\beta-1}N^{\frac{1}{1-\sigma}} \tag{4.77}$$

其中，$\tilde{\varphi} = \left[\int_0^{\infty}\varphi^{\sigma-1}\mu(\varphi)\mathrm{d}\varphi\right]^{\frac{1}{\sigma-1}}$ 代表幸存企业的平均生产率。将式（4.77）分别代入式（4.74）和式（4.75），可得：

$$\nu(\varphi) = \frac{c^{-\sigma}(\sigma\tau)^{-\sigma-1}}{[s(\sigma-1)]^{-\sigma}}\frac{\tilde{\varphi}}{\varphi^{1-\sigma}}\lambda^{\sigma-\sigma\beta}YN^{\frac{1}{\sigma-1}} \tag{4.78}$$

$$R(\varphi) = \left(\frac{\sigma\tau c}{s(\sigma-1)}\right)^{-\sigma}\frac{\tilde{\varphi}}{\varphi^{1-\sigma}}\lambda^{\sigma-\sigma\beta}YN^{\frac{1}{\sigma-1}} \tag{4.79}$$

企业是否出口基于可变利润现值与出口固定成本间的比较，只有当可变利润现值大于出口固定成本时，企业才会出口。生产率为 φ 的企业的可变利润现值为：

$$\nu_p(\tau_t,\ \varphi) = \nu(\tau_t,\ \varphi) + \rho[(1-\gamma)\nu_p(\tau_t,\ \varphi) + \gamma E_{\tau}\nu_p(\tau_{t+1},\ \varphi)] \tag{4.80}$$

对两边取期望，可以得到：

$$E_{\tau}\nu_p(\tau,\ \varphi) = \frac{1}{1-\rho}E_{\tau}\nu(\tau,\ \varphi) \tag{4.81}$$

将式（4.80）代入式（4.79），可变利润现值可以表示为：

$$\nu_p(\tau_t, \varphi) = \frac{1}{1-\rho}\left[\frac{1-\rho}{1-\rho(1-\gamma)}\nu(\tau_t, \varphi) + \frac{\rho\gamma}{1-\rho(1-\gamma)}E_\tau \nu(\tau_t, \varphi)\right] \tag{4.82}$$

令 $\delta_a = \frac{1-\rho}{1-\rho(1-\gamma)}$，$\delta_e = \frac{\rho\gamma}{1-\rho(1-\gamma)}$上式方括号内表示当期可变利润的加权平均，主要基于当前关税 τ_t 以及解释未来关税变动不确定性的无条件预期可变利润。如果贸易政策不确定性增加，即 γ 增加，企业将增加预期可变利润项的权重，降低基于当前应用关税的利润项的权重。

将可变利润函数（4.78）代入式（4.82）中，可得：

$$\nu_p(\tau_t, \varphi) = \frac{c^{-\sigma}\tilde{\varphi}\sigma^{-\sigma-1}}{(1-\rho)[s(\sigma-1)]^{-\sigma}N^{1/(1-\sigma)}}Y[\delta_a \tau^{-\sigma-1} + \delta_e E_\tau(\tau^{-\sigma-1})]\varphi^{\sigma-1}\lambda^{\sigma-\sigma\beta}$$

令 $B = \frac{c^{-\sigma}\tilde{\varphi}\sigma^{-\sigma-1}}{(1-\rho)[s(\sigma-1)]^{-\sigma}N^{1/(1-\sigma)}}$，$T = \delta_a \tau^{-\sigma-1} + \delta_e E_\tau(\tau^{-\sigma-1})$。因此，上式可以简化为：

$$\nu_p(\tau_t, \varphi) = BYT\varphi^{\sigma-1}\lambda^{\sigma-\sigma\beta} \tag{4.83}$$

根据公式（4.83）得到企业出口预期利润：

$$\pi_x = \nu_p(\tau_t, \varphi) - \frac{f_x}{1-\rho} = BYT\varphi^{\sigma-1}\lambda^{\sigma-\sigma\beta} - \frac{N^\kappa f}{1-\rho}$$

令出口预期利润 $\pi_x = 0$，可求得生产率临界值 φ^*：

$$\varphi^* = \left[\frac{N^\kappa f}{BYT(1-\rho)\lambda^{\sigma-\sigma\beta}}\right]^{\frac{1}{\sigma-1}} \tag{4.84}$$

企业在出口市场的劳动力事后分布 $\mu(\varphi)$ 是事前分布的分段函数：

$$\mu(\varphi) = \begin{cases} \frac{g(\varphi)}{1-G(\varphi^*)}, & \text{如果 } \varphi \geqslant \varphi^* \\ 0 \end{cases}$$

市场自由进入条件意味着出口预期收益等于市场进入成本：

$$\overline{\pi}_x[1 - G(\varphi^*)] = f_e \tag{4.85}$$

其中，$\overline{\pi}_x$ 表示幸存企业的平均出口利润，$1 - G(\varphi^*)$ 表示成功进入出口市场的概率。

具有平均生产率的企业可变利润：

$$\nu(\tau,\ \tilde{\varphi}) = BYT\varphi^{\sigma-1}\lambda^{\sigma-\sigma\beta} = \frac{c^{-\sigma}\sigma^{-\sigma-1}}{(1-\rho)[s(\sigma-1)]^{-\sigma}N^{1/(1-\sigma)}}YT\varphi^{\sigma}\lambda^{\sigma-\sigma\beta} \tag{4.86}$$

因此，企业平均利润可以表示为：

$$\overline{\pi}_x = \nu(\tau,\ \tilde{\varphi}) - \frac{N^{\kappa}f}{1-\rho} = \frac{1}{1-\rho}\left\{\frac{c^{-\sigma}\sigma^{-\sigma-1}}{[s(\sigma-1)]^{-\sigma}N^{1/(1-\sigma)}}YT\varphi^{\sigma}\lambda^{\sigma-\sigma\beta} - N^{\kappa}f\right\} \tag{4.87}$$

当贸易政策不确定性上升时，即当前关税 τ 上升时，复合关税项 T 下降，通过式（4.87）可知，T 的下降会降低企业出口平均利润，从而减少潜在企业进入出口市场的数量，增加已出口企业退出市场的数量。

$$\frac{\partial\,\overline{\pi}_x}{\partial T} = \frac{1}{1-\rho}\frac{c^{-\sigma}\sigma^{-\sigma-1}}{[s(\sigma-1)]^{-\sigma}N^{1/(1-\sigma)}}Y\varphi^{\sigma}\lambda^{\sigma-\sigma\beta} > 0$$

但如果企业获得政府补贴，那么出口平均利润不仅受贸易政策不确定性的影响，还会受到补贴的影响。对式（4.87）求平均出口利润关于补贴率的一阶偏导，可得：

$$\frac{\partial\,\overline{\pi}_x}{\partial s} = \frac{\sigma}{1-\rho}\frac{c^{-\sigma}\sigma^{-\sigma-1}}{N^{1/(1-\sigma)}}YT\varphi^{\sigma}\lambda^{\sigma-\sigma\beta}s^{\sigma-1}(\sigma-1)^{\sigma} > 0$$

虽然贸易政策不确定性的上升会降低企业出口平均利润，但补贴率的增加却会提高企业出口的平均利润，增加进入出口市场的企业数量。

创新活动本身充满了不确定性和高风险，且技术溢出效应大，降低了企业创新的积极性。尤其在不确定的贸易环境下，企业创新的意愿更加薄弱。但政府出台的研发政策能够降低不确定性的影响。以研发补贴为例，研发补贴是政府提供的一项最直接的产业政策，直接降低了企业研发的成本和风险，有利于增强企业应对不确定环境的信心，鼓励企业通过积极创新抵御不确定性。因此，在贸易政策不确定性下，政府研发补贴可以起到积极的调节作用，削弱不确定性对出口产品质量的不利影响。

基于上述分析，提出假设：政府研发补贴有利于缓解贸易政策不确定性对出口产品质量提升的冲击。

第 5 章

贸易政策不确定性下研发补贴对高技术产品出口发展的实证研究

——基于国家层面

5.1 研究设计

5.1.1 模型构建

为检验第 4 章所提出的假设，实证部分设定如下三种回归模型。公式（5.1）用于检验政府研发补贴对中国高技术产品出口发展的影响；公式（5.2）用来检验贸易政策不确定性对中国高技术产品出口发展的影响；公式（5.3）综合考虑研发补贴与贸易政策不确定性，以检验政府研发补贴的有效性。具体形式如下：

$$\ln Y_{ijt} = \alpha_0 + \alpha_1 \ln RDSub_{it} + \varphi_1 \cdot Z + \nu_{country} + \nu_{year} + \varepsilon_{it} \quad (5.1)$$

$$\ln Y_{ijt} = \beta_0 + \beta_1 \ln TPU_{it} + \varphi_2 \cdot Z + \nu_{country} + \nu_{year} + \varepsilon_{it} \quad (5.2)$$

$$\ln Y_{ijt} = \gamma_0 + \gamma_1 \ln RDSub_{it} + \gamma_2 \ln TPU_{it} + \gamma_3 \ln RDSub_{it} \times \ln TPU_{it} + \varphi_3 \cdot Z + \nu_{country} + \nu_{year} + \varepsilon_{it} \quad (5.3)$$

其中，i 表示中国，j 表示进口方，t 表示年份。被解释变量 Y_{ijt} 代表出口发展的指标，包括中国第 t 年向 j 方出口的扩展边际（EM）、数量边际（Q）、价格边际（P）和产品质量（$quality$）；TPU 表示贸易政策不确定性，$RDSub$ 表示研发补贴；Z 表示控制变量，包括第 t 年中国和进口方的经济规模（GDP_t）、中国与进口方之间的地理距离（$dist$）、中国和进口方的经济自由度（$free$）、中国的创新能力（$patent$）、是否签订自由贸易协定（FTA）、是否拥有共同边界（$region$）和共同语言（$language$）、金融危机的冲击（$shock$）。$\nu_{country}$ 和 ν_{year} 分别表示国家和年份固定效应。α、β、γ 代表自变量回归系数，φ 代表控制变量回归系数，ε 为残差项。

5.1.2 变量的解释说明

1. 被解释变量：出口发展指标（Y）

本章对出口发展指标的研究主要从出口扩展边际、出口数量边际、出口价格边际和出口产品质量四个维度展开。出口三元边际参考哈梅尔斯和克莱诺（2005）的分解方法，将高技术产品出口贸易份额（R）分解为扩展边际（EM）和集约边际（IM）①，进而将集约边际分解为数量边际（Q）和价格边际（P）。高技术产品出口的扩展边际指出口产品种类的多样性，采用世界与中国对伙伴国（地区）出口的相同产品贸易额占世界总贸易额的比重衡量。集约边际则是指出口产品数量上的扩张，用相同产品出口下中国出口占世界总出口的比重衡量。数量边际和价格边际分别用

① 出口贸易份额（R）= 扩展边际（EM）× 集约边际（IM），集约边际（IM）= 数量边际（Q）× 价格边际（P）。

来衡量高技术产品出口的数量和价格。

出口产品质量指标主要借鉴景光正和李平（2016）、曲如晓和臧睿（2019）等人的研究，采用出口品单位价值衡量产品质量。计算步骤如下：首先，通过 UN Comtrade 数据库查找第 t 年中国高技术产品出口的总价值量和出口数量信息；其次，测算第 t 年产品 1 的出口额占高技术产品总出口额的比重，以及产品 1 的总出口价值与出口数量的比值，然后求出两个比值的乘积；最后。对所有高技术产品按步骤 2 加权，即以每种出口产品占行业出口总额的比重作为权重，求得高技术产品整体在第 t 年的出口单位价值。

2. 解释变量：贸易政策不确定性（*TPU*）

本节参考钱学锋和龚联梅（2017），采用当前关税逆转为最高关税的可能性衡量贸易伙伴国的贸易政策不确定性。对于 WTO 成员，$TPU=\tau_B-\tau_{MFN}$；如果中国与进口方签订了 RTA 协议，则 $TPU=\max(\tau_{MFN}-\tau_p,\ 0)$。其中，$\tau_B$ 指约束关税，τ_{MFN}指最惠国待遇关税，τ_p 指优惠关税。

3. 政府研发补贴（*RDSub*）

政府为提高企业的研发创新能力，通常选择研发补贴这一支持政策（安同良等，2009），因此本章主要考察政府研发补贴的影响，选择研发补贴指标进入回归模型。有效的研发补贴政策有利于促进企业出口发展。研发补贴不仅为高科技企业的技术创新分担风险，还为企业提供直接资金援助以及通过信号机制间接缓解融资约束，为企业出口和创新活动提供支持，有利于提高出口扩展边际和数量边际。政府补贴降低了企业研发和生产成本，从而出口价格边际可能下降。但研发补贴同时存在信息不对称、寻租等降低补贴效率的因素，因而有可能降低企业出口扩展边际和数量边际。研发补贴也有可能间接提高研发要素的价格，进而提高研发成本，最终提高企业出口价格。本节参考肖文和林高榜（2014）、蔡旺春等（2018）、杨浩昌和李廉水（2019）的方法，采用高技术产业科技活动经费中的政府资金表示政府研发补贴。此外，参考郭迎锋等（2016）的方法采用大中型工业企业研发经费内部支出中来自政府的资金作为研发补贴的替代变量。

4. 控制变量（Z）

（1）经济规模（GDP_t）。

中国和伙伴国的经济规模分别用来反映中国的供给能力和伙伴国的需求。一般来说，中国的经济规模越大越能促进高技术产品种类和数量的出口，规模经济会通过降低生产成本来降低出口价格，同时，在国外需求稳定的情况下，中国出口量越大，价格会降低。因此，预期中国的经济规模对高技术产品出口扩展边际和数量边际影响为正，对出口价格具有负向影响。伙伴国的经济规模越大，从中国进口高技术产品的需求也会越大，因而对中国高技术产品出口扩展边际、数量边际、价格边际以及出口产品质量的影响均为正向。各国 GDP 均采用 2010 年不变价美元表示，变量以对数形式进入模型。

（2）地理距离（$dist$）。

地理距离用来表示中国和伙伴国贸易的可变成本。通常，国家间地理距离越远，交易成本越高，贸易的可能性越小。因此，地理距离与出口扩展边际和数量边际间呈负向关系，与出口价格边际呈正向关系。变量以对数形式进入模型。

（3）经济自由度（$free$）。

经济自由度采用美国传统基金会公布的经济自由指数①，可以用来衡量贸易的固定成本，二者呈反向关系，即经济自由度越高，固定成本越

① 传统基金会基于产权、司法效力、政府诚信、税收负担、政府支出、财政健康、商业自由、劳动自由、货币自由、贸易自由、投资自由和金融自由 12 项因素度量主要国家的经济自由度指数。

低。因此，预期经济自由度正向影响出口扩展边际、数量边际和出口产品质量，负向影响价格边际。

（4）创新能力（*patent*）。

考虑到研究对象是高技术产品，高技术产品出口与企业创新能力具有密切关系。企业创新产出越高越有利于产品种类的创新，提高产品出口扩展边际；企业通过研发创新掌握技术后便可以大规模生产，促进出口数量的增加；创新产出不仅会增加产品成本，还会提升产品质量，因此预期高技术产品出口价格边际、出口产品质量将上升。

（5）自由贸易协定（*FTA*）。

如果中国和伙伴国间签订了自由贸易协定，则 $FTA=1$；反之，$FTA=0$。两国间签订自由贸易协定，降低两国贸易政策的不确定性，从而对出口扩展边际、数量边际和出口质量产生积极影响，出口价格边际则下降。

（6）共同语言（*language*）。

如果两国拥有共同语言，则 $language=1$；反之，$language=0$。一般来说，拥有共同语言有利于促进出口种类和数量的增加，但共同语言可能会加强进口方讲价议价的能力，可能会降低出口价格。

（7）共同边界（*region*）。

如果两国拥有共同边界，则 $region=1$；反之，$region=0$。相邻的国家运输成本更低，有助于出口种类和数量的增加及出口价格的降低。

（8）金融危机的冲击（*shock*）。

模型中考虑金融危机的冲击对出口发展的影响，2008 年之后的时期，$shock=1$；2008 年之前，$shock=0$。

另外，为控制难以观察到的固定效应的影响，本节在模型（5.1）~（5.3）中均加入个体固定效应和年份固定效应。具体的变量解释说明及变量描述性统计见表 5－1 和表 5－2。

表 5-1　　变量的解释说明

变量类型	变量名称	变量代码	变量测度
被解释变量	出口扩展边际	*EM*	世界与中国对伙伴国（地区）出口的相同产品贸易额占世界总贸易额的比重
	出口数量边际	*Q*	中国高技术产品出口的数量边际
	出口价格边际	*P*	中国高技术产品出口的价格边际
	出口产品质量	*quality*	相对单位价值法测度中国对伙伴国（地区）出口高技术产品的质量
解释变量	贸易政策不确定性	*TPU*	用关税衡量的贸易政策不确定性
	研发补贴	*RDSub*	研发经费内部支出中来自政府的资金
控制变量	经济规模	*GDP*	中国 GDP 和伙伴国 GDP，分别取对数
	地理距离	*dist*	CEPII 中国与进口方之间距离的对数值
	中国经济自由度	$free_i$	Index of Economic Freedom
	进口方经济自由度	$free_j$	Index of Economic Freedom
	创新能力	*patent*	高技术产业专利申请数量的对数值
	金融危机的冲击	*shock*	2008 年，*shock* = 1；其余年份，*shock* = 0
	共同边界	*region*	两国拥有共同边界，则 *region* = 1；反之，*region* = 0
	共同语言	*language*	两国拥有共同语言，则 *language* = 1；反之，*language* = 0
	自由贸易协定	*FTA*	两国签订自由贸易协定，*FTA* = 1；否则，*FTA* = 0

表 5-2　　变量的描述性统计

变量	观测值	均值	标准差	最小值	最大值
R	434	0.1222	0.1226	0.0121	0.9519
EM	434	0.8533	0.1209	0.2038	0.9830
Q	434	0.1872	0.1308	0.0077	0.7420
P	434	0.7231	0.4253	0.0688	8.0525
quality	434	5.7179	1.2815	3.8720	13.3651
TPU	400	5.3561	9.7286	-5.1142	48.4898

续表

变量	观测值	均值	标准差	最小值	最大值
RDSub	434	4. 3454	0. 6914	3. 1291	5. 2643
GDP_i	434	10. 9275	0. 3750	10. 2786	11. 4622
GDP_j	434	8. 7928	1. 2697	6. 0894	12. 0419
dist	434	8. 8603	0. 6489	6. 8624	9. 8677
$free_i$	434	3. 9593	0. 0149	3. 9318	3. 9834
$free_j$	434	4. 2165	0. 1406	3. 7796	4. 5009
patent	434	10. 7468	0. 8844	9. 0204	11. 7881
region	434	0. 2903	0. 4544	0	1
language	434	0. 2581	0. 4381	0	1
shock	434	0. 6429	0. 4797	0	1
FTA	434	0. 1475	0. 3550	0	1

资料来源：作者根据 Stata 整理所得。

5.1.3 样本选择和数据来源

本章选择 2003～2016 年中国高技术产品出口为研究对象，通过 UN Comtrade 数据库选取 SITC Rev. 3 五分位高技术产品的出口贸易数据。本章重点考察中国对 31 个贸易伙伴国（地区）出口高技术产品的情况，本章选取的产品及样本国家（地区）同第 2 章计算高技术产品出口增长边际时所选取的一致。

贸易政策不确定性指标的数据来自 WITS 数据库。中国和伙伴国的经济规模均来自世界银行 WDI 数据库。中国和伙伴国的经济自由度数据来自美国传统基金会公布的经济自由指数。中国政府研发补贴、高技术产业专利申请数据来自《中国高技术产业统计年鉴》。地理距离、是否签订自由贸易协定、是否拥有共同语言及共同边界等数据来自 CEPII 数据库。

5.2　模型检验与实证结果分析

5.2.1　基准模型分析

1. 政府研发补贴对高技术产品出口发展的影响

考虑到模型回归可能存在的内生性问题，本节在控制各模型年份和国家固定效应的基础上研究政府研发补贴对中国高技术产品出口发展的影响，具体分析如下：

表 5－3 中模型 1～模型 5 分别展示了政府研发补贴对高技术产品出口市场份额、扩展边际、价格边际、数量边际及出口产品质量的影响。从回归结果可以看出，中国政府研发补贴与高技术产品出口市场份额之间呈显著正向关系，表明政府的研发补贴有利于高技术产品出口市场份额的扩张。比较模型 2、模型 3 和模型 4 可知，政府研发补贴对高技术产品出口的促进作用主要表现为扩展边际的提升，即出口种类的增加。进一步将集约边际分解为价格边际（模型 3）和数量边际（模型 4），由结果可知，政府研发补贴对出口价格边际的抑制作用通过了 10% 的显著性检验，且其对出口数量的促进作用在 1% 的水平上显著。政府研发补贴降低了中国高技术产品的出口价格，同时扩大了出口数量，这主要是因为政府研发补贴的支持降低了企业出口沉没成本以及投资风险，企业选择增加产量并扩大出口。出口价格的下降既有可能因为政府研发补贴降低了企业的生产成本，从而出口价格下降；也有可能因为国内增加的供给大于国外需求的增加导致出口价格下降。政府研发补贴与高技术产品出口质量之间存在正向关系，说明研发补贴在一定程度上能够提高出口产品质量，但是由显著性可知，这一影响效果不如模型 2 和模型 4，可见政府研发补贴对高技术产

品出口质量的促进作用相对较弱，有待通过完善政策推动出口产品质量的提升。

表 5-3　政府研发补贴对中国高技术产品出口发展的影响

变量	*R*	*EM*	*P*	*Q*	*quality*
	模型 1	模型 2	模型 3	模型 4	模型 5
RDSub	0.6266 *** (0.2192)	1.1671 *** (0.1061)	-0.4876 * (0.2915)	0.4478 *** (0.1298)	3.7206 * (2.2504)
GDP_i	-1.0414 ** (0.4270)	-1.9848 *** (0.1559)	0.3101 (0.5652)	-0.4246 * (0.2173)	-4.1738 (4.2531)
GDP_j	0.2245 *** (0.0362)	0.0699 * (0.0405)	0.0960 (0.2050)	0.2678 *** (0.0387)	0.6347 (0.6686)
dist	-1.0327 *** (0.2099)	-0.3976 * (0.2333)	0.0707 (1.1100)	-1.1614 *** (0.2213)	-2.2011 (3.9338)
$free_i$	-2.6777 (1.6756)	-2.0466 *** (0.7459)	-3.2450 * (1.7807)	-0.3413 (0.7968)	-7.7914 (12.0101)
$free_j$	-0.1775 (0.1097)	-0.0634 (0.0767)	-0.1948 (0.3016)	-0.2628 *** (0.0603)	0.6288 (0.9958)
patent	-0.0373 (0.0527)	-0.0704 (0.0480)	0.2812 *** (0.1065)	-0.1462 *** (0.0451)	-0.8454 (0.7584)
FTA	-0.0341 (0.0267)	-0.0310 ** (0.0153)	-0.0391 (0.0577)	-0.0040 (0.0139)	0.2013 (0.2952)
shock	-0.1724 *** (0.0593)	-0.3665 *** (0.0272)	0.1602 (0.1005)	-0.0961 ** (0.0412)	-1.1155 (0.7875)
language	-1.2913 *** (0.2612)	-0.3814 (0.2738)	-0.1294 (1.3291)	-1.4788 *** (0.2491)	-3.0396 (4.3633)
region	-1.2315 *** (0.2480)	-0.4426 (0.2699)	-0.0333 (1.2898)	-1.3905 *** (0.2520)	-2.8351 (4.4324)
Constant	28.8111 *** (10.3171)	29.9319 *** (4.3693)	8.5416 (13.4312)	16.0694 *** (4.6420)	88.3673 (62.0450)

续表

变量	*R*	*EM*	*P*	*Q*	*quality*
	模型1	模型2	模型3	模型4	模型5
国家固定效应	Yes	Yes	Yes	Yes	Yes
年份固定效应	Yes	Yes	Yes	Yes	Yes
Obs	434	434	434	434	434
R^2	0.6030	0.8408	0.1801	0.8315	0.4820

注：（1）括号内为稳健标准误；（2）***、**、*分别表示1%、5%、10%的显著性水平。

从控制变量的回归结果看，目的地经济规模的增加对中国高技术产品出口扩展边际、数量边际起到积极促进作用。目的地较大的经济规模驱动了大规模及多样化的需求，为满足国外需求的多样化及高标准，中国高技术产品的出口种类和数量都显著提高。地理距离对高技术产品出口的市场份额、扩展边际及数量边际起到显著抑制作用，说明高技术产品出口市场份额、种类和数量受距离这一可变成本的影响，随距离的增加，中国高技术产品出口的市场份额、种类、数量均呈下降趋势。地理距离对出口价格边际具有正向影响但并不显著，这可能是因为高技术产品自身的特性，价格高昂而重量较小，运输成本仅占产品价格的极小比例，从而使得距离并不足以成为影响这类产品出口价格边际的主要因素。地理距离对出口产品质量的负向影响并不明显，表明对于高技术产品的出口质量，距离并不会对其产生明显的抑制作用。中国的经济自由度对高技术产品出口市场份额、出口数量和质量的影响不大，但其显著降低了中国的出口种类和出口价格。伙伴国的经济自由度对中国高技术产品出口数量具有抑制作用，这可能是因为进口国国内良好的社会环境和自由的发展环境使得进口国有能力自主研发出所需的高技术产品，或者有利于进口国从更多其他国家进口高技术产品，从而减少了从中国的进口，导致中国出口数量减少。由专利数量衡量的创新能力对出口扩展边际、数量边际和产品质量并未起到积极推动作用，反而对价格边际的提升起到积极影响，这说明高技术产业的创新能力使得中国高技术产品在国外市场拥有定价权，由于前期巨额的研发投入以及产品核心技术的优势，中国高技术产品可以通过提高价格获得利润。签订自由贸易协定降低了贸易壁垒，有助于降低中国出口高技术产品的价格，但这一降低作用并不明显。受国际金融危机的影响，中国高技术产品的出口市场份额、出口种类以及数量均减少。拥有共同语言及临近地区并不是推动中国高技术产品出口发展的因素，反而会抑制出口市场份额和出口数量的扩张，这可能是因为高技术产品自身的特性使得国外市场对这类产品的需求并不会因为临近地域和共同语言而增加，中国的高技术产品主要出口到远距离的国外市场。

综合以上分析，本节认为中国政府的研发补贴对高技术产品出口市场份额起到积极促进作用，这一促进作用主要表现为高技术产品出口扩展边际和数量边际的提高。政府研发补贴对出口产品质量的影响也是积极的，但对出口价格边际具有显著抑制作用。

2. 贸易政策不确定性对高技术产品出口发展的影响

考虑到模型回归可能存在的内生性问题，本节在控制各模型年份和国家固定效应的基础上研究了贸易政策不确定性对中国高技术产品出口发展的影响，具体分析如下：

表5－4中模型1～模型5分别展示了贸易政策不确定性对中国高技术产品出口市场份额、扩展边际、价格边际、数量边际以及出口产品质量的影响。从回归结果可以看出，贸易政策不确定性与中国高技术产品出口市场份额之间呈显著负向关系，贸易政策不确定性的增加不利于高技术产品出口市场份额的扩张。比较模型2、模型3和模型4可知，贸易政策不确定性对中国高技术产品出口的抑制作用主要表现为扩展边际的下降，即出口种类的减少，这与格林兰德等（2014）的结论一致。进一步将集约边际分解为价格边际（模型4）和数量边际（模型5），由结果可知，贸易政策不确定性对出口价格边际的影响并不明显，对出口数量的抑制作用在1%的水平上显著。贸易政策不确定性缩减了出口数量，这可能是因为贸

易政策不确定性提高了企业出口沉没成本以及投资风险，企业因此选择减少产量和出口。贸易政策不确定性与高技术产品出口质量之间存在负向关系，说明随着贸易政策不确定性的增强，高技术产品出口质量将下降。

表 5 – 4　　贸易政策不确定性对中国高技术产品出口发展的影响

变量	*R*	*EM*	*P*	*Q*	*quality*
	模型 1	模型 2	模型 3	模型 4	模型 5
TPU	–0. 0026 ** (0. 0010)	–0. 0013 * (0. 0007)	–0. 0008 (0. 022)	–0. 0012 *** (0. 0004)	–0. 0089 (0. 0187)
GDP_i	0. 3496 ** (0. 1645)	0. 5443 *** (0. 1466)	–0. 6872 ** (0. 3260)	0. 5332 *** (0. 1439)	3. 9460 * (2. 2815)
GDP_j	0. 2516 *** (0. 0417)	0. 0558 (0. 0433)	0. 1133 (0. 2618)	0. 3076 *** (0. 0434)	0. 4608 (0. 7035)
dist	–1. 1924 *** (0. 2417)	–0. 3157 (0. 2492)	–0. 0273 (1. 4429)	–1. 3908 *** (0. 2481)	–1. 2057 (4. 1300)
$free_i$	2. 1822 ** (1. 0126)	7. 2975 *** (0. 6728)	–8. 3539 *** (3. 0464)	3. 1980 ** (1. 2755)	28. 4386 (26. 8600)
$free_j$	–0. 1216 (0. 1048)	–0. 1100 (0. 0681)	–0. 2233 (0. 3254)	–0. 2529 *** (0. 0662)	0. 5543 (1. 0717)
patent	–0. 1277 * (0. 0668)	–0. 2141 *** (0. 0614)	0. 3153 ** (0. 1266)	–0. 1966 *** (0. 0577)	–1. 2610 (0. 9041)
FTA	–0. 0384 * (0. 0224)	–0. 0358 * (0. 0197)	0. 0374 (0. 1097)	–0. 0245 (0. 0181)	0. 0853 (0. 3108)
shock	0. 0047 (0. 0186)	–0. 0529 ** (0. 0213)	0. 0448 (0. 0549)	0. 0266 (0. 0208)	–0. 0840 (0. 2944)
language	–1. 5582 *** (0. 2612)	–0. 2937 (0. 2893)	–0. 2503 (1. 6724)	–1. 7799 *** (0. 2795)	–2. 0190 (4. 5099)
region	–1. 4610 *** (0. 2853)	–0. 3597 (0. 2859)	–0. 1353 (1. 6619)	–1. 6737 *** (0. 2812)	–1. 8355 (4. 6033)

续表

变量	R	EM	P	Q	quality
	模型 1	模型 2	模型 3	模型 4	模型 5
Constant	-0.7804 (5.0932)	-28.6185*** (3.8035)	38.1523* (19.6363)	-4.0219 (6.1371)	-131.3151 (124.1824)
国家固定效应	Yes	Yes	Yes	Yes	Yes
年份固定效应	Yes	Yes	Yes	Yes	Yes
Obs	400	400	400	400	400
R^2	0.6049	0.8407	0.1833	0.8284	0.4592

注：（1）括号内为稳健标准误；（2）***、**、*分别表示1%、5%、10%的显著性水平。

从控制变量的回归结果看，中国经济规模的增加对中国高技术产品出口市场份额、扩展边际、数量边际和出口产品质量均起到积极促进作用，但对价格边际起到抑制作用，表明中国经济规模的扩大有利于生产的规模化和多样化，从而促进出口种类和数量的增加。出口价格的下降可能是因为规模经济降低了生产成本，从而降低价格。目的地经济规模的增加对中国高技术产品出口市场份额和出口数量边际起到积极促进作用，目的地较大的经济规模驱动了大规模的国外需求，中国高技术产品的出口数量将显著提高。地理距离对出口市场份额和数量边际有显著负向影响，但对价格边际的影响并不明显，说明高技术产品出口价格不受距离的影响，这可能是因为高技术产品自身的特性使得国外市场对这类产品的需求并不受地域的影响。中国经济自由度对出口市场份额、扩展边际和数量边际均起到积极促进作用，对出口价格边际起到抑制作用。伙伴国经济自由度的增加会降低中国出口数量，这可能是因为进口国国内良好的社会环境和自由的发展环境使得进口国有能力自主研发出所需的高技术产品，或者有利于进口国从更多其他国家进口高技术产品，从而减少了从中国的进口。创新能力对出口市场份额、出口种类和数量具有负向影响，而对出口价格表现出显著的正向影响。创新能力越强越有利于高技术产品出口价格边际的增加，这是因为研发投入的加大提高了产品成本，因而价格提高。拥有技术优势的产品在国际市场享有定价权，可通过削减产量、提高价格的方式收回研发成本并获得利润。拥有共同语言及临近地区并不是推动中国高技术产品出口发展的因素，反而会抑制出口市场份额和出口数量的扩张，这可能是因为高技术产品自身的特性使得国外市场对这类产品的需求并不会因为临近地域和共同语言而增加，中国的高技术产品主要出口到远距离的国外市场。

综合以上分析，本节认为国际贸易政策不确定性对中国高技术产品出口市场份额起到抑制作用，这一抑制作用主要表现为高技术产品出口扩展边际和数量边际的下降。贸易政策不确定性对中国高技术产品出口质量和价格的负向影响不明显。

3. 贸易政策不确定性下研发补贴对高技术产品出口发展的影响

考虑到模型回归可能存在的内生性问题，本部分同样在控制各模型年份和国家固定效应的基础上研究贸易政策不确定性下研发补贴对高技术产品出口发展的影响，具体分析如下：

表 5 – 5 中模型 1 ~ 模型 5 的被解释变量分别为出口市场份额、扩展边际、价格边际、数量边际和出口产品质量。从回归结果中的交互项可以看出，贸易政策不确定性与政府研发补贴的交互项对扩展边际和数量边际具有显著正向影响，说明相对贸易政策不确定性较低的时期，在贸易政策不确定性较高时，研发补贴这一政策支持对高技术产品出口种类和出口数量的促进作用增强，表明研发补贴弱化了贸易政策不确定性对出口发展的消极影响。二者的交互项对出口价格边际的影响显著为负，说明在不确定的贸易环境下研发补贴起到了降低出口价格边际的作用。二者交互项对出口产品质量的影响虽然不显著，但方向为正，在一定程度上可以说明研发补贴能够减弱贸易政策不确定性对出口产品质量的消极影响。

表5-5 贸易政策不确定性下研发补贴对中国高技术产品出口发展的影响

变量	*R*	*EM*	*P*	*Q*	*quality*
	模型1	模型2	模型3	模型4	模型5
RDSub	0.6324** (0.2459)	1.1441*** (0.1162)	-0.5586 (0.3417)	0.4046*** (0.1414)	4.6484* (2.4237)
TPU	0.0036 (0.0053)	-0.0052*** (0.0020)	0.0149 (0.0097)	-0.0050*** (0.0018)	-0.0658 (0.0666)
RDSub × *TPU*	-0.0015 (0.0014)	0.0009** (0.0005)	-0.0038* (0.0021)	0.0009** (0.0004)	0.0137 (0.0161)
GDP_i	-1.0223** (0.4854)	-1.9272*** (0.1648)	0.5096 (0.6604)	-0.3391 (0.2399)	-6.0663 (4.6292)
GDP_j	0.3081*** (0.0792)	0.0205 (0.0492)	0.2572 (0.2791)	0.2726*** (0.0511)	-0.0615 (0.8883)
dist	-1.5151*** (0.4556)	-0.1137 (0.2824)	-0.8500 (1.5779)	-1.1906*** (0.2923)	1.7782 (5.1814)
$free_i$	-2.9180 (1.8940)	-2.0197** (0.8229)	-3.7232* (2.1097)	-0.1115 (0.8712)	-9.6606 (13.4993)
$free_j$	-0.1655 (0.1052)	-0.0825 (0.0674)	-0.3352 (0.3644)	-0.2257*** (0.0706)	0.9600 (1.1425)
patent	-0.0505 (0.0593)	-0.0782 (0.0519)	0.2523** (0.1185)	-0.1491*** (0.0487)	-0.7188 (0.8147)
FTA	-0.0354 (0.0230)	-0.0377** (0.0189)	0.0451 (0.1123)	-0.0263 (0.0184)	0.0576 (0.3221)
shock	-0.1646** (0.0655)	-0.3627*** (0.0283)	0.1992* (0.1142)	-0.0835* (0.0449)	-1.3518 (0.8376)
language	-1.9277*** (0.5549)	-0.0623 (0.3280)	-1.1924 (1.7862)	-1.5507*** (0.3288)	1.3979 (5.8565)
region	-1.8319*** (0.5379)	-0.1275 (0.3249)	-1.0808 (1.7989)	-1.4436*** (0.3315)	1.5940 (5.9047)
Constant	33.7517 (12.6234)	27.0882*** (4.7846)	17.1967 (17.9361)	14.5686*** (5.1880)	76.3690 (77.8362)

续表

变量	*R*	*EM*	*P*	*Q*	*quality*
	模型1	模型2	模型3	模型4	模型5
国家固定效应	Yes	Yes	Yes	Yes	Yes
年份固定效应	Yes	Yes	Yes	Yes	Yes
Obs	400	400	400	400	400
R^2	0.6093	0.8426	0.1856	0.8300	0.4630

注：(1) 括号内为稳健标准误；(2) ***、**、*分别表示1%、5%、10%的显著性水平。

综合以上分析可知，政府研发补贴能够有效缓解全球贸易政策不确定性增强对高技术产品出口扩展边际、出口数量边际和出口价格的不利影响，并且减弱贸易政策不确定性对出口产品质量的消极影响。

5.2.2 异质性影响分析

1. 目的地收入水平

为识别出贸易政策不确定性、研发补贴对中国向不同类型伙伴国出口高技术产品的具体影响，本节参考王明涛和谢建国（2019）的方法，按照世界银行对各国收入水平的划分，将出口目的地分为高收入国家（地区）和中等收入国家（地区）①。本节共31个样本国家（地区），其中阿根廷、澳大利亚、比利时、加拿大、智利、捷克、德国、西班牙、法国、英国、中国香港、匈牙利、意大利、日本、韩国、卢森堡、荷兰、波兰、沙特阿拉伯、斯洛伐克、美国确定为高收入国家（地区），其余10个国家，巴西、哥伦比亚、墨西哥、马来西亚、巴基斯坦、菲律宾、俄罗斯、泰国、土耳其、南非确定为中等收入国家。具体回归结果见表5-6、表5-7和表5-8。

① 中等收入国家（地区）包括中高等收入国家（地区）和中低等收入国家（地区）。

表 5－6 政府研发补贴对中国高技术产品出口发展的影响（按目的地收入水平划分）

因变量	*EM*	*P*	*Q*	*quality*	*EM*	*P*	*Q*	*quality*
模型	模型 1	模型 2	模型 3	模型 4	模型 5	模型 6	模型 7	模型 8
自变量	X = 高收入国家（地区）				X = 中等收入国家（地区）			
RDSub	1.1659 *** (0.1349)	-0.5065 (0.3847)	0.4326 ** (0.1752)	3.6295 * (2.0711)	1.1627 *** (0.1742)	-0.4725 (0.4118)	0.5021 *** (0.1292)	3.8619 (5.9007)
GDP_i	-2.0494 *** (0.2027)	0.2651 (0.7563)	-0.4566 (0.2851)	-6.7068 (4.1762)	-1.8276 *** (0.2347)	0.1955 (0.7468)	-0.2618 (0.2465)	2.0251 (10.7875)
GDP_j	0.0726 (0.0575)	0.1348 (0.2442)	0.2926 *** (0.0518)	0.3106 (0.8692)	0.1531 * (0.0840)	0.2606 (0.1959)	-0.0039 (0.0705)	0.0825 (2.5437)
dist	-0.4165 (0.3316)	-0.1518 (1.3500)	-1.3032 *** (0.2957)	-0.3340 (5.0699)	-0.2894 ** (0.1145)	-0.6384 ** (0.2551)	-0.7487 (0.8639)	-1.9313 (3.2722)
$free_i$	-1.7902 * (0.9537)	-3.4304 (2.3397)	-0.1775 (1.0583)	-14.6804 (12.8099)	-2.5999 ** (1.1964)	-2.9127 (2.7347)	-0.7487 (0.8639)	9.2914 (26.6491)
$free_j$	0.0099 (0.1168)	-0.1964 (0.4912)	-0.2636 *** (0.0924)	0.4670 (1.1781)	-0.2266 ** (0.0984)	-0.0111 (0.2104)	-0.1804 ** (0.0751)	0.8982 (2.1888)
patent	-0.0429 (0.0605)	0.3162 ** (0.1493)	-0.1245 ** (0.0613)	0.2678 (0.6841)	-0.1461 * (0.0841)	0.2634 * (0.1438)	-0.2079 *** (0.0404)	-3.3486 * (1.9632)
FTA	-0.0377 (0.0248)	0.0438 (0.1256)	-0.0255 (0.0254)	0.4553 (0.3981)	-0.0236 (0.0196)	-0.0625 * (0.0360)	0.0118 (0.0143)	0.1131 (0.4270)

续表

因变量	*EM*	*P*	*Q*	*quality*	*EM*	*P*	*Q*	*quality*
模型	模型1	模型2	模型3	模型4	模型5	模型6	模型7	模型8
自变量	X = 高收入国家（地区）				X = 中等收入国家（地区）			
shock	-0.3740*** (0.0349)	0.1522 (0.1346)	-0.0909 (0.0557)	-1.3086* (0.7003)	-0.3535*** (0.0433)	0.1656 (0.1266)	-0.1036** (0.0414)	-0.6263 (2.1258)
language	-0.4341 (0.4019)	-0.3921 (1.6774)	-1.6464*** (0.3396)	-0.7627 (5.8058)	0.1782 (0.1104)	0.2287 (0.2647)	-0.1145 (0.0929)	-0.0549 (3.3630)
region	-0.0993 (0.0683)	0.5794* (0.3515)	0.0531 (0.0549)	2.3219** (1.0538)	-0.1118*** (0.0378)	-0.3676*** (0.0687)	-0.1760*** (0.0228)	-1.8772** (0.7954)
Constant	29.2127*** (5.7095)	11.3459 (16.5525)	16.8020*** (6.1427)	116.7588 (78.8220)	29.8588*** (5.9657)	13.0005 (14.5234)	7.6921 (4.7309)	-20.4552 (75.9327)
国家固定效应	Yes	Yes	Yes	Yes	Yes	Yes	Yes	Yes
年份固定效应	Yes	Yes	Yes	Yes	Yes	Yes	Yes	Yes
Obs	308	308	308	308	126	126	126	126
R^2	0.8320	0.1758	0.8191	0.4732	0.8867	0.6706	0.9079	0.5285

注：（1）括号内为稳健标准误；（2）***、**、*分别表示1%、5%、10%的显著性水平。

表 5－7　贸易政策不确定性对中国高技术产品出口发展的影响（按目的地收入水平划分）

因变量	*EM*	*P*	*Q*	*quality*	*EM*	*P*	*Q*	*quality*
模型	模型 1	模型 2	模型 3	模型 4	模型 5	模型 6	模型 7	模型 8
自变量	X = 高收入国家（地区）				X = 中等收入国家（地区）			
TPU	-0.0023 (0.0024)	-0.0010 (0.0072)	-0.0027** (0.013)	-0.0297 (0.0280)	-0.0008 (0.0009)	-0.0010 (0.0022)	-0.0013*** (0.0004)	-0.0027 (0.0232)
GDP_i	0.4745** (0.1849)	-0.8761* (0.4646)	0.4659** (0.1901)	0.9392 (1.7998)	0.7001*** (0.2630)	-0.6616 (0.4761)	0.8243*** (0.1398)	10.5903 (7.1979)
GDP_j	0.0367 (0.0596)	0.1861 (0.3310)	0.3382*** (0.0579)	0.0419 (0.8618)	0.1263 (0.1031)	0.2495 (0.2287)	-0.0131 (0.0764)	-0.0205 (2.5500)
dist	-0.2086 (0.3424)	-0.4428 (1.8522)	-1.5681*** (0.3307)	1.1783 (5.0401)	-0.2746** (0.1318)	-0.6316** (0.2901)	-0.0796 (0.0968)	-1.9814 (3.3122)
$free_i$	7.5375*** (0.8410)	-8.3366** (4.0497)	3.0732* (1.6727)	23.3284 (18.3758)	6.5447*** (1.1922)	-7.9621** (3.2662)	3.4132*** (1.1058)	43.5034 (86.9190)
$free_j$	-0.0679 (0.0955)	-0.2764 (0.4979)	-0.2399** (0.0966)	0.6589 (1.2506)	-0.2191** (0.1081)	0.0523 (0.2499)	-0.1567** (0.0818)	0.2254 (2.7695)
patent	-0.1854** (0.0775)	0.3971** (0.1787)	-0.1727** (0.0765)	-0.0165 (0.7182)	-0.2850** (0.1115)	0.2557 (0.1987)	-0.2625*** (0.0571)	-3.7936 (2.6546)
FTA	-0.0303 (0.0234)	0.0894 (0.1710)	-0.0363 (0.0284)	0.3773 (0.4262)	-0.0354 (0.0382)	-0.0639 (0.0422)	-0.0127 (0.0134)	-0.4033 (0.4911)

续表

因变量	*EM*	*P*	*Q*	*quality*	*EM*	*P*	*Q*	*quality*
模型	模型 1	模型 2	模型 3	模型 4	模型 5	模型 6	模型 7	模型 8
自变量	X = 高收入国家（地区）				X = 中等收入国家（地区）			
shock	-0.0630** (0.0266)	0.0148 (0.0785)	0.0275 (0.0283)	-0.3547 (0.2346)	-0.0329 (0.0380)	0.0699 (0.0625)	0.0362 (0.0227)	0.4127 (0.9317)
language	-0.2045 (0.4043)	-0.7249 (2.2521)	-2.0277*** (0.3796)	0.3201 (5.7710)	0.1283 (0.1407)	0.1964 (0.3207)	-0.1439 (0.1021)	-0.2209 (3.4586)
region	-0.0458 (0.0636)	0.6162* (0.3597)	0.0289 (0.0564)	2.6353** (1.0591)	-0.1365*** (0.0452)	-0.3888*** (0.0789)	-0.1969*** (0.0250)	-2.1132** (0.8926)
Constant	-30.1512*** (4.8998)	42.9824* (25.3861)	-1.5683 (7.8976)	-111.4975 (96.1716)	-27.3707*** (5.3095)	40.2088*** (14.7735)	-17.9248*** (4.7279)	-223.8026 (371.2068)
国家固定效应	Yes	Yes	Yes	Yes	Yes	Yes	Yes	Yes
年份固定效应	Yes	Yes	Yes	Yes	Yes	Yes	Yes	Yes
Obs	295	295	295	295	105	105	105	105
R^2	0.8401	0.1794	0.8214	0.4677	0.8597	0.6814	0.9107	0.5092

注：（1）括号内为稳健标准误；（2）***、**、*分别表示 1%、5%、10% 的显著性水平。

表 5-8　　贸易政策不确定性下研发补贴对中国高技术产品出口发展的影响（按收入水平划分）

因变量	*EM*	*P*	*Q*	*quality*	*EM*	*P*	*Q*	*quality*
模型	模型 1	模型 2	模型 3	模型 4	模型 5	模型 6	模型 7	模型 8
自变量	X = 高收入国家（地区）				X = 中等收入国家（地区）			
RDSub	1.1409 *** (0.1458)	-0.6868 (0.4555)	0.3917 ** (0.1823)	4.4784 ** (2.0396)	1.0719 *** (0.1985)	-0.4365 (0.4783)	0.4475 *** (0.1452)	2.7767 (6.9164)
TPU	-0.0078 (0.0050)	0.0253 (0.0274)	-0.0004 (0.0047)	0.0036 (0.0799)	-0.0095 *** (0.0032)	0.0026 (0.0072)	-0.0049 ** (0.0020)	-0.0988 (0.1147)
RDSub × *TPU*	0.0016 (0.0012)	-0.0077 (0.0070)	-0.0007 (0.0012)	-0.0097 (0.0224)	0.0021 *** (0.0007)	-0.0009 (0.0015)	0.0009 * (0.0005)	0.0228 (0.0274)
GDP_i	-1.9883 *** (0.2104)	0.5881 (0.8858)	-0.3831 (0.3027)	-8.7725 ** (3.9299)	-1.7408 *** (0.2454)	0.3337 (0.7913)	-0.1949 (0.2636)	3.2286 (13.3810)
GDP_j	0.0062 (0.0681)	0.3335 (0.3602)	0.3512 *** (0.0700)	0.2290 (0.9748)	0.1856 * (0.0978)	0.2248 (0.2275)	0.0117 (0.0734)	0.6340 (2.2710)
dist	-0.0357 (0.3904)	-1.2788 (2.0621)	-1.6419 *** (0.4000)	0.1177 (5.7198)	-0.3515 *** (0.1280)	-0.5994 ** (0.2906)	-0.1118 (0.0930)	-2.8308 (2.9938)
$free_i$	-1.7250 * (1.0266)	-2.7817 (2.8372)	-0.1111 (1.1095)	-13.0823 (12.7210)	-2.2643 (1.4740)	-4.3741 (3.1240)	-0.2649 (1.0188)	19.8244 (37.3289)
$free_j$	0.0096 (0.1122)	-0.6511 (0.7821)	-0.2730 ** (0.1351)	0.1836 (1.6695)	-0.2356 ** (0.1021)	0.0591 (0.2457)	-0.1636 ** (0.0771)	0.0437 (2.7911)

续表

因变量	*EM*	*P*	*Q*	*quality*	*EM*	*P*	*Q*	*quality*
模型	模型1	模型2	模型3	模型4	模型5	模型6	模型7	模型8
自变量	X = 高收入国家（地区）				X = 中等收入国家（地区）			
patent	-0.0498 (0.0657)	0.3194* (0.1705)	-0.1254* (0.0639)	0.5250 (0.6513)	-0.1397 (0.0936)	0.1963 (0.1731)	-0.2018*** (0.0520)	-3.2725 (2.3298)
FTA	-0.0272 (0.0235)	0.0745 (0.1628)	-0.0376 (0.0284)	0.3584 (0.4215)	-0.0489 (0.0323)	-0.0582 (0.0466)	-0.0184 (0.0134)	-0.5535 (0.5711)
shock	-0.3721*** (0.0362)	0.2055 (0.1535)	-0.0778 (0.0585)	-1.5568** (0.6590)	-0.3438*** (0.0428)	0.1963 (0.1731)	-0.0932** (0.0429)	-0.5631 (2.5269)
language	-0.0012 (0.4593)	-1.7078 (2.3969)	-2.1144*** (0.4545)	-0.9269 (6.6455)	0.2072 (0.1325)	0.1635 (0.3177)	-0.1109 (0.0986)	0.6506 (3.1337)
region	-0.0314 (0.0660)	0.5466 (0.3552)	0.0228 (0.0600)	2.5469** (1.1066)	-0.1468*** (0.0445)	-0.3845*** (0.0817)	-0.2012*** (0.0234)	-2.2269** (0.8837)
Constant	25.2859*** (6.1135)	17.4218 (22.5120)	18.8878*** (6.8479)	124.6900 (83.7456)	28.2372*** (7.3839)	17.5466 (17.4049)	5.2948 (5.5201)	-64.6398 (129.5783)
国家固定效应	Yes	Yes	Yes	Yes	Yes	Yes	Yes	Yes
年份固定效应	Yes	Yes	Yes	Yes	Yes	Yes	Yes	Yes
Obs	295	295	295	295	105	105	105	105
R^2	0.8411	0.1809	0.8216	0.4681	0.8763	0.6828	0.9139	0.5177

注：（1）括号内为稳健标准误；（2）***、**、*分别表示1%、5%、10%的显著性水平。

表5－6中模型1～模型4是政府研发补贴对中国出口高技术产品到高收入国家（地区）的回归结果。政府研发补贴对高技术产品出口的影响同上文结论一致，研发补贴显著促进了出口扩展边际、数量边际和出口质量，对价格边际具有抑制作用。模型5～模型8是目的地为中等收入国家（地区）的结果，中国的研发补贴对出口到这类国家的产品种类和数量同样具有显著促进作用，对出口价格具有抑制影响但不明显，对出口产品质量的影响为正向，同样不明显。比较两组不同类型的目的国可发现，相比中等收入国家，中国对高收入国家（地区）出口的高技术产品种类受研发补贴的影响更显著也更强烈。究其原因，可能是因为高收入国家的消费能力高，对高技术产品的需求更多，且对高技术产品需求的标准更高，而高技术产品具有技术含量高、研发周期长、风险大等特点，在获得政府研发补贴支持的条件下，企业更容易研发出多样化的产品以满足国外需求。

表5－7中模型1～模型4是贸易政策不确定性对中国向高收入国家（地区）出口高技术产品的回归结果。贸易政策不确定性对高技术产品出口数量边际起到显著抑制作用，对出口扩展边际、价格边际和出口产品质量具有负向影响，但不明显。模型5～模型8是目的地为中等收入国家（地区）的结果，贸易政策不确定性对出口到这类国家（地区）的数量同样具有显著抑制作用，对出口扩展边际、价格和产品质量的消极影响并不明显。比较两组不同类型的目的国（地区）可发现，相比中等收入国家，中国对高收入国家（地区）的出口数量受贸易政策不确定性的影响更强烈。究其原因，可能是因为中等收入国家对中国的高技术产品具有更强的依赖性，高技术产品技术含量高、研发周期长等特点使得进口国短时间难以生产出类似产品，在不确定的环境下对急需的高技术产品进口需求并不会有较大波动。并且，中等收入国家的消费能力弱于高收入国家，对高技术产品的需求也会少于高收入国家，因此贸易政策的不确定性对中等收入国家的影响较小。

表5－8中模型1～模型4是贸易政策不确定性下研发补贴对中国向高

收入国家（地区）出口高技术产品的回归结果。在贸易政策不确定性较高的时期，研发补贴减弱了贸易政策不确定性对高技术产品出口市场份额的消极影响，但效果并不明显。模型5~模型8是目的地为中等收入国家（地区）的结果，在贸易政策不确定性加大情况下，中国研发补贴对出口到这类国家（地区）的产品种类及数量均产生明显促进作用，对出口产品质量的正向影响并不明显。相比之下，研发补贴更有利于缓解贸易政策不确定性对中国出口到中等收入国家（地区）的不利影响。

2. 国际金融危机

2003~2007年，贸易政策不确定性指数小幅波动，2008年国际金融危机之后，贸易政策不确定性指数明显增加，且呈不断提高的趋势。为检验国际金融危机对于本研究结论的影响，参考格林兰德等（2018）、刘竹青和佟家栋（2018）的方法，以2008年国际金融危机为界，将样本划分为国际金融危机前（2003~2007年）和国际金融危机后（2008~2016年）两组样本。回归结果见表5-9、表5-10和表5-11。

表5-9展现了政府研发补贴对中国高技术产品出口发展的影响结果。比较模型1和模型5可知，国际金融危机前，政府研发补贴对高技术产品出口扩展边际呈现不明显的负向影响，国际金融危机之后，这一影响转为积极的促进作用。比较集约边际分解后的结果可知，研发补贴对高技术产品出口价格边际的抑制作用以及对出口数量的显著促进作用均是在国际金融危机之后才显现出来。研发补贴对出口产品质量的影响在国际金融危机前后均为正向但不显著。总体来看，国际金融危机之后，研发补贴对高技术产品出口发展的影响变得更强烈，更贴近整体结论。

表5-10展现了贸易政策不确定性对高技术产品出口发展的影响结果。比较模型4和模型8可知，国际金融危机前，贸易政策不确定性对高技术产品出口产品质量的抑制影响显著且强烈，而国际金融危机之后，这一影响变得不明显。比较集约边际分解后的结果可知，国际金融危机后，

表 5－9 政府研发补贴对中国高技术产品出口发展的影响（按国际金融危机分组）

因变量	*EM*	*P*	*Q*	*quality*	*EM*	*P*	*Q*	*quality*
模型	模型 1	模型 2	模型 3	模型 4	模型 5	模型 6	模型 7	模型 8
自变量	国际金融危机之前				国际金融危机之后			
RDSub	－0. 1546 （0. 1220）	0. 6813 （0. 4135）	－0. 0023 （0. 0746）	2. 6091 （2. 1553）	2. 5799 *** （0. 1866）	－1. 2481 （0. 8697）	0. 8350 *** （0. 2378）	8. 1897 （5. 0516）
GDP_i	9. 0330 *** （2. 2065）	22. 5628 * （12. 8440）	－2. 6800 （1. 6822）	39. 8482 （47. 3272）	－4. 9694 *** （0. 3361）	2. 1664 （1. 7876）	－1. 2645 *** （0. 4540）	－12. 5966 （10. 0976）
GDP_j	－0. 1188 （0. 1838）	0. 5089 （0. 4392）	0. 1542 （0. 1384）	0. 4740 （2. 4450）	－0. 0027 （0. 0689）	－0. 6457 （0. 5825）	0. 3268 *** （0. 1071）	－0. 2106 （1. 2224）
dist	0. 6864 （1. 0497）	－1. 4515 （2. 2168）	－0. 6343 （0. 7844）	－3. 1836 （13. 9303）	0. 0089 （0. 3973）	3. 8559 （3. 3337）	－1. 4324 ** （0. 6124）	3. 6448 （7. 0855）
$free_i$	11. 3889 *** （2. 5450）	26. 5334 ** （13. 0136）	－2. 6795 （1. 8208）	53. 0008 （51. 1072）	－5. 7140 *** （0. 8330）	0. 2554 （0. 6648）	－1. 3007 * （0. 7328）	－19. 5251 （11. 9079）
$free_j$	0. 0221 （0. 2810）	0. 0328 （0. 4281）	－2. 6795 （0. 1208）	1. 0263 （2. 8822）	0. 0237 （0. 1031）	0. 2554 （0. 6648）	－0. 4300 *** （0. 1613）	1. 9685 （2. 0664）
patent	－2. 7767 *** （0. 7308）	－7. 5815 * （4. 2512）	0. 8634 （0. 5553）	－14. 2273 （15. 6506）	0. 8276 *** （0. 0693）	－0. 2037 （0. 3652）	0. 0991 （0. 0866）	1. 6180 （2. 0004）
FTA	0. 0326 （0. 0409）	0. 0417 （0. 0560）	－0. 0362 *** （0. 0126）	－0. 3531 （0. 5833）	－0. 0051 （0. 0143）	－0. 0088 （0. 0531）	－0. 0081 （0. 0192）	－0. 7984 *** （0. 3082）

续表

因变量	*EM*	*P*	*Q*	*quality*	*EM*	*P*	*Q*	*quality*
模型	模型1	模型2	模型3	模型4	模型5	模型6	模型7	模型8
自变量	国际金融危机之前				国际金融危机之后			
language	0.9240 (1.2958)	-2.3495 (2.6881)	-0.9136 (0.9468)	-3.7485 (16.9327)	0.0409 (0.4521)	4.2495 (3.6968)	-1.7522*** (0.6691)	2.9073 (7.7698)
region	0.8530 (1.2081)	-1.9600 (2.5655)	-0.7658 (0.9059)	-2.2504 (2.0196)	-0.0164 (0.4581)	4.3554 (3.7564)	-1.6724** (0.6857)	3.5362 (7.9703)
Constant	-117.5564*** (28.6945)	-260.0525* (147.0451)	35.1477* (20.8400)	-471.2634 (555.1004)	56.8871*** (6.3660)	-43.5037 (38.1202)	27.3779*** (7.7620)	122.9463 (109.8614)
国家固定效应	Yes	Yes	Yes	Yes	Yes	Yes	Yes	Yes
年份固定效应	Yes	Yes	Yes	Yes	Yes	Yes	Yes	Yes
Obs	155	155	155	155	279	279	279	279
R^2	0.8388	0.4526	0.8431	0.3256	0.8802	0.2159	0.8486	0.5779

注：(1) 括号内为稳健标准误；(2) ***、**、*分别表示1%、5%、10%的显著性水平。

表 5 – 10　贸易政策不确定性对中国高技术产品出口发展的影响（按国际金融危机分组）

因变量	*EM*	*P*	*Q*	*quality*	*EM*	*P*	*Q*	*quality*
模型	模型 1	模型 2	模型 3	模型 4	模型 5	模型 6	模型 7	模型 8
自变量	国际金融危机之前				国际金融危机之后			
TPU	0.0018 (0.0019)	-0.0056 (0.0047)	0.0004 (0.0011)	-0.1041 ** (0.0494)	0.0002 (0.0005)	-0.0021 (0.0030)	-0.0007 (0.0006)	-0.0231 (0.0215)
GDP_i	18.1686 *** (4.4043)	-6.6567 (12.9335)	-3.6329 (2.9323)	-56.0384 (75.3021)	0.5455 *** (0.1463)	-0.4649 (0.4717)	0.5155 *** (0.1298)	5.5525 (2.2987)
GDP_j	-0.2075 (0.1993)	0.4139 (0.4523)	0.1965 (0.1483)	0.4198 (2.6426)	-0.0115 (0.0756)	-0.6005 (0.7637)	0.3518 *** (0.1185)	-0.8886 (1.4053)
dist	1.2021 (1.1375)	-0.9059 (2.2901)	-0.8787 (0.8411)	-2.8654 (15.0632)	0.0606 (0.4355)	3.5963 (4.3689)	-1.5768 ** (0.6778)	7.4851 (8.1002)
$free_i$	19.7794 *** (3.7824)	-2.1693 (10.6933)	-3.4184 (2.5529)	-42.7728 (61.1606)	7.8392 *** (0.7170)	-8.5645 * (4.5079)	2.9792 ** (1.1879)	26.3688 (27.7337)
$free_j$	-0.2669 (0.2380)	-0.1332 (0.4918)	0.1928 (0.1453)	0.2730 (3.2125)	0.0039 (0.1070)	0.1932 (0.7331)	-0.4392 *** (0.1698)	2.7908 (2.1829)
patent	-5.7436 *** (1.3783)	2.0683 (4.0673)	1.1579 (0.9259)	17.7386 (23.6360)	-0.1542 ** (0.0766)	0.2446 (0.2148)	-0.2206 *** (0.0574)	-1.7660 * (1.0523)
FTA	0.0531 (0.0446)	0.0361 (0.0559)	-0.0425 *** (0.0146)	-0.6375 (0.5946)	-0.0248 (0.0175)	0.0116 (0.0780)	-0.0119 (0.0215)	-0.6529 * (0.3525)

续表

因变量	*EM*	*P*	*Q*	*quality*	*EM*	*P*	*Q*	*quality*
模型	模型 1	模型 2	模型 3	模型 4	模型 5	模型 6	模型 7	模型 8
自变量	国际金融危机之前				国际金融危机之后			
language	1.6921 (1.3961)	-1.7478 (2.8046)	-1.2395 (1.0274)	-5.2831 (18.5096)	0.1138 (0.4955)	3.9282 (4.8181)	-1.9313*** (0.7404)	6.5526 (8.7596)
region	1.4724 (1.3081)	-1.4104 (2.6574)	-1.0410 (0.9764)	-4.9251 (17.4494)	0.0480 (0.5018)	4.0657 (4.9255)	-1.8477** (0.7579)	7.3715 (9.0098)
Constant	-221.6832*** (50.6282)	65.2579 (139.1758)	46.8363 (31.9557)	616.0633 (825.0274)	-35.0856*** (4.9716)	5.9258 (45.7836)	-0.5053 (8.4919)	-218.3266 (147.7173)
国家固定效应	Yes	Yes	Yes	Yes	Yes	Yes	Yes	Yes
年份固定效应	Yes	Yes	Yes	Yes	Yes	Yes	Yes	Yes
Obs	147	147	147	147	253	253	253	253
R^2	0.8472	0.4421	0.8459	0.3708	0.8739	0.2188	0.8434	0.5659

注：（1）括号内为稳健标准误；（2）***、**、*分别表示1%、5%、10%的显著性水平。

表 5－11　贸易政策不确定性下研发补贴对中国高技术产品出口发展的影响（按金融危机分组）

因变量	*EM*	*P*	*Q*	*quality*	*EM*	*P*	*Q*	*quality*
模型	模型 1	模型 2	模型 3	模型 4	模型 5	模型 6	模型 7	模型 8
自变量	国际金融危机之前				国际金融危机之后			
RDSub	－0. 2555 ** （0. 1130）	0. 7811 * （0. 4490）	0. 0228 （0. 0841）	2. 4915 （2. 2468）	2. 5460 *** （0. 2087）	－1. 4372 （1. 0107）	0. 7767 *** （0. 2624）	9. 5898 * （5. 2029）
TPU	0. 0098 （0. 0075）	－0. 0037 （0. 0137）	－0. 0028 （0. 0043）	0. 0321 （0. 0940）	0. 0031 （0. 0030）	0. 0131 （0. 0191）	－0. 0085 ** （0. 0039）	－0. 3619 ** （0. 1562）
RDSub × *TPU*	－0. 0018 （0. 0017）	－0. 0004 （0. 0027）	0. 0007 （0. 0009）	－0. 0310 （0. 0220）	－0. 0006 （0. 0006）	－0. 0033 （0. 0040）	0. 0017 ** （0. 0009）	0. 0732 ** （0. 0343）
GDP_i	7. 1525 *** （2. 2519）	25. 9909 * （14. 0653）	－2. 5527 （1. 8657）	43. 0291 （49. 3861）	－4. 9009 *** （0. 3775）	2. 6173 （2. 0764）	－1. 1500 ** （0. 5022）	－15. 1232 （10. 4002）
GDP_j	－0. 1583 （0. 2250）	0. 4258 （0. 4411）	0. 1764 （0. 1515）	1. 2602 （2. 9501）	0. 0037 （0. 0799）	－0. 5204 （0. 8195）	0. 3108 ** （0. 1235）	－2. 6686 * （1. 3975）
dist	0. 9236 （1. 2828）	－0. 9730 （2. 2430）	－0. 7654 （0. 8598）	－7. 6161 （16. 8008）	－0. 0268 （0. 4601）	3. 1361 （4. 6899）	－1. 3416 * （0. 7059）	17. 7137 ** （8. 1472）
$free_i$	8. 7587 *** （2. 4654）	30. 2774 ** （14. 2709）	－2. 3171 （2. 0503）	54. 5905 （54. 7216）	－5. 5849 *** （0. 9412）	－0. 8867 （3. 1793）	－1. 1675 （0. 8168）	－26. 2630 * （14. 5610）
$free_j$	－0. 3131 （0. 2401）	－0. 1443 （0. 4885）	0. 2116 （0. 1434）	－0. 5141 （3. 0548）	－0. 0051 （0. 1099）	0. 1459 （0. 7604）	－0. 4150 ** （0. 1713）	3. 8425 * （2. 0015）

续表

因变量	*EM*	*P*	*Q*	*quality*	*EM*	*P*	*Q*	*quality*
模型	模型 1	模型 2	模型 3	模型 4	模型 5	模型 6	模型 7	模型 8
自变量	国际金融危机之前				国际金融危机之后			
patent	-2.1157*** (0.7308)	-8.7011* (4.6567)	0.8039 (0.6169)	-15.0303 (16.4514)	0.8185*** (0.0765)	-0.3053 (0.4231)	0.0765 (0.0962)	1.9137 (2.0484)
FTA	0.0825** (0.0395)	0.0432 (0.0717)	-0.0545*** (0.0162)	-0.1351 (0.5811)	-0.0256 (0.0174)	0.0077 (0.0803)	-0.0099 (0.0220)	-0.5650 (0.3816)
language	1.4037 (1.5510)	-1.8173 (2.7442)	-1.1222 (1.0457)	-10.2017 (20.3048)	0.0138 (0.5233)	3.4013 (5.1857)	-1.6619** (0.7719)	18.2616** (9.0719)
region	1.1715 (1.4664)	-1.4829 (2.5987)	-0.9186 (0.9957)	-10.0583 (19.3328)	-0.0524 (0.5298)	3.5368 (5.2944)	-1.5774** (0.7899)	19.1246** (9.2317)
Constant	-94.2047*** (31.3858)	-303.5891* (160.3269)	33.4734 (23.3973)	-457.5578 (573.7869)	56.2869*** (6.9985)	-41.6278 (48.3555)	25.3007*** (8.5082)	42.4180 (126.4567)
国家固定效应	Yes	Yes	Yes	Yes	Yes	Yes	Yes	Yes
年份固定效应	Yes	Yes	Yes	Yes	Yes	Yes	Yes	Yes
Obs	147	147	147	147	253	253	253	253
R^2	0.8494	0.4421	0.8465	0.3800	0.8741	0.2192	0.8448	0.5959

注：（1）括号内为稳健标准误；（2）***、**、* 分别表示 1%、5%、10% 的显著性水平。

全球贸易政策不确定性对高技术产品出口数量边际的影响由正向转为负向。贸易政策不确定性对扩展边际和价格边际的影响也较国际金融危机之前更小，这说明国际金融危机的爆发并未明显加剧贸易政策不确定性对高技术产品出口发展的影响。

表5－11展现了贸易政策不确定性下研发补贴对高技术产品出口发展的影响结果。由回归结果可知，国际金融危机之前，研发补贴对于缓解贸易政策不确定性对出口发展的消极影响并不明显。而国际金融危机之后，随着贸易政策不确定性的增强，政府研发补贴对出口数量边际和出口产品质量提升起到显著促进作用，表明国际金融危机之后研发补贴有效缓解了贸易政策不确定性对出口数量和出口产品质量的消极影响。

5.2.3 内生性分析

1. 动态面板回归

将被解释变量滞后一期加入模型中进行动态面板分析。由于惯性，当期出口可能受之前出口行为的影响，在解释变量中加入被解释变量的滞后项，能够考察企业出口的动态行为。从表5－12中模型2、模型4和模型5的回归结果可以看出，相较当期而言，上一期的政府研发补贴对出口扩展边际、数量边际和产品质量起到了积极影响。由政府研发补贴这一核心解释变量的符号可以看出，在考虑上期出口发展对当期的影响后，政府研发补贴对高技术产品出口市场份额、出口扩展边际和数量边际起到了积极的促进作用，对出口价格起到了抑制作用，对出口产品质量提升的正向影响并不明显，这与前文的研究结论一致，保证了本书研究结论的稳健性和可靠性。从表5－13中同样能够看出上期贸易政策不确定性对当期出口发展的影响，从贸易政策不确定性这一变量的回归结果可以看出，贸易政策不确定性对高技术产品出口市场份额和数量边际起到了显著的抑制作用，对出口扩展边际、出口价格和出口产品质量的抑制作用不明显，这与前文结论一致。从表5-14中交互项的符号和显著性可以看出，研发补贴有效缓解了贸易政策不确定性对数量边际的不利影响，且对出口市场份额、扩展边际和出口产品质量也具有缓解作用，但效果不明显。

表5-12　政府研发补贴影响中国高技术产品出口发展的内生性分析（GMM）

变量	*R*	*EM*	*P*	*Q*	*quality*
	模型1	模型2	模型3	模型4	模型5
L. Y	0.0050 (0.0703)	0.1168* (0.0647)	0.0012 (0.0636)	0.2531** (0.1191)	0.1278 (0.0989)
RDSub	0.6619*** (0.2267)	1.5328*** (0.1874)	-0.5746* (0.3142)	0.5738*** (0.1226)	4.2579 (2.1791)
GDP_i	-1.1095** (0.4463)	-2.6856*** (0.3641)	0.5103 (0.6050)	-0.6849** (0.2115)	-5.3433 (3.9354)
GDP_j	0.2233*** (0.0438)	0.0194 (0.0416)	0.0281 (0.2477)	0.2231*** (0.0503)	1.1474 (0.8019)
dist	-1.0224*** (0.2487)	-0.1110 (0.2393)	0.4801 (1.3320)	-0.9921*** (0.2625)	-5.1949 (4.6959)
$free_i$	-2.7871* (1.6538)	-4.1173*** (1.1488)	-3.0521 (1.9095)	-0.1512 (0.7819)	-8.2174 (11.9941)
$free_j$	-0.1753 (0.1344)	-0.0480 (0.0671)	-0.0867 (0.3054)	-0.2095*** (0.0669)	0.1227 (1.1561)
patent	-0.0211 (0.0538)	-0.0369 (0.0484)	0.2285** (0.1157)	-0.1304*** (0.0366)	-0.8791 (0.7617)
FTA	-0.0393 (0.0320)	-0.0194 (0.0144)	-0.0258 (0.0601)	-0.0074 (0.0127)	0.1125 (0.3433)
shock	-0.1664*** (0.0571)	-0.4192*** (0.0408)	0.1421 (0.1026)	-0.1255*** (0.0367)	-1.2465* (0.7178)
language	-1.2796*** (0.3083)	-0.0638 (0.2762)	0.2992 (1.5668)	-1.2505*** (0.3056)	-6.4209 (5.2007)
region	-1.2208*** (0.2942)	-0.1207 (0.2770)	0.4131 (1.5371)	-1.1834*** (0.3027)	-6.2541 (5.2795)
Constant	29.5447*** (10.1572)	41.2619*** (7.4417)	2.6741 (16.3179)	15.8763*** (4.8854)	127.532* (68.5911)

续表

变量	R	EM	P	Q	quality
	模型 1	模型 2	模型 3	模型 4	模型 5
国家固定效应	Yes	Yes	Yes	Yes	Yes
年份固定效应	Yes	Yes	Yes	Yes	Yes
Obs	403	403	403	403	403
R^2	0.5978	0.8560	0.1806	0.8418	0.4872

注：（1）括号内为稳健标准误；（2）***、**、*分别表示1%、5%、10%的显著性水平。

表 5-13　贸易政策不确定性影响中国高技术产品出口发展的内生性分析（GMM）

变量	R	EM	P	Q	quality
	模型 1	模型 2	模型 3	模型 4	模型 5
L. Y	-0.0402 (0.0789)	0.0976 (0.0680)	0.0138 (0.0707)	0.2275* (0.1279)	0.1393 (0.1149)
TPU	-0.0030** (0.0013)	-0.0012 (0.0008)	-0.0011 (0.0022)	-0.0012*** (0.0004)	-0.0096 (0.0196)
GDP_i	0.3375** (0.1660)	0.6112*** (0.1374)	-0.6902** (0.3364)	0.0004*** (0.1215)	3.8761* (2.3076)
GDP_j	0.2534*** (0.0490)	0.0151 (0.0450)	0.0928 (0.3210)	0.2505*** (0.0596)	0.8316 (0.8452)
dist	-1.1896*** (0.2782)	-0.0869 (0.2592)	0.0998 (1.7733)	-1.1411*** (0.3118)	-3.4061 (4.9485)
$free_i$	2.0596** (1.0419)	7.7180*** (0.7347)	-8.8277*** (3.1788)	4.0906*** (1.1569)	30.0262 (24.2378)
$free_j$	-0.1155 (0.1222)	-0.0525 (0.0699)	-0.0832 (0.3476)	-0.2095*** (0.0737)	0.1348 (1.2208)
patent	-0.1235* (0.0690)	-0.2496*** (0.0590)	0.2809** (0.1357)	-0.2099*** (0.0502)	-1.4702 (0.9476)

续表

变量	*R*	*EM*	*P*	*Q*	*quality*
	模型 1	模型 2	模型 3	模型 4	模型 5
FTA	-0.0378 (0.0255)	-0.0315* (0.0187)	0.0478 (0.1114)	-0.0228 (0.0167)	0.1046 (0.3583)
shock	0.0002 (0.0181)	-0.0447** (0.0202)	0.0115 (0.0654)	0.0204 (0.0186)	-0.2043 (0.3070)
language	-1.5714*** (0.3507)	-0.0576 (0.3017)	-0.1698 (2.0194)	-1.4579*** (0.3627)	-4.5175 (5.3819)
region	-1.4699*** (0.3317)	-0.1094 (0.3002)	-0.0217 (2.0265)	-1.3763*** (0.3585)	-4.3554 (5.4938)
Constant	-0.2619 (5.4652)	-32.8551*** (4.0666)	38.8290* (23.2357)	-9.8134 (6.4605)	-114.8433 (115.6802)
国家固定效应	Yes	Yes	Yes	Yes	Yes
年份固定效应	Yes	Yes	Yes	Yes	Yes
Obs	373	373	373	373	373
R^2	0.6030	0.8500	0.1831	0.8372	0.4640

注：(1) 括号内为稳健标准误；(2) ***、**、* 分别表示 1%、5%、10% 的显著性水平。

表 5-14　　贸易政策不确定性下研发补贴对中国高技术产品出口发展的影响（GMM）

变量	*R*	*EM*	*P*	*Q*	*quality*
	模型 1	模型 2	模型 3	模型 4	模型 5
L. Y	-0.0562 (0.0877)	0.0956 (0.0690)	0.0119 (0.0709)	0.2191* (0.1289)	0.1411 (0.1098)
RDSub	0.6035** (0.2522)	1.4521*** (0.1970)	-0.6655* (0.3692)	0.5245*** (0.1366)	5.1222** (2.3362)
TPU	0.0050 (0.0072)	-0.0033 (0.0023)	0.0134 (0.0100)	-0.0055*** (0.0018)	-0.0737 (0.0798)

续表

变量	R	EM	P	Q	quality
	模型 1	模型 2	模型 3	模型 4	模型 5
$RDSub \times TPU$	-0.0019 (0.0019)	0.0005 (0.0005)	-0.0035 (0.0022)	0.0010** (0.0004)	0.0153 (0.0186)
GDP_i	-0.9795* (0.4995)	-2.5263*** (0.3839)	0.7394 (0.7114)	-0.5807** (0.2358)	-7.1564* (4.2107)
GDP_j	0.3286*** (0.1074)	-0.0037 (0.0528)	0.2214 (0.3306)	0.2155*** (0.0606)	0.2639 (1.0622)
dist	-1.6161*** (0.6073)	0.0205 (0.3033)	-0.6352 (1.8683)	-0.9378*** (0.3243)	-0.1589 (6.1533)
$free_i$	-2.6716 (1.8591)	-3.7316*** (1.2190)	-3.4774 (2.2225)	-0.0978 (0.8467)	-10.6698 (13.6527)
$free_j$	-0.1650 (0.1263)	-0.0397 (0.0714)	-0.1708 (0.3772)	-0.1860** (0.0750)	0.5197 (1.2918)
patent	-0.0307 (0.0631)	-0.0415 (0.0527)	0.1898 (0.1287)	-0.1354*** (0.0407)	-0.7546 (0.8136)
FTA	-0.0370 (0.0266)	-0.0319* (0.0184)	0.0499 (0.1121)	-0.0235 (0.0167)	0.0949 (0.3673)
shock	-0.1470** (0.0628)	-0.4023*** (0.0424)	0.1788 (0.1169)	-0.1094*** (0.0404)	-1.4807** (0.7543)
language	-2.0667*** (0.7426)	0.0664 (0.3522)	-1.0187 (2.0956)	-1.2245*** (0.3726)	-0.7693 (6.9068)
region	-1.9635*** (0.7206)	0.0145 (0.3509)	-0.8704 (2.1215)	-1.1420*** (0.3711)	-0.6074 (6.9068)
Constant	33.0475*** (12.2151)	37.2968*** (8.1740)	12.4251 (20.8638)	14.2572*** (5.4300)	108.0929 (85.3722)
国家固定效应	Yes	Yes	Yes	Yes	Yes
年份固定效应	Yes	Yes	Yes	Yes	Yes
Obs	373	373	373	373	373
R^2	0.6089	0.8505	0.1847	0.8388	0.4679

注：(1) 括号内为稳健标准误；(2) ***、**、*分别表示1%、5%、10%的显著性水平。

2. 工具变量法

参考张莹和朱小明（2018），分别采用研发补贴的滞后一期和贸易政策不确定性的滞后一期作为研发补贴和贸易政策不确定性的工具变量，运用两阶段最小二乘法（2SLS）重新对上文模型进行验证。就工具变量的有效性而言，不可识别检验显示 Kleibergen – Paap rk LM 统计量的 p 值均小于 0.1，拒绝不可识别的原假设，表明不存在识别不足问题。在判断弱工具变量方面，Kleibergen – Paap rk Wald F 统计量均超过 Stock – Yogo 弱工具变量 10% 的临界值，因此拒绝“存在弱工具变量”的原假设。由表 5 – 15 可知，政府研发补贴对高技术产品出口发展的影响与前文主要结论一致。表 5 – 16 是将贸易政策不确定性这一变量滞后一期作为工具变量代入模型的结果，从中可以看出考虑模型内生性后，贸易政策不确定性对出口发展的影响并未发生实质变化。表 5 – 17 展现了解决内生性问题后，研发补贴政策在不确定的贸易环境下所起的作用，结果同样未发生较大变化，因此能够更加准确地得出本章研究结论。

表 5 – 15　政府研发补贴对中国高技术产品出口发展的影响（工具变量法）

变量	*R*	*EM*	*P*	*Q*	*quality*
	模型 1	模型 2	模型 3	模型 4	模型 5
RDSub	0.6560*** (0.2128)	1.1970*** (0.1002)	−0.5745** (0.2954)	0.4712*** (0.1217)	3.7282* (2.1736)
GDP_i	−1.0995*** (0.4162)	−2.0386*** (0.1471)	0.5096 (0.5717)	−0.4784** (0.2062)	−4.3727 (4.1220)
GDP_j	0.2244*** (0.0391)	0.0288 (0.0402)	0.0284 (0.2419)	0.2845*** (0.0426)	1.2368 (0.7580)
dist	−1.0276*** (0.2271)	−0.1645 (0.2318)	0.4791 (1.2858)	−1.2516*** (0.2426)	−5.5165 (4.4308)

续表

变量	R	EM	P	Q	quality
	模型 1	模型 2	模型 3	模型 4	模型 5
$free_i$	-2.7534* (1.5900)	-2.1205*** (0.6934)	-3.0436* (1.7375)	-0.4015 (0.7288)	-7.7526 (11.3257)
$free_j$	-0.1762 (0.1239)	-0.0573 (0.0634)	-0.0872 (0.2824)	-0.2706*** (0.0653)	0.1585 (1.0960)
patent	-0.0206 (0.0509)	-0.0499* (0.0445)	0.2288** (0.1087)	-0.1319*** (0.0414)	-0.8435 (0.7284)
FTA	-0.0395 (0.0294)	-0.0240* (0.0143)	-0.0258 (0.0571)	-0.0064 (0.0142)	0.1523 (0.3196)
shock	-0.1653*** (0.0532)	-0.3566*** (0.0241)	0.1419 (0.0967)	-0.0910** (0.0370)	-1.1432 (0.7242)
language	-1.2861*** (0.2839)	-0.1151 (0.2680)	0.2979 (1.5187)	-1.5820*** (0.2710)	-6.8396 (4.9044)
region	-1.2270*** (0.2696)	-0.1793 (0.2680)	0.4118 (1.4883)	-1.4938*** (0.2754)	-6.6597 (4.9817)
Kleibergen-Paap rk LM	16.014 [0.0001]	16.014 [0.0001]	16.014 [0.0001]	16.014 [0.0001]	16.014 [0.0001]
Kleibergen-Paap rk Wald F	25.535 [0.0000]	25.535 [0.0000]	25.535 [0.0000]	25.535 [0.0000]	25.535 [0.0000]
Constant	29.3691*** (9.7134)	28.4692*** (4.1651)	2.6542 (14.7693)	17.4097*** (4.4842)	119.9444* (63.7086)
国家固定效应	Yes	Yes	Yes	Yes	Yes
年份固定效应	Yes	Yes	Yes	Yes	Yes
Obs	403	403	403	403	403
R^2	0.5978	0.8538	0.1806	0.8309	0.4795

注：（1）圆括号内为稳健标准误，方括号内为 p 值；（2）***、**、* 分别表示 1%、5%、10% 的显著性水平。

表5-16　贸易政策不确定性对中国高技术产品出口发展的影响（工具变量法）

变量	R	EM	P	Q	quality
	模型1	模型2	模型3	模型4	模型5
TPU	-0.0045* (0.0024)	-0.0015* (0.0008)	-0.0024 (0.0030)	-0.0011* (0.0006)	0.0355 (0.0272)
GDP_i	0.2448 (0.1491)	0.4813*** (0.1483)	-0.8481** (0.3803)	0.4654*** (0.1390)	3.5220 (2.3832)
GDP_j	0.2488*** (0.0477)	0.0018 (0.0438)	0.0402 (0.3318)	0.3369*** (0.0529)	1.2363 (0.8842)
dist	-1.1772*** (0.2759)	-0.0113 (0.2520)	0.4068 (1.8067)	-1.5542*** (0.3018)	-5.4685 (5.1428)
$free_i$	1.9700** (0.9610)	7.0284*** (0.6230)	-9.3356*** (3.0304)	3.0316*** (1.1719)	26.3886 (25.1981)
$free_j$	-0.0439 (0.1146)	-0.0413 (0.0670)	-0.0245 (0.3188)	-0.2645*** (0.0713)	-0.2472 (1.2325)
patent	-0.0850 (0.0631)	-0.1932*** (0.0638)	0.3538** (0.1481)	-0.1697*** (0.0573)	-1.2779 (0.9834)
FTA	-0.0289 (0.0220)	-0.0213 (0.0187)	0.1029 (0.1396)	-0.0174 (0.0210)	0.3912 (0.4508)
shock	-0.0053 (0.0172)	-0.0687*** (0.0194)	0.0014 (0.0679)	0.0241 (0.0199)	-0.2517 (0.2977)
language	-1.6140*** (0.3409)	0.0266 (0.2914)	0.1352 (2.0809)	-1.9654*** (0.3366)	-5.8583 (5.5333)
region	-1.4779*** (0.3203)	-0.0275 (0.2879)	0.2934 (2.0649)	-1.8565*** (0.3375)	-6.0648 (5.6348)
Kleibergen-Paap rk LM	5.425 [0.0199]	5.425 [0.0199]	5.425 [0.0199]	5.425 [0.0199]	5.425 [0.0199]
Kleibergen-Paap rk Wald F	21.844 [0.0000]	21.844 [0.0000]	21.844 [0.0000]	21.844 [0.0000]	21.844 [0.0000]

续表

变量	R	EM	P	Q	quality
	模型1	模型2	模型3	模型4	模型5
Constant	0.3626 (4.7315)	-29.8889*** (3.5446)	39.0065* (21.8798)	-1.5002 (5.8076)	-80.4080 (117.5367)
Obs	361	361	361	361	361
R^2	0.6003	0.8506	0.1872	0.8282	0.4398

注：(1) 圆括号内为稳健标准误，方括号内为p值；(2) ***、**、*分别表示1%、5%、10%的显著性水平。

表5-17　　贸易政策不确定性下研发补贴对中国高技术产品出口发展的影响（工具变量法）

变量	R	EM	P	Q	quality
	模型1	模型2	模型3	模型4	模型5
RDSub	0.6271*** (0.2442)	1.1302*** (0.1170)	-0.7878** (0.3761)	0.3964*** (0.1360)	4.2586* (2.3818)
TPU	0.0054 (0.0064)	-0.0065*** (0.0022)	0.0149 (0.0104)	-0.0064*** (0.0021)	-0.0774 (0.0826)
RDSub×TPU	-0.0022 (0.0018)	0.0011** (0.0005)	-0.0039* (0.0022)	0.0012*** (0.0004)	0.0252 (0.0219)
GDP_i	-1.1101** (0.4942)	-1.9606*** (0.1627)	0.8539 (0.7158)	-0.3910* (0.2301)	-5.6784 (4.4262)
GDP_j	0.3428*** (0.0980)	-0.0450 (0.0504)	0.2043 (0.3559)	0.2869*** (0.0613)	0.1656 (6.4246)
dist	-1.7149*** (0.5652)	0.2565 (0.2897)	-0.5316 (1.9955)	-1.2677*** (0.3500)	0.6551 (6.4246)
$free_i$	-2.8560 (1.8162)	-1.9172** (0.8183)	-2.9498 (2.2573)	-1.1443 (0.8152)	-8.3409 (12.9227)
$free_j$	-0.1047 (0.1112)	-0.0110 (0.0680)	-0.1307 (0.3502)	-0.2321*** (0.0743)	0.4457 (1.2887)

续表

变量	R	EM	P	Q	quality
	模型1	模型2	模型3	模型4	模型5
patent	0.0045 (0.0583)	-0.0311 (0.0521)	0.2404* (0.1360)	-0.1128** (0.0470)	-0.6643 (0.8417)
FTA	-0.0241 (0.0205)	-0.0238 (0.0179)	0.1114 (0.1410)	-0.0200 (0.0212)	0.3357 (0.4421)
shock	-0.1568** (0.0616)	-0.3476*** (0.0260)	0.1994* (0.1166)	-0.0747* (0.0406)	-1.3274* (0.7626)
language	-2.2203*** (0.6983)	0.3287 (0.3330)	-0.9230 (2.2624)	-1.6423*** (0.3905)	1.0474 (7.4473)
region	-2.0868*** (0.6714)	0.2759 (0.3311)	-0.7694 (2.2661)	-1.5321*** (0.3924)	0.8701 (7.3944)
Kleibergen-Paap rk LM	6.318 [0.0120]	6.318 [0.0120]	6.318 [0.0120]	6.318 [0.0120]	6.318 [0.0120]
Kleibergen-Paap rk Wald F	10.503 [0.0000]	10.503 [0.0000]	10.503 [0.0000]	10.503 [0.0000]	10.503 [0.0000]
Constant	35.3623*** (12.8624)	23.2152*** (4.8538)	8.0544 (21.4047)	15.5715*** (5.3061)	78.4288 (84.6123)
国家固定效应	Yes	Yes	Yes	Yes	Yes
年份固定效应	Yes	Yes	Yes	Yes	Yes
Obs	361	361	361	361	361
R^2	0.6081	0.8513	0.1894	0.8300	0.4454

注：（1）圆括号内为稳健标准误，方括号内为p值；（2）***、**、*分别表示1%、5%、10%的显著性水平。

5.2.4　稳健性检验

1. 贸易政策不确定性的重新衡量

参考韦茜（2018），采用约束关税和实际关税之差重新测算贸易政策不确定性，将产品层面的不确定性加权到企业层面。通过表5-18和表5-19可以看出，研发补贴缓解了贸易政策不确定性增强对高技术产品出口发展的消极影响，在出口扩展边际和数量边际方面的效果尤其明显，这与主要研究结论一致。

表5-18　贸易政策不确定性对中国高技术产品出口发展的影响（更换变量）

变量	*R*	*EM*	*P*	*Q*	*quality*
	模型1	模型2	模型3	模型4	模型5
TPU	-0.0033 (0.0040)	-0.0001 (0.0015)	-0.0085 (0.0062)	0.0029* (0.0017)	-0.0202 (0.0471)
GDP_i	0.3285* (0.1701)	0.5395*** (0.1479)	-0.7228** (0.3276)	0.5408*** (0.1425)	3.8390 (2.3814)
GDP_j	0.2796*** (0.0515)	0.0625 (0.0440)	0.1590 (0.2759)	0.2983*** (0.0444)	0.6013 (0.6948)
dist	-1.3628*** (0.3058)	-0.3531 (0.2540)	-0.3208 (1.5428)	-1.3251*** (0.2554)	-2.0781 (4.1260)
$free_i$	2.2887** (1.0502)	7.3123*** (0.6921)	-8.1305*** (3.0219)	3.1329** (1.2773)	29.0310 (26.9495)
$free_j$	-0.1357 (0.1068)	-0.1239* (0.0669)	-0.1968 (0.3080)	-0.2779*** (0.0670)	0.5422 (1.0689)
patent	-0.1209* (0.0690)	-0.2130*** (0.0620)	0.3284*** (0.1264)	-0.2001*** (0.0572)	-1.2245 (0.9387)
FTA	-0.0149 (0.0230)	-0.0270 (0.0195)	0.0605 (0.1068)	-0.0231 (0.0196)	0.1848 (0.3704)
shock	0.0000 (0.0188)	-0.0546** (0.0215)	0.0400 (0.0548)	0.0264 (0.0209)	-0.1039 (0.3011)
language	-1.7631*** (0.4258)	-0.3063 (0.3046)	-0.7551 (1.8978)	-1.6098*** (0.3007)	-3.2478 (4.9432)
region	-1.6605*** (0.3895)	-0.3834 (0.2972)	-0.5726 (1.8454)	-1.5405*** (0.2968)	-2.9677 (4.8348)

续表

变量	R	EM	P	Q	quality
	模型 1	模型 2	模型 3	模型 4	模型 5
Constant	0.4773 (5.2814)	-28.2948 *** (3.8578)	40.0923 ** (20.0108)	-4.3715 (6.0396)	-125.1444 (124.7843)
国家固定效应	Yes	Yes	Yes	Yes	Yes
年份固定效应	Yes	Yes	Yes	Yes	Yes
Obs	400	400	400	400	400
R^2	0.6008	0.8391	0.1840	0.8284	0.4591

注：(1) 括号内为稳健标准误；(2) ***、**、* 分别表示 1%、5%、10% 的显著性水平。

表 5-19　贸易政策不确定性下研发补贴对中国高技术产品出口发展的影响（更换变量）

变量	R	EM	P	Q	quality
	模型 1	模型 2	模型 3	模型 4	模型 5
RDSub	0.6360 ** (0.2495)	1.1496 *** (0.1156)	-0.5417 (0.3401)	0.3953 *** (0.1421)	4.7682 * (2.4765)
TPU	-0.0029 (0.0044)	-0.0089 ** (0.0036)	0.0040 (0.0146)	-0.0028 (0.0030)	-0.0892 (0.0608)
$RDSub \times TPU$	-0.0001 (0.0009)	0.0013 *** (0.0005)	-0.0018 (0.0021)	0.0008 ** (0.0004)	0.0100 (0.0105)
GDP_i	-1.0463 ** (0.4852)	-1.9604 *** (0.1670)	0.4683 (0.6624)	-0.3232 (0.2413)	-6.5817 (4.8256)
GDP_j	0.2814 *** (0.0715)	0.0209 (0.0480)	0.2181 (0.2864)	0.2709 *** (0.0508)	0.2742 (0.8240)
dist	-1.3724 *** (0.4143)	-0.1289 (0.2746)	-0.6392 (1.6294)	-1.1774 *** (0.2894)	-0.3157 (4.8425)
$free_i$	-2.8760 (1.9058)	-2.0627 ** (0.8197)	-3.6784 * (2.1038)	-0.1023 (0.8721)	-9.9905 (13.4125)

续表

变量	R	EM	P	Q	quality
	模型 1	模型 2	模型 3	模型 4	模型 5
$free_j$	−0.1382 (0.0995)	−0.0653 (0.0692)	−0.2801 (0.3764)	−0.2393*** (0.0744)	1.0029 (1.1220)
patent	−0.0451 (0.0603)	−0.0700 (0.0510)	0.2560** (0.1195)	−0.1492*** (0.0483)	−0.6116 (0.8456)
FTA	−0.0149 (0.0234)	−0.0283 (0.0179)	0.0623 (0.1084)	−0.0240 (0.0192)	0.1745 (0.3731)
shock	−0.1716** (0.0665)	−0.3658*** (0.0286)	0.1874 (0.1142)	−0.0808* (0.0453)	−1.3975 (0.8678)
language	−1.7708*** (0.5144)	−0.1278 (0.3151)	−1.0086 (1.9407)	−1.4922*** (0.3239)	−1.8444 (5.5832)
region	−1.6695*** (0.4930)	−0.1734 (0.3128)	−0.8709 (1.9114)	−1.4022*** (0.3263)	−1.3167 (5.5651)
Constant	32.4862*** (12.4372)	27.6357*** (4.7070)	15.4371 (18.4758)	14.2973*** (5.1525)	100.1997 (74.7225)
国家固定效应	Yes	Yes	Yes	Yes	Yes
年份固定效应	Yes	Yes	Yes	Yes	Yes
Obs	400	400	400	400	400
R^2	0.6008	0.8428	0.1846	0.8297	0.4612

注：（1）括号内为稳健标准误；（2）***、**、* 分别表示 1%、5%、10% 的显著性水平。

2. 对变量进行 winsorize 处理

参考李凤羽和杨墨竹（2015）的方法，对被解释变量和核心解释变量处于 1% 和 99% 分位上的数据进行 winsorize 处理，以降低变量极端值对模型回归结果的影响。具体回归结果见表 5－20 至表 5－22。通过表中主要变量的系数符号及显著性可以看出，除去变量极端值之后，政府研发补贴对高技术产品出口发展的影响同上文一致，贸易政策不确定性对出口发展的影响也与前文研究结论相同，在贸易政策不确定的环境下考虑研发补贴后发现，研发补贴能够有效缓解贸易政策不确定性对高技术产品出口扩展边际、数量边际和价格边际的消极影响，对出口市场份额及产品质量也有一定的缓解效果，但不显著。这些研究结果均与上文结论基本一致，可以验证结论的稳健性。

表5-20 政府研发补贴对中国高技术产品出口发展的影响（去除极端值）

变量	*R*	*EM*	*P*	*Q*	*quality*
	模型1	模型2	模型3	模型4	模型5
RDSub	0.5426*** (0.1654)	1.1655*** (0.1028)	-0.4901* (0.2560)	0.4376*** (0.1286)	3.4578** (1.7344)
GDP_i	-0.8780*** (0.3038)	-1.9821*** (0.1518)	0.3253 (0.4746)	-0.4175* (0.2162)	-4.8384 (3.4085)
GDP_j	0.2173*** (0.0317)	0.0666* (0.0404)	0.1535 (0.0963)	0.2634*** (0.0382)	0.6600 (0.6392)
dist	-0.9913*** (0.1828)	-0.3783 (0.2328)	-0.5554 (0.5334)	-1.1360*** (0.2184)	-2.3496 (3.7687)
$free_i$	-2.1406* (1.2178)	-2.0511*** (0.7200)	-3.2493* (1.7216)	-0.3989 (0.7928)	-8.0845 (10.1710)
$free_j$	-0.1777** (0.0737)	-0.0673 (0.0770)	0.0062 (0.1684)	-0.2607*** (0.0600)	0.7031 (0.9641)
patent	-0.0400 (0.0470)	-0.0699 (0.0468)	0.2709*** (0.0905)	-0.1413*** (0.0446)	-0.4017 (0.5686)
FTA	-0.0239 (0.0188)	-0.0311** (0.0152)	-0.0767*** (0.0295)	-0.0029 (0.0138)	0.2495 (0.2887)
shock	-0.1494*** (0.0445)	-0.3654*** (0.0267)	0.1598** (0.0785)	-0.0926** (0.0409)	-1.1016* (0.5958)
language	-1.2423*** (0.2180)	-0.3569 (0.2733)	-0.8612 (0.6200)	-1.4496*** (0.2458)	-3.2461 (4.1749)

续表

变量	*R*	*EM*	*P*	*Q*	*quality*
	模型 1	模型 2	模型 3	模型 4	模型 5
region	-1.1835*** (0.2127)	-0.4196 (0.2695)	-0.7569 (0.6138)	-1.3614*** (0.2486)	-3.0194 (4.2435)
Constant	24.9460*** (7.3499)	29.7732*** (4.2433)	13.4501 (10.4437)	15.9892*** (4.6274)	94.1771 (59.3175)
国家固定效应	Yes	Yes	Yes	Yes	Yes
年份固定效应	Yes	Yes	Yes	Yes	Yes
Obs	434	434	434	434	434
R^2	0.7349	0.8356	0.5802	0.8317	0.5087

注：(1) 括号内为稳健标准误；(2) ***、**、* 分别表示1%、5%、10%的显著性水平。

表 5-21　贸易政策不确定性对中国高技术产品出口发展的影响（去除极端值）

变量	*R*	*EM*	*P*	*Q*	*quality*
	模型 1	模型 2	模型 3	模型 4	模型 5
TPU	-0.0023*** (0.0008)	-0.0015** (0.0008)	-0.0017 (0.0017)	-0.0012*** (0.0005)	-0.0132 (0.0182)
GDP_i	0.3187** (0.1466)	0.5442*** (0.1425)	-0.6624** (0.2712)	0.5177*** (0.1422)	2.6223 (1.6497)
GDP_j	0.2434*** (0.0358)	0.0508 (0.0432)	0.1380 (0.1037)	0.3020*** (0.0428)	0.4266 (0.6548)
dist	-1.1447*** (0.2065)	-0.2867 (0.2486)	-0.4668 (0.5751)	-1.3585*** (0.2445)	-1.0175 (3.8595)
$free_i$	2.0099** (0.9265)	7.2812*** (0.6673)	-8.3763*** (2.1093)	3.0510** (1.2593)	26.4007 (18.4208)
$free_j$	-0.1398* (0.0727)	-0.1123 (0.0684)	-0.0121 (0.1638)	-0.2508*** (0.0658)	0.6579 (1.0259)
patent	-0.1151* (0.0598)	-0.2136*** (0.0597)	0.3040*** (0.1104)	-0.1902*** (0.0570)	-0.7447 (0.6563)

续表

变量	R	EM	P	Q	quality
	模型 1	模型 2	模型 3	模型 4	模型 5
FTA	-0.0326 * (0.0187)	-0.0368 * (0.0195)	-0.0557 (0.0407)	-0.0233 (0.0182)	0.1163 (0.3042)
shock	0.0038 (0.0166)	-0.0522 ** (0.0210)	0.0477 (0.0398)	0.0273 (0.0208)	-0.1511 (0.2291)
language	-1.4886 *** (0.2490)	-0.2623 (0.2886)	-0.7848 (0.6612)	-1.7432 *** (0.2751)	-1.9290 (4.2235)
region	-1.3989 *** (0.2403)	-0.3277 (0.2852)	-0.6699 (0.6572)	-1.6370 *** (0.2770)	-1.6956 (4.3035)
Constant	-0.2281 (4.6461)	-28.7904 *** (3.7797)	41.4382 *** (10.5359)	-3.6176 (6.0648)	-116.1544 (89.8942)
国家固定效应	Yes	Yes	Yes	Yes	Yes
年份固定效应	Yes	Yes	Yes	Yes	Yes
Obs	400	400	400	400	400
R^2	0.7374	0.8356	0.5923	0.8283	0.4863

注：（1）括号内为稳健标准误；（2）***、**、*分别表示1%、5%、10%的显著性水平。

表 5-22　贸易政策不确定性下研发补贴对中国高技术产品出口发展的影响（去除极端值）

变量	R	EM	P	Q	quality
	模型 1	模型 2	模型 3	模型 4	模型 5
RDSub	0.5245 *** (0.1832)	1.1436 *** (0.1124)	-0.5546 ** (0.2781)	0.3949 *** (0.1399)	4.4391 ** (1.8591)
TPU	0.0023 (0.0039)	-0.0051 ** (0.0020)	0.0098 ** (0.0045)	-0.0051 *** (0.0019)	-0.0266 (0.0511)
RDSub × TPU	-0.0012 (0.0011)	0.0009 ** (0.0005)	-0.0029 *** (0.0010)	0.0010 ** (0.0005)	0.0034 (0.0117)

续表

变量	R	EM	P	Q	quality
	模型 1	模型 2	模型 3	模型 4	模型 5
GDP_i	-0.8186** (0.3438)	-1.9266*** (0.1596)	0.5294 (0.5186)	-0.3337 (0.2383)	-6.9687* (3.6020)
GDP_j	0.2902*** (0.0639)	0.0142 (0.0494)	0.2544** (0.1163)	0.2622*** (0.0518)	0.2899 (0.8178)
dist	-1.4120*** (0.3672)	-0.0773 (0.2842)	-1.1325* (0.6633)	-1.1314*** (0.2964)	-0.2358 (4.7927)
$free_i$	-2.2166 (1.3664)	-2.0356** (0.7929)	-3.7860** (1.9047)	-0.1858 (0.8668)	-9.7596 (11.2377)
$free_j$	-0.1729** (0.0760)	-0.0864 (0.0684)	-0.0943 (0.1620)	-0.2227*** (0.0702)	0.7545 (1.0665)
patent	-0.0514 (0.0513)	-0.0776 (0.0505)	0.2402** (0.0960)	-0.1438*** (0.0481)	-0.2165 (0.6004)
FTA	-0.0341* (0.0187)	-0.0356* (0.0193)	-0.0595 (0.0405)	-0.0220 (0.0183)	0.1209 (0.3052)
shock	-0.1378*** (0.0488)	-0.3609*** (0.0278)	0.1974** (0.0837)	-0.0793* (0.0444)	-1.3494** (0.6229)
language	-1.7998*** (0.4414)	-0.0186 (0.3304)	-1.5598** (0.7575)	-1.4789*** (0.3345)	-1.0190 (5.3857)
region	-1.7091*** (0.4312)	-0.0847 (0.3274)	-1.4424* (0.7573)	-1.3735*** (0.3369)	-0.7886 (5.4413)
Constant	28.3823*** (8.9949)	26.8490*** (4.6582)	19.2594 (12.2175)	14.2764*** (5.1989)	100.0797 (70.4318)
国家固定效应	Yes	Yes	Yes	Yes	Yes
年份固定效应	Yes	Yes	Yes	Yes	Yes
Obs	400	400	400	400	400
R^2	0.7405	0.8372	0.5989	0.8299	0.4865

注：（1）括号内为稳健标准误；（2）***、**、*分别表示1%、5%、10%的显著性水平。

5.3 本章小结

目前，虽然已有大量文献研究政府研发政策对出口的影响，也有部分文献关注贸易政策不确定性对出口的影响，但缺乏将贸易政策不确定性、政府研发补贴和出口放在一个统一框架下研究的文章。本章立足于当前全球贸易政策不确定性不断加大这一现实环境，着重探讨在这一环境下中国政府研发补贴对高技术产品出口的影响，探究政府的研发补贴在不确定的环境中发挥的作用。

研究结果表明，中国政府的研发补贴对高技术产品出口市场份额起到积极促进作用，这一促进作用主要表现为高技术产品出口扩展边际和数量边际的提高。政府研发补贴对出口产品质量的影响也是积极的，但对出口价格边际具有显著抑制作用。全球贸易政策不确定性的加大对中国高技术产品出口市场份额的提高起到抑制作用，这一抑制作用主要表现为高技术产品出口扩展边际和数量边际的下降。贸易政策不确定性对出口产品质量和出口价格边际的负向影响并不明显。在贸易政策不确定性增强时，政府研发补贴能够有效缓解贸易政策不确定性对高技术产品出口市场份额、出口种类和数量的消极影响。进一步分析上述影响的异质性，参考世界银行的界定标准，将目的国（地区）按收入水平划分为高收入国家（地区）和中等收入国家（地区），研究发现，相比中等收入国家（地区），中国对高收入国家（地区）出口的高技术产品种类受研发补贴的影响更显著。中国对高收入国家（地区）的出口数量受全球贸易政策不确定性的影响更强烈。研发补贴更有利于缓解全球贸易政策不确定性对中国出口到中等收入国家（地区）市场份额和产品数量的不利影响。以 2008 年国际金融危机为界，检验国际金融危机对于本文研究结论的影响，研究发现国际金融危机之前，研发补贴对于减弱全球贸易政策不确定性对出口发展的消极影响并不明显。而在国际金融危机之后，研发补贴可以有效缓解贸易政策不确定性对出口数量和出口产品质量的消极影响。最后，通过动态面板回归和工具变量法降低模型的内生性，并且通过更换变量、去除极端值等多种稳健性检验方法验证了上述结论的可靠性。

以上研究结论说明要实现中国高技术产业的转型升级，推动高技术产品出口高质量发展，不仅应该重视政府研发补贴政策对高技术产品出口发展的积极影响，还应该考虑贸易政策不确定性加剧的客观环境。在这一趋势下，中国能做的是以技术创新这一不变应对万变，加强国内经济政策的稳定性，更好地健全国内研发政策激励机制、知识产权保护机制，提高自主创新能力，才能减弱贸易政策不确定性对中国出口的冲击，从而保证研发补贴作用于出口升级的有效性。

第6章

贸易政策不确定性下研发补贴对高技术产品出口发展的实证研究
——基于企业层面

为了能更全面地分析贸易政策不确定环境下政府研发补贴对出口发展的影响，本章从企业这一微观层面深入探析三者间的影响效应。由宏观到微观的转变，使得研究结论更具现实意义。本章基于中国工业企业和海关2000~2007年的出口数据，实证检验贸易政策不确定性和政府研发补贴对出口发展的影响，以期从企业层面提出更具针对性和可行性的政策建议。

6.1 研究设计

6.1.1 模型构建

为检验第4章所提出的假设，实证部分设定以下三种回归模型。(1) 模型 (6.1) 用于检验政府研发补贴对高技术企业出口发展的影响；(2) 模型 (6.2) 用来检验贸易政策不确定性对高技术企业出口发展的影响；

（3）模型（6.3）综合考虑研发补贴与贸易政策不确定性，以检验贸易政策不确定性下政府研发补贴的有效性。

$$\ln Y_{ft} = \alpha_0 + \alpha_1 \ln RDSub_{ft} + \varphi_1 \cdot Z + \nu_{indus} + \nu_{region} + \nu_{year} + \varepsilon_{ft} \quad (6.1)$$

$$\ln Y_{ft} = \beta_0 + \beta_1 \ln TPU_{ht} + \varphi_2 \cdot Z + \nu_{indus} + \nu_{region} + \nu_{year} + \varepsilon_{ft} \quad (6.2)$$

$$\ln Y_{ft} = \gamma_0 + \gamma_1 \ln RDSub_{ft} + \gamma_2 \ln TPU_{ht} + \gamma_3 \ln RDSub_{ft} \times \ln TPU_{ht} + \varphi_3 \cdot Z + \nu_{indus} + \nu_{region} + \nu_{year} + \varepsilon_{ft} \quad (6.3)$$

其中，f 表示企业，h 表示行业，t 表示年份。被解释变量 Y 表示出口发展指标，包括企业出口边际（进入边际 *exportdummy*、扩展边际 *EM* 和集约边际 *IM*）和出口产品质量（*quality*）；*TPU* 表示贸易政策不确定性，*RDSub* 表示研发补贴；Z 表示控制变量，包括企业规模（*size*）、企业年龄（*age*）、劳动生产率（*tfp*）、融资约束（*finance*）、市场竞争程度（*hhi*）、资本密集度（*kl*）和工资水平（*wage*）；ν_{indus}表示行业固定效应；ν_{region}表示省份固定效应；ν_{year}表示年份固定效应。α、β、γ 代表自变量回归系数，φ 代表控制变量回归系数，ε 为残差项。

6.1.2 变量的解释说明

1. 被解释变量：出口发展指标（Y）

本章对高技术产品出口发展的研究主要从出口贸易边际（出口进入边际、出口扩展边际、出口集约边际）和出口产品质量两大维度展开。

（1）出口贸易边际。

鉴于本章从企业层面研究出口发展，对于出口增长的分解不同于第5章，本章重点考察企业出口行为、出口市场的数量和份额。参考杨连星等（2015）的方法，本章将企业层面的贸易边际定义为进入边际、出口扩展边际和出口集约边际。进入边际（*exportdummy*）用以表示企业是否出口高技术产品，如果企业在样本观测年度发生出口行为，则将进入边际设置为1；否则，进入边际为0。如果企业出口之后发生退出，则该企业在退出年份的进入边际为0。出口集约边际表示已出口企业在出口数量上的增长，出口扩展边际表示已出口企业在出口产品种类上的增长及企业出口市场的开拓。为了全面考虑企业出口扩展边际和集约边际的动态，采用产品—国家对的价格作为加权权重，将公式定义如下：

$$V_{ft} = \left(\sum_{n=1}^{k} \frac{p_{fn,\omega jt}}{\sum p_{fn,\omega jt}} exportvalue_{fn,\omega jt}\right) \times \left(\sum_{n=1}^{k} \frac{p_{fn,\omega jt}}{\sum p_{fn,\omega jt}} exportsum_{fn,\omega jt}\right) \tag{6.4}$$

上式中 V_{ft} 指企业 f 在第 t 年的出口总额，公式前半部分表示出口集约边际，后半部分表示出口扩展边际。$exportvalue_{fn,\omega jt}$ 指 f 企业在 t 年出口产品—国家对的平均出口额，通过2000年为基期的各行业工业品出厂价格指数将名义平均出口额调整为实际值。$exportsum_{fnfn,\omega jt}$ 指 f 企业在 t 年出口产品—国家对的数量。n 指 f 企业在 t 年的产品—国家对数量，$p_{fn,\omega jt}$ 指 f 企业在 t 年不同产品—国家对的出口价格，下标 ω 和 j 分别表示不同产品和不同出口目的地。

（2）出口产品质量。

参考哈尔拉克和希瓦达桑（2009）、施炳展等（2013）以及王明涛和谢建国（2019），利用产品需求函数反向推理得到出口高技术产品的质量信息。消费者效用水平不仅取决于消费产品的数量，还取决于消费产品的质量。参考哈尔拉克和希瓦达桑（2009）研究中的模型设定消费者偏好满足CES效用函数形式，表示如下：

$$U_{\omega jt} = \left[\int_{\omega\in\Omega} (\lambda_{\omega jt} q_{\omega jt})^{\frac{\sigma-1}{\sigma}} \mathrm{d}\omega\right]^{\frac{\sigma}{\sigma-1}} \tag{6.5}$$

式（6.5）中，j 表示进口国，ω 代表进口国消费的产品，$\lambda_{\omega jt}$ 表示出口至 j 国的产品质量，$q_{\omega jt}$ 表示出口到 j 国的产品数量，σ 表示产品种类间替代弹性（$\sigma>1$）。这一效用函数对应的产品价格指数可表示为：

$$P_{\omega jt} = \left[\int_{\omega\in\Omega} \left(\frac{p_{\omega jt}}{\lambda_{\omega jt}}\right)^{1-\sigma} \mathrm{d}\omega\right]^{\frac{1}{1-\sigma}} \tag{6.6}$$

预算约束：

$$\int_{\omega\in\Omega} (p_{\omega jt} q_{\omega jt}) \mathrm{d}\omega = Y_j \tag{6.7}$$

其中，Y_j 表示消费者收入水平。

通过求解效用最大化能够得到产品需求函数：

$$q_{\omega jt}=\lambda_{\omega jt}^{\sigma-1}p_{\omega jt}^{-\sigma}P^{\sigma-1}Y_j \tag{6.8}$$

将式（6.8）两端同时取对数，可得：

$$\ln q_{\omega jt}=(\sigma-1)\ln\lambda_{\omega jt}+(-\sigma)\ln p_{\omega jt}+(\sigma-1)\ln P+\ln Y_j \tag{6.9}$$

上式可以简化为：$$\ln q_{\omega jt}=\varepsilon+\phi_h+\phi_d \tag{6.10}$$

其中，由于不同类别的产品在价格和数量方面不一定具有可比性，因此 ϕ_h 这一产品固定效应根据产品固有的特性反映不同高技术产品在价格和需求量方面的差异，ϕ_d 这一国家—年份固定效应反映了进口国的消费者价格指数和收入水平。残差 $\varepsilon=(\sigma-1)\ln\lambda_{\omega jt}$ 包含了出口产品质量信息，通过 OLS 回归得到残差项，然后计算其与（$\sigma-1$）的比值可以求得每个“企业—产品—进口国—年份”观测值的质量：

$$\lambda_{\omega jt}=\frac{\varepsilon}{\sigma-1} \tag{6.11}$$

关于替代弹性 σ 的取值，伊顿和考图（Eaton & Kortum，2002）、安德尔森和范·温库普（Anderson & Van Wincoop，2004）研究认为 σ 的取值处于 5 到 10 的区间内，布罗达等（Broda et al.，2006）、樊等（2015）将 σ 分别取值 5 和 10。本章以 σ 取值 10 测算出口产品质量。

为了获得每年每个企业对各个目的国出口每种产品的标准质量指标，首先对（6.11）式进行如下标准化处理：

$$squality_{ij\omega t}=\frac{quality_{ij\omega t}-\min(quality_{ij\omega t})}{\max(quality_{ij\omega t})-\min(quality_{ij\omega t})} \tag{6.12}$$

其中，max*quality* 表示产品 ω 的出口质量最大值，min*quality* 则代表产品 ω 的出口质量最小值。*squality* 这一指标属于［0，1］范围，且无度量单位，可以通过对不同层面产品质量的加总，从而进行不同层面上的比较，如不同行业、不同地区等。

企业层面出口产品质量的计算公式为：

$$quality_{it}=\sum_{\Omega}\frac{Value_{ij\omega t}}{\sum_j Value_{i\omega t}}\times squality_{ij\omega t} \tag{6.13}$$

式（6.13）中，$Value_{ij\omega t}$表示企业 i 在 t 年出口产品 ω 到目的地 j 的贸易额，Ω 表示所要研究的层面中全部产品种类的集合，$quality$ 代表企业层面的质量水平。

关于出口产品质量的测度，首先从匹配好的工业企业数据库和海关进出口数据库中整理出2000～2007年共11 947家高技术企业的848 394条样本数据，将产品贸易额和数量按照“企业—年份—国家—产品”维度加总求和，然后按照（6.10）式求出残差，再根据公式（6.12）便可以测算出产品质量，最后根据（6.13）将产品质量加总到企业层面。

2. 解释变量：贸易政策不确定性（*TPU*）

汉德雷和利茅（2014）、钱学锋和龚联梅（2017）、余智（2019）等认为关税可以衡量贸易政策不确定性。王璐航和首陈霄（2019）用关税差表示关税不确定性，关税差具体指普通关税和MFN关税间的差距，关税差越大表示关税变动的不确定性越高。郭晶和周玲丽（2019）利用关税计算得到出口层面的贸易政策不确定性指标。周定根等（2019）用中国“入世”前的贸易政策不确定性减去入世后的贸易政策不确定性反映贸易政策不确定的变化。本章选择约束关税与实际关税间的差额衡量贸易政策不确定性，并将其加总到行业层面。

中国加入WTO后，贸易政策不确定性明显下降，激励了更多潜在企业进入出口市场，对出口扩展边际增长（Feng et al.，2017）和集约边际增长（Shepotylo & Stuckatz，2017；钱学锋和龚联梅，2017）起到显著促进作用。同时，贸易政策环境的改善有助于企业通过技术创新提高生产率，从而提升出口质量水平。因此，预期贸易政策不确定性与进入边际、扩展边际、集约边际和出口产品质量均为负相关关系。

3. 解释变量：政府研发补贴（*RDSub*）

有效的研发补贴政策有利于促进出口发展（苏振东等，2012；许和连等，2017）。研发补贴不仅为高科技企业的技术创新分担风险（Hussinger，2008；伍健等，2018），还为企业提供直接资金援助以及通过信号机制间接缓解融资约束（Meuleman & Maeseneire，2012；傅利平和李小静，2014），为企业出口和创新活动提供支持（李世奇和朱平芳，2012；鲁小东，2015），对企业出口决策起到积极推动作用，有利于促进出口扩展边际和集约边际。企业的研发投入也可能因补贴额度的增加而增加，从而对出口产品质量升级起到促进作用（张洋，2017）。但信息不对称、寻租等因素可能会降低补贴效率，从而不利于企业出口（安同良等，2009）。研发补贴也有可能间接提高研发要素的价格或挤出私人研发投资，最终影响企业研发积极性（Goolsbee，1998）。本章将对政府研发补贴政策影响高技术产品出口发展的效果加以考察，选择研发补贴指标衡量。企业层面采用《中国工业企业数据库》中的补贴数据，考虑到高技术产品的补贴主要用于研发领域，因此直接采用总体补贴额指代研发补贴。本节分别采用两种形式将这一数据代入模型中，第一种是补贴额的对数；第二种形式在模型中加入企业是否获得补贴的虚拟变量。

4. 控制变量（Z）

（1）企业规模（*size*）。

企业规模越大，越有可能通过规模经济降低生产成本，从而降低产品出口价格。规模大的企业有能力承担出口所需固定成本，且有能力承担和应对出口环境的不确定性与高风险，因此有利于高技术产品出口规模的扩大。同时，规模大的企业有充足的资源投到研发领域（陈玲和杨文辉，2016），通常愿意并且能够承担产品创新过程中的成本与风险（曹献飞等，2018），因此大企业研发能力和吸收能力更强，从而有利于提高出口产品的扩展边际和质量。规模小的企业缺乏资源、研发实力较弱，难以有效学习和掌握国外先进的技术，出口学习效应也较弱，从而创新积极性不高，最终难以推动出口发展。但也有学者指出，企业的规模越大越难以管理，盲目追求规模的扩张有可能降低企业生产率，抑制企业创新（彭馨和蒋为，2019），而小规模企业在创新活动中更具灵活性（顾夏铭等，2018）。因此，企业规模对出口发展的影响存在不确定性。本章选择企业资产总额的对数值衡量企业规模。

（2）企业年龄（*age*）。

企业成立年限越长，意味着经验更丰富（Gonzalez & Pazo，2008）。较之刚成立的企业，年久的企业在应对不确定的环境、获得补贴以及研发和出口活动等方面都更有经验。并且，创新活动具有持续性，年长企业在创新过程中形成完善的创新机制，更有利于创新能力的提升。但毛其淋和盛斌（2013）、郭晶和周玲丽（2019）认为年龄大的企业也存在诸多问题，如硬件设备老化、历史遗留债务问题等。相反，年轻企业可能更有创新的动力和活力，因为刚成立的企业为了提高竞争力，需要加大研发投入。由此可见，企业年龄这一变量对出口发展的影响需要进一步确定。参考毛其淋和许家云（2015）的方法，该指标采用样本观测年度减去企业成立年份表示。

（3）全要素生产率（*tfp*）。

生产率越高的企业，越容易出口。出口企业进入国外市场需支付进入成本和可变贸易成本，劳动生产率最低的企业将退出市场，中游生产率水平的企业仅服务国内市场，只有较高生产率的企业能够产生更多可变利润支付这一成本（余智，2015），因此更倾向于出口。企业生产率水平越高，出口扩展边际和数量边际越高。较高的生产率降低生产可变成本，产品出口价格通常会降低。因此，预期生产率与企业出口扩展边际、数量边际和质量成正比，与出口价格成反比。参考彭馨和蒋为（2019）的方法，采用LP方法估计*tfp*，工业增加值使用产出平减指数平减后的实际值，解释变量分别为经投入平减指数平减后的固定资产净值年平均余额、从业人员年平均数量和中间品投入。

（4）融资约束（*finance*）。

企业出口需支付进入市场的成本及出口固定成本，融资约束程度高的企业缺少充足的资金支持出口活动，且难以扩大生产规模，因此会抑制出口扩展边际和集约边际。穆索和夏沃（Musso & Schiavo，2008）的研究证实了更容易获得外部资金的企业退出市场的概率降低。查尼（Chaney，2013）认为融资约束小的企业有能力支付沉没成本，从而出口可能性更高。可见，融资约束影响着企业的出口和退出决策。创新活动同样易受融资约束的影响（Hall et al.，2015），融资约束意味着企业进行研发创新的资金来源受限，融资约束高的企业较难开展研发领域的投资，因而不利于出口产品质量的提高。借鉴张倩肖、冯雷（2018）及陈鑫霞、朱晶（2019）的研究，采用SA指数表示融资约束，公式 $SA = -0.737 \times size + 0.043 \times size^2 - 0.04 \times age$，这一比值越大，表示企业融资约束程度越小。

（5）市场竞争程度（*hhi*）。

市场竞争在企业研发活动中发挥着重要作用，但其作用效果尚不确定。一方面，市场竞争对企业出口发展具有促进作用，激烈的竞争有利于通过激励企业创新促进出口发展；另一方面，竞争也会起到阻碍创新的作用，若竞争产生的熊彼特效应占据主导，那么竞争可能因为压缩了利润空间而抑制创新（张杰等，2015），也可能因为落后企业的淘汰而削弱剩余企业的创新动力，从而阻碍出口发展。参考鲁晓东（2015）、张杰和郑文平（2017）的研究，采用赫芬达尔—赫希曼指数计算企业在各行业中的市场竞争程度。该指数是将所有单个企业规模占总规模之比的平方项加总求和得到。HHI数值越低，表示市场竞争程度越高。具体计算公式如下：

$$HHI = \sum_{i=1}^{N} \left(\frac{X_i}{X}\right)^2 \tag{6.14}$$

其中，X_i 表示单个企业的销售收入，X 指全部企业的销售收入之和。

（6）资本密集度（*kl*）。

要素禀赋论认为一国会出口密集使用丰裕要素的产品。中国作为劳动力要素丰裕的国家，在出口劳动密集型产品方面具有比较优势。资本密集度高代表企业拥有的设备数量多，有利于通过改进技术提高产品创新，从而提高企业出口边际和出口质量。参考许家云和毛其淋（2019），采用经固定资产投资价格指数平减后的企业固定资产与从业人员数的比值表示，并对其取对数。

(7) 工资水平 (*wage*)。

工资水平的高低可以体现企业劳动力的质量。通常来说，企业的工资水平越高代表劳动力质量较高。工资高的企业有利于吸引优秀劳动力加入，从而有利于提高企业的生产效率。因此，高的工资水平会促进企业出口。但是，高工资水平同样意味着高的生产成本，可能会对企业的出口决策以及出口规模等产生消极影响。本章参考刘晓宁和刘磊（2016）的研究，以应付工资和福利费与雇员人数之比衡量企业的工资水平。

另外，为控制难以观察到的固定效应的影响，本章在模型（6.1）至（6.3）中均加入行业、省份、年份等虚拟变量。主要变量的解释说明和描述性统计见表6-1、表6-2。

表6-1　变量的解释说明

变量类型	变量名称	变量代码	变量测度
被解释变量	进入边际	*exportdummy*	企业进入出口市场，取值1；否则，取0
	出口集约边际	*IM*	企业 i 的产品-国家对的实际平均出口额
	出口扩展边际	*EM*	企业 i 每年的产品-国家对数量
	出口产品质量	*quality*	通过需求函数反推产品质量
解释变量	贸易政策不确定性	*TPU*	约束关税与实际关税之差
	研发补贴	*RDSub*	补贴额度的对数
控制变量	企业规模	*size*	企业年末总资产的自然对数
	企业年龄	*age*	观测年度-成立年份
	全要素生产率	*tfp*	LP 方法
	融资约束	*finance*	SA 指数
	资本密集度	*kl*	固定资产净值/员工年平均数
	市场竞争程度	*hhi*	赫芬达尔-赫希曼指数
	工资水平	*wage*	应付工资与员工人数之比

表 6－2　　高技术企业与非高技术企业主要变量的描述性统计

变量	高技术企业			非高技术企业		
	样本量	均值	标准差	样本量	均值	标准差
exportdummy	37 204	0.8408	0.3659	260 260	0.8173	0.3865
EM	37 204	2.1498	1.3621	260 260	2.1409	1.2614
IM	37 204	11.5979	1.9951	260 260	11.1672	1.5575
quality	36 672	－0.5834	0.5992	256 798	－0.5308	0.4872
TPU	37 204	3.8400	2.3121	223 942	5.6040	8.8724
RDSub	37 194	0.6648	1.5741	260 137	0.5636	1.3634
size	37 191	8.8865	1.5671	260 171	8.2479	1.4098
age	37 204	8.3463	7.7178	260 225	8.3018	7.7178
tfp	33 505	7.9279	1.2722	234 500	7.8640	1.1052
finance	37 191	－3.3819	0.3395	260 136	－3.4001	0.3262
kl	33 510	－2.9030	1.3400	234 549	－3.0987	1.3826
hhi	37 204	0.0233	0.0316	260 260	0.0003	0.0021
wage	33 612	2.7749	2.6262	235 305	2.1885	2.0703
企业数量（比例）	11 947（12.73%）			81 926（87.27%）		
出口企业获补贴数量（比例）	3 885（32.52%）			26 586（32.45%）		

资料来源：作者根据 Stata 整理所得。

表 6－2 是关于高技术企业主要变量的描述性统计分析，同时列出非高技术企业作为对照。从表中可看出，无论在被解释变量、解释变量还是控制变量方面，高技术企业的均值都高于非高技术企业。高技术企业获得补贴的均值为 0.6648，非高技术企业获得补贴的平均值为 0.5636，可见，政府对高技术企业的平均扶持力度更大。通过贸易政策不确定性的均值可以看出，相较非高技术企业，高技术企业受到不确定性的影响较小。经过数据处理后的样本包括 11 947 家高技术企业，占比 12.73%；81 926 家非

高技术企业，占比87.27%。其中，高技术出口企业中有3 885家获得政府补贴，占比达到32.52%。

6.1.3　数据来源与数据处理

本章研究数据主要来源于《中国工业企业数据库》《中国海关进出口数据库》、CEPII BACI数据库、WDI数据库和WITS数据库。数据整理的重点在于数据处理环节，为保证数据的准确性，应该先对数据库中原始数据进行处理。本章参考毛其淋和许家云（2015）的方法，对《中国工业企业数据库》中的数据进行如下处理：（1）保留状态显示为营业的企业；（2）剔除工业销售产值、出口值、增加值、实收资本、固定资产和销售收入小于0或缺失的企业；（3）剔除从业人员数小于8人的企业；（4）剔除异常数据，如固定资产和净资产大于总资产，累计折旧小于折旧的样本，开业年份比12月晚或比1月早的数据；（5）删除企业成立年份小于1949且成立时间小于0的样本。对《中国海关进出口数据库》按照以下步骤处理原始数据：（1）将月度海关数据整理为年度数据；（2）删除企业名称、进口国及产品名称等信息缺失的样本；（3）删除名称重复的企业；（4）删除贸易额低于50美元的样本、删除出口数量少于1单位的样本；销售额低于出口额；（5）参考樊等（2015）的方法，将海关HS8位产品编码加总到HS6位产品。最后，参考余（Yu，2015）的方法将上述两个数据库合并。

2000～2001年间的产品代码为HS1996版本，2002～2006年的产品代码为HS2002版本，2007年的数据对应的是HS2007版本的产品编码，本章根据产品代码转换表，将三种版本的HS6位产品代码统一为HS1996版，从而可以保证产品分类的一致。鉴于2003年中国开始实施新的《国民经济行业分类》标准，文章参考布兰德特等（Brandt et al.，2012）提供的行业代码转换表将行业四位代码进行了调整。最终，从匹配好的样本中筛选出11 947家高技术企业，共37 204条样本。

6.2 模型检验与实证结果分析

关于模型的选择，首先比较混合回归和固定效应模型，进入边际、扩展边际、集约边际和出口产品质量四个固定效应模型 F 检验的 p 值均为 0.0000，认为固定效应优于混合回归。其次，比较混合回归模型和固定效应模型，LM 检验显示拒绝原假设，即在二者之间选择随机效应模型。最后，比较固定效应和随机效应模型，xtoverid 命令通过 p 值为 0.0000 判断固定效应优于随机效应。此外，检验年度虚拟变量的联合显著性后，本节认为应该在模型中考虑时间效应。

6.2.1 基准模型分析

1. 研发补贴对企业高技术产品出口发展的影响

（1）基准回归结果。

表 6－3 是政府研发补贴对高技术产品出口发展的回归结果。其中，模型 1 至模型 4 的被解释变量分别是进入边际、扩展边际、集约边际以及出口产品质量。回归结果均控制了行业、省份和年份固定效应。

表 6－3　　政府研发补贴对高技术产品出口发展的影响

变量	进入边际	扩展边际	集约边际	出口产品质量
	模型 1	模型 2	模型 3	模型 4
RDSub	0.0030** (0.0014)	0.0251*** (0.0050)	－0.0965*** (0.0065)	－0.0088*** (0.0019)
size	0.0146*** (0.0030)	0.1342*** (0.0095)	0.1713*** (0.0131)	－0.0098** (0.0046)

续表

变量	进入边际	扩展边际	集约边际	出口产品质量
	模型 1	模型 2	模型 3	模型 4
age	0.0026 *** (0.0006)	0.0143 *** (0.0023)	0.0027 (0.0031)	0.0038 *** (0.0009)
tfp	0.0131 *** (0.0032)	0.3160 *** (0.0101)	0.4634 *** (0.0146)	0.0925 *** (0.0045)
kl	-0.0061 *** (0.0023)	-0.0966 *** (0.0074)	0.1075 *** (0.0109)	0.0207 *** (0.0039)
finance	0.0105 (0.0127)	0.3519 *** (0.0524)	0.6055 *** (0.0691)	0.0118 (0.0195)
hhi	-0.2474 ** (0.1214)	1.0714 *** (0.3941)	-2.9550 *** (0.5244)	-0.4195 *** (0.1562)
wage	-0.0044 *** (0.0010)	-0.0196 *** (0.0030)	-0.0337 *** (0.0069)	-0.0075 *** (0.0015)
Constant	0.6208 *** (0.0520)	-0.7417 *** (0.1986)	8.9767 *** (0.2625)	-1.1062 *** (0.0837)
行业固定效应	Yes	Yes	Yes	Yes
省份固定效应	Yes	Yes	Yes	Yes
年份固定效应	Yes	Yes	Yes	Yes
Obs	33 495	33 495	33 495	33 000
R^2	0.0661	0.2209	0.3161	0.0505

注：(1) 括号内为稳健标准误；(2) ***、**、* 分别表示1%、5%、10%的显著性水平。

从进入边际的回归结果可看出，政府研发补贴对企业进入边际起到显著的促进作用，意味着获得研发补贴的企业更加倾向于出口高技术产品。政府研发补贴相当于为企业承担了部分风险，不仅可以为出口企业提供直接的资金支持，还会作为信号使企业间接获得外部融资，从而起到鼓励企业出口的作用。企业规模、年龄及企业生产率对于是否参与出口也起到显著的正向影响。规模大的企业有充足的资源和能力承担出口活动的成本与风险。成立时间久的企业在应对不确定的环境以及出口活动等方面都更有经验。出口企业进入国外市场需支付进入成本和可变贸易成本，只有较高生产率的企业能够产生更多可变利润支付这一成本，因此，生产率越高的企业越倾向于出口。融资约束对进入边际的影响不显著，但符号为正，表明融资约束小的企业有能力支付沉没成本，从而出口可能性更高。市场竞争程度数值越小表示竞争越激烈，其与企业参与出口呈负向关系，表明竞争环境越激烈，企业越倾向于出口高技术产品。工资水平以及资本密集度对企业出口决策的影响为负。

从扩展边际的回归结果可看出，政府研发补贴对出口扩展边际的积极影响通过了1%的显著性检验，表明政府研发补贴起到了促进高技术产品出口扩展边际的作用。企业的规模、年龄和生产率对于出口扩展边际同样起到显著的正向影响。融资约束与出口扩展边际正相关，说明受融资约束小的企业更有利于其扩展边际的提升。对于出口企业，市场竞争程度对扩展边际起到抑制作用，竞争越激烈越不利于企业实现出口目的地市场的多样化。工资水平以及资本密集度对企业出口扩展边际产生抑制作用。

从集约边际的回归结果可看出，政府研发补贴对集约边际的影响为负，即研发补贴越多的企业平均出口额越少，政府补贴并不利于企业高技术产品出口额的增加。企业规模和生产率水平对出口集约边际起到促进作用，企业规模和生产率水平的提高有利于出口规模的扩大。企业年龄对出口集约边际的影响不大，表明企业扩大出口规模不受年龄的影响。资本密集度高的企业更有利于提高出口集约边际。企业的融资约束小说明其融资能力强，有利于出口集约边际的提高。行业竞争的加剧有利于高技术产业出口集约边际的提高。工资水平的上升并未起到促进企业扩大出口集约边际的效果。

从出口产品质量的回归结果可看出，政府研发补贴对出口产品质量的影响为负，表明在样本期间内，政府补贴并未起到促进出口产品质量的作用，反而因为寻租、信息不对称等因素降低了补贴的效率，抑制了企业创新的积极性，从而降低了出口产品质量。企业的规模越大越难以管理，盲目追求规模的扩张有可能降低对产品质量的追求。企业年龄对出口产品质量具有正向影响，说明年长企业在创新过程中形成完善的创新机制，更有利于创新能力的提升，从而更易提高出口质量。生产率高的企业出口产品质量也较高。资本密集度也对出口质量起到积极促进作用。企业的融资约束对出口产品质量的影响方向为正但不显著，说明高技术产品出口质量受融资约束的影响不明显。对于出口企业，市场竞争程度能够对出口质量起到促进作用，竞争越激烈，企业越倾向于向质量提升这一方向发展，通过质量提高市场竞争力。

综合上述研究结果，在样本期间内政府研发补贴有利于促进企业参与出口市场，并对出口扩展边际的提升起到了积极的促进作用，对于出口集约边际和出口产品质量的提升却具有抑制作用。

（2）倾向得分匹配法。

①模型设定。

考虑到政府研发补贴与企业出口发展间存在内生性问题，获得补贴的企业与未获得补贴的企业初始条件并不完全相同，存在选择偏差，而倾向得分匹配（PSM）方法能够降低样本选择偏误对实证结果的影响（许家云和毛其淋，2019），本节通过 PSM 方法进一步考察政府研发补贴对企业出口绩效的作用效果。PSM 方法的研究思路是将获得补贴的企业归属为处理组，在未获得补贴的控制组中找到与处理组样本 i 可测变量取值尽可能相似的样本 j，比较处理组和控制组的出口发展差异便可清楚看出获得补贴的企业与出口发展间的因果效应，有利于正确评价政府补贴政策的影响效果。以虚拟变量 $D_i=\{0,1\}$ 表示企业是否获得补贴，获得补贴的企业为处理组，$D_i=1$；未获得补贴的企业为控制组，$D_i=0$。将企业出口发展记为 y_i，y_{1i}表示获得补贴企业的出口发展，y_{0i}表示未获得补贴时的出口发展，Δy 表示企业获得补贴前后两时期的出口发展变化。政府研发补贴对企业出口发展的影响效应可表示为：

$$\Delta y=E(y_{1i}-y_{0i}\mid D_i=1)=E(y_{1i}\mid D_i=1)-E(y_{0i}\mid D_i=1) \quad (6.15)$$

$E(y_{1i}\mid D_i=1)$ 可理解为获得补贴企业的出口发展，$E(y_{0i}\mid D_i=1)$ 可理解为已获得补贴的企业在获得补贴之前的出口发展，基于这一事件为反事实，可以采用未获得补贴企业的出口发展代替，进而公式（6.15）的影响效应可以表示为：

$$\Delta y = E(y_{1i} - y_{0i} \mid D_i = 1) = E(y_{1i} \mid D_i = 1) - E(y_{0i} \mid D_i = 0)$$
$$- \{E(y_{0i} \mid D_i = 1) - E(y_{0i} \mid D_i = 0)\} \tag{6.16}$$

由于出口发展水平高的企业更易获得政府补贴，因此 $E(y_{0i} \mid D_i = 1) - E(y_{0i} \mid D_i = 0)$ 通常大于0，PSM 通过控制系列协变量以确保未获得补贴的企业特征与企业获得补贴前的特征高度近似，即 $E(y_{0i} \mid D_i = 1)$ 近似于 $E(y_{0i} \mid D_i = 0)$。

倾向得分 $P = P(D_i = 1 \mid x = x_i)$ 表示企业获得补贴的条件概率，PSM 方法根据协变量 x 对处理组和对照组样本的 P 值进行匹配。如果通过这一方法可以为每个处理组样本找到相匹配的对照组样本，且数据满足平衡性要求，则可证明匹配是有效的。本章参考苏振东等（2012）和周康（2015）的方法，主要采用最近邻匹配、核匹配方法，选择的协变量包括：企业规模（*size*）、企业年龄（*age*）、企业全要素生产率（*tfp*）、资本密集度（*kl*）、工资水平（*wage*）、国有企业虚拟变量（*soe*）、外资企业虚拟变量（*foreign*）。表 6－4 是对处理组和控制组两类企业主要变量的描述性统计。

表 6－4　　获得补贴与未获补贴企业间主要变量的比较

变量	整体		未获得补贴的企业		获得补贴的企业	
	样本量	均值	样本量	均值	样本量	均值
进入边际	37 204	0.8408	22 141	0.8209	15 063	0.8700
出口扩展边际	37 204	2.1498	22 141	1.9817	15 063	2.3968
出口集约边际	37 204	11.5979	22 141	11.7500	15 063	11.3743
出口产品质量	36 661	-0.5617	21 729	-0.5677	14 932	-0.5531
企业年龄	37 204	8.3463	22 141	7.3101	15 063	9.8693
企业生产率	33 505	7.9279	20 078	7.8696	13 427	8.0152
企业规模	37 191	8.8865	22 132	8.7347	15 059	9.1095
融资约束	37 191	-3.3819	22 132	-3.3493	15 059	-3.4298
企业利润率	37 170	0.0301	22 115	0.0211	15 055	0.0434
资本密集度	33 510	-2.9030	20 082	-2.9834	13 428	-2.7828

续表

变量	整体		未获得补贴的企业		获得补贴的企业	
	样本量	均值	样本量	均值	样本量	均值
市场竞争	37 204	0.0002	22 141	0.0002	15 063	0.0003
企业数量占比	11 947（100%）		8 062（67.48%）		3 885（32.52%）	
国有企业占比	914（7.65%）		383（4.75%）		531（13.67%）	
外资企业占比	5 684（47.58%）		4 391（54.47%）		1 293（33.28%）	

在 2000 ~ 2007 年间，从未获得补贴的企业 8 062 家，占比 67.48%，获得补贴的企业 3 885 家，占比 32.52%。从表 6 - 4 可知，在是否出口、出口扩展边际、出口产品质量、企业生产率、企业规模、企业年龄、企业利润率方面，获得补贴的企业均比未获得的企业高。在融资约束方面，获补贴的企业也较高，数值越高表示融资约束状况越紧张，因此获得补贴的企业所受融资约束较低。

②实证结果分析。

首先采用 Logit 方法估计倾向得分，然后按照最近邻匹配方法得出处理效应 ATT 的值。为保证匹配结果的准确，首先对处理组和对照组进行匹配平衡性检验，检验结果见表 6 - 5。通过表 6 - 5 可知，匹配后变量的标准化偏差（% bias）小于 10%，远低于罗森鲍姆和鲁宾（Rosenbaum & Rubin，1985）提出的 20% 的标准，标准偏差的降幅均高于 40%，表示匹配后处理组的均值和控制组很接近，匹配效果较好。此外，t 检验的结果也没有拒绝处理组和控制组无系统差异的原假设，说明匹配后的处理组和控制组间不存在明显差异。综合来看，本章所选匹配变量和方法较为合适。

表 6 - 6 展示了处理组和控制组的平均处理效应结果。在进入边际方面，处理组在匹配前和匹配后均显著高于控制组企业，政府研发补贴使得高技术企业进入边际显著增加了 4.83%。就扩展边际而言，ATT 估计值为 0.2843，表示获得政府研发补贴的企业扩展边际比未获得补贴企业扩展边际高 0.2843，从补贴效应可看出，政府研发补贴促使企业出口扩展

边际提高了 11.60%。集约边际的 ATT 值为负，补贴政策导致集约边际下降了 1.30%，但其对应的 t 值为 -1.90，因此研发补贴对集约边际的负向影响通过 10% 的显著性检验。研发补贴对出口产品质量起到抑制作用，使得产品质量降低 7.49%。综合来看，在采用倾向得分匹配法减弱样本选择性偏差后，政府研发补贴对高技术企业的进入边际和扩展边际仍具有显著的促进作用，对集约边际和出口产品质量同样产生较明显的负向影响。表 6-7 是采用核匹配后的结果，与最近邻匹配所得结论基本一致，可以保证结论的可靠性。

表 6-5　　匹配平衡性检验结果

变量	处理	均值		标准偏差（%）	标准偏差减少幅度（%）	t 统计量	t 检验相伴概率
		处理组	对照组				
size	匹配前	9.4720	8.8627	37.9	91.2	13.59	0.000
	匹配后	9.4681	9.4142	3.4		0.83	0.408
age	匹配前	12.685	8.114	48.2	92.6	20.99	0.000
	匹配后	12.651	12.314	3.5		0.73	0.467
tfp	匹配前	8.1552	7.9190	18.6	72.5	6.48	0.000
	匹配后	8.1527	8.0878	5.1		1.23	0.218
kl	匹配前	-2.6049	-2.9149	24.6	93.4	8.08	0.000
	匹配后	-2.6057	-2.5853	-1.6		-0.42	0.673
wage	匹配前	2.6591	2.7814	-4.9	41.3	-1.62	0.104
	匹配后	2.6572	2.5854	2.9		0.82	0.413
soe	匹配前	0.1884	0.0641	38.1	94.9	17.20	0.000
	匹配后	0.1878	0.1815	1.9		0.41	0.682
foreign	匹配前	0.2811	0.4892	-43.8	90.1	-14.57	0.000
	匹配后	0.2813	0.2607	4.3		1.16	0.244

资料来源：根据 Stata 整理得到。

表6-6 整体样本的平均处理效果（ATT）——最近邻匹配

变量	样本	处理组	控制组	ATT	标准误	t值	补贴效应
进入边际	匹配前	0.8947	0.8399	0.0548	0.0105	5.24***	4.83%
	匹配后	0.8946	0.8534	0.0412	0.0136	3.03***	
扩展边际	匹配前	2.5315	2.1378	0.3937	0.0390	10.08***	11.60%
	匹配后	2.5320	2.2690	0.2631	0.0565	4.65***	
集约边际	匹配前	11.4020	11.6198	-0.2178	0.0573	-3.80***	-1.30%
	匹配后	11.3998	11.5494	-0.1496	0.0787	-1.90*	
出口产品质量	匹配前	-0.5072	-0.5654	0.0583	0.0175	3.33***	-7.49%
	匹配后	-0.5072	-0.5484	0.0411	0.0201	2.05***	

注：***、**、*分别表示1%、5%、10%的显著性水平。

表6-7 整体样本的平均处理效果（ATT）——核匹配

变量	样本	处理组	控制组	ATT	标准误	t值	补贴效应
进入边际	匹配前	0.8947	0.8399	0.0548	0.0105	5.24***	6.47%
	匹配后	0.8946	0.8403	0.0544	0.0089	6.08***	
扩展边际	匹配前	2.5315	2.1378	0.3937	0.0390	10.08***	16.99%
	匹配后	2.5320	2.1644	0.3677	0.0382	9.64***	
集约边际	匹配前	11.4020	11.6198	-0.2178	0.0573	-3.80***	-1.56%
	匹配后	11.3998	11.5808	-0.1810	0.0530	-3.42***	
出口产品质量	匹配前	-0.5072	-0.5654	0.0583	0.0175	3.33***	-8.61%
	匹配后	-0.5072	-0.5550	0.0478	0.0122	3.91***	

注：***、**、*分别表示1%、5%、10%的显著性水平。

2. 贸易政策不确定性对高技术产品出口发展的影响

（1）基准回归结果。

表6-8是贸易政策不确定性影响企业高技术产品出口发展的回归结果。其中，模型1的被解释变量是进入边际；模型2的被解释变量是扩展边际；模型3的被解释变量为集约边际；模型4则以出口产品质量作为被解释变量。各回归模型均控制了省份、行业和年份固定效应。

表 6-8　　贸易政策不确定性对企业高技术产品出口发展的影响

变量	进入边际	扩展边际	集约边际	产品质量
	模型 1	模型 2	模型 3	模型 4
TPU	-0.0635 *** (0.0062)	-0.0171 *** (0.0044)	0.0266 *** (0.0060)	0.0063 *** (0.0016)
size	0.1385 *** (0.0208)	0.1412 *** (0.0094)	0.1452 *** (0.0131)	-0.0122 *** (0.0046)
age	0.0232 *** (0.0054)	0.0154 *** (0.0023)	-0.0013 (0.0031)	0.0034 *** (0.0009)
tfp	0.0737 *** (0.0222)	0.3145 *** (0.0101)	0.4695 *** (0.0146)	0.0931 *** (0.0045)
kl	-0.1529 *** (0.0161)	-0.0978 *** (0.0074)	0.1138 *** (0.0110)	0.0211 *** (0.0039)
finance	0.3151 *** (0.1220)	0.3665 *** (0.0525)	0.5505 *** (0.0696)	0.0064 (0.0195)
hhi	-1.2585 *** (0.4528)	1.1509 *** (0.3906)	-3.1287 *** (0.5184)	-0.4481 *** (0.1561)
wage	-0.0318 *** (0.0058)	-0.0188 *** (0.0030)	-0.0360 *** (0.0071)	-0.0078 *** (0.0015)
Constant	0.6944 (0.4523)	-0.6757 *** (0.1994)	8.8687 *** (0.2643)	-1.1315 *** (0.0835)
行业固定效应	Yes	Yes	Yes	Yes
省份固定效应	Yes	Yes	Yes	Yes
年份固定效应	Yes	Yes	Yes	Yes
Obs	33 505	33 505	33 505	33 010
R^2	0.0683	0.2205	0.3116	0.0503

注：(1) 括号内为稳健标准误；(2) ***、**、* 分别表示 1%、5%、10% 的显著性水平。

从进入边际的回归结果可看出，贸易政策不确定性对进入边际的影响显著为负，表明贸易政策不确定性的下降会增强企业出口高技术产品的意愿。企业规模、年龄和生产率均对企业参与出口市场起到了积极影响，表明规模越大、成立时间越久、生产率越高的企业越有可能进入出口市场。融资约束的影响也在1%的水平上显著为正，意味着企业受融资约束的影响越小越倾向于参与出口。资本密集度和工资水平对企业出口高技术产品起到了阻碍作用。

从扩展边际的回归结果可看出，贸易政策不确定性对出口扩展边际的影响为负，说明贸易政策不确定性的下降对扩展边际起到明显的促进作用。企业规模的扩大、年龄的增长以及生产率的提高会对出口扩展边际起到显著促进作用。市场竞争程度也会正向提升扩展边际，表明竞争越激烈，越不利于企业出口市场的多元化。融资约束也与扩展边际正相关，拥有较强融资能力的企业，扩展边际往往越高，越倾向于扩大出口市场多元化。

从集约边际的回归结果可看出，贸易政策不确定性对出口集约边际的影响显著为正，随着贸易政策不确定性的降低，高技术产品的出口集约边际将会下降。稳定的贸易环境降低了出口沉没成本和出口活动的风险，此时等待观望的价值减少，企业将增加出口投资、增加对伙伴国的出口规模。同时，企业出口成本的下降使得出口价格降低，出口价格下降的幅度超过出口规模增加的幅度，导致整体出口额下降。企业规模和生产率同样起到显著的促进作用。企业生产率对集约边际仍然是促进作用。资本密集度对集约边际增长也起到了明显的促进作用，说明资本密集度的提升目前只起到显著促进集约边际的作用，并未对扩展边际起到积极影响。行业竞争的加剧及工资水平的提高也不利于企业集约边际的提升。融资约束小有利于企业出口集约边际的提高。

从出口产品质量的回归结果可看出，贸易政策不确定性与出口产品质量呈正向关系，贸易政策不确定性的降低不利于出口产品质量的提高，这可能是因为稳定的贸易环境减弱了企业的创新动力。企业规模对出口质量有负向影响，规模小的企业出口产品质量可能更高。企业年龄、生产率及资本密集度的提高有利于促进出口产品质量的提升。激烈的竞争可能由于压缩了利润空间，并未起到促进企业创新的效果，从而出口产品质量下降。此外，融资约束同样会制约产品质量的提高，但是影响不大。

总体来看，贸易政策不确定性的下降有助于促进高技术企业参与出口市场，对企业出口扩展边际的提升具有促进作用，但对出口集约边际和出口产品质量的提升起到抑制作用。

（2）倍差法模型。

为更加准确地检验贸易政策不确定性对于企业高技术产品出口发展的作用效果，本章进一步参考毛其淋和许家云（2018）、陈虹和徐阳（2018），以中国入世后美国授予中国永久正常贸易关系这一事件作为准自然实验，在共同趋势假设成立的前提下采用倍差法进行估计。基准模型设置如下：

$$\ln Y_{it} = \alpha_i + \beta TPU_K \times PostWTO_t + \delta Z_{it} + \nu_{firm} + \nu_{year} + \varepsilon_{it} \tag{6.17}$$

其中，被解释变量 Y 包括企业出口三元边际（进入边际 *exportdummy*、扩展边际 *EM* 和集约边际 *IM*）和出口产品质量（*quality*）；*TPU* 表示贸易政策不确定性，参考毛其淋和许家云（2018）的方法，选取 HS6 位产品最惠国待遇关税（τ^{MFN}）和非正常贸易伙伴关系关税（τ^{COL2}）衡量贸易政策不确定性，主要形式为 $TPU1 = \log(\tau^{COL2}/\tau^{MFN})$，采用 2001 年四位码行业 *TPU* 指数刻画；*PostWTO* 是时间虚拟变量，2002 年以前取值为 0，2002 年及以后年份取 1。模型中重点关注交互项的系数，这一系数反映了贸易政策不确定性下降对企业出口发展的因果效应。若系数大于 0，表示贸易政策不确定的下降促进了高技术企业的出口发展；反之，则表明贸易政策不确定性的下降阻碍了企业出口发展。*Z* 表示控制变量，包括企业规模（*size*）、企业年龄（*age*）、劳动生产率（*tfp*）、融资约束（*finance*）、市场竞争程度（*hhi*）、资本密集度（*kl*）和工资水平（*wage*）；ν_{firm}表示企业固定效应；ν_{year}表示年份固定效应。

表 6 - 9 呈现出了贸易政策不确定性对企业出口发展的影响结果，模型中均控制了企业和年份固定效应。从回归结果中可以看出，模型 1 中交互

表 6-9 贸易政策不确定性对企业高技术产品出口发展的影响（倍差法）

变量	进入边际	扩展边际	集约边际	出口产品质量
	模型 1	模型 2	模型 3	模型 4
TPU × PostWTO	0. 0012 * (0. 0006)	0. 0697 *** (0. 0087)	-0. 0075 ** (0. 0033)	0. 0035 *** (0. 0010)
size	0. 0197 *** (0. 0062)	0. 1235 *** (0. 0135)	0. 1589 *** (0. 0239)	0. 0399 *** (0. 0086)
age	0. 0011 (0. 0015)	0. 0004 (0. 0038)	0. 0190 (0. 0059)	0. 0018 (0. 0023)
tfp	0. 0069 (0. 0052)	0. 1981 *** (0. 0120)	0. 3918 *** (0. 0217)	0. 0602 *** (0. 0072)
kl	-0. 0013 (0. 0039)	-0. 0049 (0. 0848)	0. 0273 * (0. 0152)	0. 0066 (0. 0051)
finance	-0. 0126 (0. 0334)	0. 0029 (0. 0022)	0. 3762 *** (0. 1303)	-0. 0001 (0. 0517)
hhi	-0. 0810 (0. 0868)	0. 0641 (0. 5069)	-0. 6604 (0. 4690)	-0. 0020 (0. 1340)
wage	0. 0011 (0. 0010)	0. 0033 (0. 0027)	-0. 0041 (0. 0046)	-0. 0014 (0. 0013)
Constant	0. 5657 *** (0. 1338)	-0. 6438 ** (0. 3143)	8. 3631 *** (0. 4821)	-1. 3867 *** (0. 1835)
企业固定效应	Yes	Yes	Yes	Yes
年份固定效应	Yes	Yes	Yes	Yes
Obs	29 938	29 938	29 938	29 455
R^2	0. 6565	0. 8938	0. 8160	0. 6694

注：（1）括号内为稳健标准误；（2）***、**、* 分别表示 1%、5%、10% 的显著性水平。

项 *TPU × PostWTO* 的系数为正且较为显著，这说明相比初始低关税差额的行业而言，初始高关税差额的行业在中国入世后表现出更大幅度的下降，意味着贸易政策不确定性的下降有利于提高进入边际，即提高企业参与出口市场的可能性。模型2是扩展边际的回归结果，可以看出交互项在1%的水平上显著为正，表明贸易政策不确定性的降低有利于推动企业扩展边际的提升。再看模型3集约边际的结果，交互项系数为负，且通过了10%的显著性检验，说明在控制模型内生性后，贸易政策不确定性的下降对企业出口集约边际表现出了抑制效应，这意味着在不确定性较低的时期，企业更重视扩展边际的提高而不是集约边际。模型4中交互项对出口产品质量的影响显著为正，表示贸易政策不确定的降低促进了企业出口产品质量的提高。

3. 贸易政策不确定性下研发补贴对企业高技术产品出口发展的影响

为了进一步研究在贸易政策不确定性下研发补贴对企业高技术产品出口发展的影响，本节在模型中加入了政府研发补贴与贸易政策不确定性的交互项，我们重点关注交互项的符号。表6-10报告了基准模型的回归结果。

表6-10 贸易政策不确定性下研发补贴对企业高技术产品出口发展的影响

变量	进入边际	扩展边际	集约边际	出口产品质量
	模型1	模型2	模型3	模型4
RDSub	-0.0030 (0.0025)	0.0035 (0.0092)	-0.1523*** (0.0122)	-0.0081** (0.0036)
TPU	0.0022 (0.0014)	-0.0214*** (0.0046)	0.0184*** (0.0063)	0.0066*** (0.0016)
RDSub × *TPU*	0.0014*** (0.0005)	0.0050*** (0.0017)	0.0126*** (0.0023)	-0.0002 (0.0007)
size	0.0145*** (0.0030)	0.1345*** (0.0095)	0.1711*** (0.0131)	-0.0098** (0.0046)
age	0.0026*** (0.0006)	0.0146*** (0.0023)	0.0028 (0.0031)	0.0037*** (0.0009)

续表

变量	进入边际	扩展边际	集约边际	出口产品质量
	模型 1	模型 2	模型 3	模型 4
tfp	0.0130 *** (0.0032)	0.3159 *** (0.0101)	0.4626 *** (0.0146)	0.0925 *** (0.0045)
kl	-0.0063 *** (0.0023)	-0.0960 *** (0.0074)	0.1061 *** (0.0109)	0.0204 *** (0.0039)
finance	0.0107 (0.0127)	0.3546 *** (0.0524)	0.6079 *** (0.0688)	0.0112 (0.0195)
hhi	-0.2400 ** (0.1216)	1.1872 *** (0.3942)	-2.8839 *** (0.5291)	-0.4416 *** (0.1567)
wage	-0.0045 *** (0.0010)	-0.0191 *** (0.0030)	-0.0337 *** (0.0069)	-0.0076 *** (0.0015)
Constant	0.6132 *** (0.0523)	-0.6561 *** (0.1991)	8.9152 *** (0.2625)	-1.1320 *** (0.0838)
行业固定效应	Yes	Yes	Yes	Yes
省份固定效应	Yes	Yes	Yes	Yes
年份固定效应	Yes	Yes	Yes	Yes
Obs	33 495	33 495	33 495	33 000
R^2	0.0665	0.2215	0.3172	0.0507

注：(1) 括号内为稳健标准误；(2) ***、**、* 分别表示 1%、5%、10% 的显著性水平。

从进入边际的结果可看出，交互项 $RDSub \times TPU$ 的符号为正且在 1% 的水平上显著，表明在全球贸易政策不确定性下降时，政府研发补贴对企业参与出口市场的促进作用减弱。控制变量的结果与前文结论基本一致，企业规模、年龄和生产率对企业进入边际的影响显著为正，资本密集度和工资水平的提高将阻碍企业出口高技术产品。

从扩展边际的结果可看出，交互项也在 1% 的水平上显著为正，说明在贸易政策不确定性降低时，政府研发补贴对企业高技术产品出口扩展边际增长的促进作用减弱。控制变量的结果与前文结论基本一致，企业规模、年龄、生产率、融资约束及行业竞争对出口扩展边际起到积极促进作用，资本密集度和工资水平与出口扩展边际呈负相关。

从集约边际的结果可看出，交互项同样显著为正，说明在贸易政策不确定性降低的情况下，政府研发补贴对企业高技术产品出口集约边际的不利影响增强。控制变量的结果与前文结论基本一致，企业规模、生产率、资本密集度和融资约束对出口扩展边际的提高起到积极影响，行业竞争和工资水平与出口扩展边际呈负相关。

从出口产品质量的结果可看出，交互项为负，但影响并不显著，说明在贸易政策不确定性下降时，政府补贴对企业出口产品质量的消极影响减弱，但效果并不明显。控制变量的结果与前面结论基本一致，企业成立年限、生产率及资本密集度对出口产品质量的提升起到促进作用，企业规模、竞争程度和工资水平对出口产品质量的提升起到抑制作用。

综合来看，在贸易政策不确定性降低的环境下，政府研发补贴对企业参与出口市场以及扩展边际增长的促进作用减弱，对企业出口集约边际的不利影响增强，但对出口产品质量提升的消极影响有所减弱。

6.2.2 异质性影响分析

1. 应用互动型和科技创新型行业

不同行业间存在异质性，对研发补贴这一政策的反应也不同。为检验研发补贴对不同类型高技术企业的影响差异，参考蔡旺春等（2018）的方法，将样本按创新来源划分为应用互动型行业和科技创新型行业。从表6-11中可以看出，政府研发补贴对两类行业在进入边际、扩展边际、集约边际和产品质量上的影响方向是一致的，但是影响力度存在差异。就进入边际而言，政府研发补贴更有利于推动技术创新型行业参与出口市场，而对应用互动型行业的影响不大。在扩展边际方面，研发补贴对科技创新型行业提升出口扩展边际起到相对较强的促进效果，说明获得研发补贴的

表6-11 政府研发补贴对高技术产品出口发展的影响（应用互动型和科技创新型行业）

因变量	进入边际	扩展边际	集约边际	产品质量	进入边际	扩展边际	集约边际	产品质量
模型	模型1	模型2	模型3	模型4	模型5	模型6	模型7	模型8
自变量	X=应用互动型行业				X=科技创新型行业			
RDSub	0.0012 (0.0016)	0.0240*** (0.0064)	-0.1001*** (0.0087)	-0.0063** (0.0026)	0.0065*** (0.0023)	0.0366*** (0.0082)	-0.0736*** (0.0096)	-0.0128*** (0.0028)
size	0.0176*** (0.0036)	0.1421*** (0.0117)	0.2272*** (0.0166)	-0.0122* (0.0065)	0.0108** (0.0055)	0.1060*** (0.0163)	0.0910*** (0.0208)	0.0067 (0.0055)
age	0.0019*** (0.0007)	0.0286*** (0.0028)	-0.0016 (0.0039)	0.0063*** (0.0012)	0.0022* (0.0013)	-0.0171*** (0.0045)	-0.0171*** (0.0058)	-0.0004 (0.0015)
tfp	0.0129*** (0.0036)	0.2960*** (0.0122)	0.4807*** (0.0177)	0.1067*** (0.0060)	0.0109* (0.0062)	0.3278*** (0.0181)	0.3851*** (0.0245)	0.0637*** (0.0066)
kl	-0.0046* (0.0026)	-0.1144*** (0.0088)	0.1168*** (0.0130)	0.0263*** (0.0053)	-0.0128*** (0.0045)	-0.0595*** (0.0135)	0.0469** (0.0182)	0.0042 (0.0047)
finance	0.0061 (0.0143)	0.4957*** (0.0590)	0.5427*** (0.0820)	-0.0029 (0.0242)	-0.0155 (0.0317)	-0.3213*** (0.1092)	-0.0125 (0.1400)	-0.0215 (0.0362)
hhi	-1.6224*** (0.4723)	20.9871*** (1.7232)	-21.3715*** (2.4130)	-6.6681*** (1.0569)	-0.1221 (0.1386)	-0.1460 (0.4007)	-1.9287*** (0.5545)	-0.2347 (0.1713)

续表

因变量	进入边际	扩展边际	集约边际	产品质量	进入边际	扩展边际	集约边际	产品质量
模型	模型 1	模型 2	模型 3	模型 4	模型 5	模型 6	模型 7	模型 8
自变量	X = 应用互动型行业				X = 科技创新型行业			
wage	-0.0042 *** (0.0012)	-0.0148 *** (0.0039)	-0.0430 *** (0.0063)	-0.0072 *** (0.0018)	-0.0037 ** (0.0017)	-0.0252 *** (0.0053)	-0.0107 (0.0096)	-0.0085 *** (0.0028)
Constant	0.6272 *** (0.0603)	-0.7106 *** (0.2321)	8.6693 *** (0.3184)	-1.1863 *** (0.1095)	0.5254 *** (0.1153)	-2.3272 *** (0.3850)	7.6919 *** (0.4951)	-1.0860 *** (0.1304)
行业固定效应	Yes	Yes	Yes	Yes	Yes	Yes	Yes	Yes
省份固定效应	Yes	Yes	Yes	Yes	Yes	Yes	Yes	Yes
年份固定效应	Yes	Yes	Yes	Yes	Yes	Yes	Yes	Yes
Obs	22 135	22 135	22 135	21 781	11 360	11 360	11 360	11 219
R^2	0.0600	0.2574	0.3323	0.0581	0.0749	0.1775	0.1892	0.0553

注：（1）括号内为稳健标准误；（2）***、**、*分别表示1%、5%、10%的显著性水平。

科技创新型企业更容易扩大出口市场的多样化。在对集约边际的抑制效果上，应用互动型行业较高。这可能是因为对于应用互动型企业而言，研发补贴在创新成果转化方面起到的作用较小，不利于其扩大出口的规模。在出口产品质量方面，研发补贴对科技创新型行业的抑制效应要强于互动型行业。

表6-12展示了贸易政策不确定性对不同行业出口发展的差异化影响。贸易政策不确定性下降并未对科技创新型行业中的高技术企业是否参与出口市场起到明显的抑制作用。贸易政策不确定性的下降对科技创新型企业出口扩展边际起到显著促进效应，且这一效应强于应用互动型行业。贸易政策不确定的下降不利于科技创新型行业的出口集约边际和出口产品质量的提升，且这一不利影响大于对应用互动型行业产生的影响。

从表6-13中可以看出，在贸易政策不确定下降的情况下，政府研发补贴对科技创新型企业参与出口市场以及扩展边际增长的促进作用减弱，对出口集约边际增长以及出口产品质量提升的抑制作用增强；政府研发补贴对应用互动型企业出口扩展边际提高的促进作用减弱，对出口集约边际的抑制作用增强。

2. 本土企业与外资企业

为考察贸易政策不确定性、政府研发补贴对高技术企业出口发展在所有制方面的异质性影响，本章将企业进一步划分为本土企业和外资企业。从表6-14中可以看出，政府研发补贴对本土企业进入边际和扩展边际的促进作用强于外资企业，这可能是因为外资企业本身资金充裕，融资能力也很强，因此研发补贴对于外资企业难以产生较强的促进作用。而本土企业面临融资约束难题，尤以民营企业为主，研发补贴能够在很大程度上缓解企业的融资难题，因而对本土企业出口促进作用更强。在政府研发补贴抑制出口集约边际和产品质量方面，本土企业同样强于外资企业，表明本土企业未将研发补贴用于提升出口规模和产品质量，并且过多补贴引致的寻租等不利因素阻碍了企业出口规模和质量的提升。外资企业有足够资金

表 6 – 12　　贸易政策不确定性对高技术产品出口发展的影响（应用互动型和科技创新型行业）

因变量	进入边际	扩展边际	集约边际	产品质量	进入边际	扩展边际	集约边际	产品质量
模型	模型 1	模型 2	模型 3	模型 4	模型 5	模型 6	模型 7	模型 8
自变量	X = 应用互动型行业				X = 科技创新型行业			
TPU	0. 0042 ** (0. 0017)	–0. 0169 *** (0. 0059)	0. 0264 *** (0. 0085)	0. 0073 *** (0. 0023)	0. 0021 (0. 0025)	–0. 0214 *** (0. 0076)	0. 0421 *** (0. 0096)	0. 0078 *** (0. 0028)
size	0. 0178 *** (0. 0035)	0. 1479 *** (0. 0117)	0. 2035 *** (0. 0166)	–0. 0137 ** (0. 0064)	0. 0131 ** (0. 0054)	0. 1189 *** (0. 0161)	0. 0658 *** (0. 0205)	0. 0023 (0. 0055)
age	0. 0019 *** (0. 0007)	0. 0295 *** (0. 0028)	–0. 0054 (0. 0039)	0. 0060 *** (0. 0012)	0. 0026 ** (0. 0013)	–0. 0149 *** (0. 0044)	–0. 0218 *** (0. 0058)	–0. 0012 (0. 0014)
tfp	0. 0129 *** (0. 0036)	0. 2936 *** (0. 0122)	0. 4893 *** (0. 0177)	0. 1074 *** (0. 0060)	0. 0105 * (0. 0063)	0. 3310 *** (0. 0183)	0. 3787 *** (0. 0247)	0. 0625 *** (0. 0066)
kl	–0. 0049 * (0. 0026)	–0. 1156 *** (0. 0089)	0. 1237 *** (0. 0130)	0. 0264 *** (0. 0053)	–0. 0133 *** (0. 0045)	–0. 0603 *** (0. 0136)	0. 0480 *** (0. 0182)	0. 0044 (0. 0048)
finance	0. 0054 (0. 0142)	0. 5113 *** (0. 0594)	0. 4862 *** (0. 0829)	–0. 0083 (0. 0242)	–0. 0061 (0. 0315)	–0. 2822 *** (0. 1085)	–0. 0936 (0. 1392)	–0. 0356 (0. 0352)
hhi	–1. 5493 *** (0. 4731)	20. 5586 *** (1. 7249)	–20. 3505 *** (2. 4308)	–6. 4977 *** (1. 0557)	–0. 1146 (0. 1391)	–0. 0736 (0. 3939)	–2. 0715 *** (0. 5488)	–0. 2618 (0. 1707)

续表

因变量	进入边际	扩展边际	集约边际	产品质量	进入边际	扩展边际	集约边际	产品质量
模型	模型1	模型2	模型3	模型4	模型5	模型6	模型7	模型8
自变量	X = 应用互动型行业				X = 科技创新型行业			
wage	-0.0042*** (0.0012)	-0.0134*** (0.0039)	-0.0479*** (0.0064)	-0.0077*** (0.0018)	-0.0038** (0.0018)	-0.0260*** (0.0054)	-0.0089 (0.0093)	-0.0082*** (0.0028)
Constant	0.6075*** (0.0609)	-0.6302*** (0.2345)	8.5282*** (0.3230)	-1.2224*** (0.1092)	0.5304*** (0.1155)	-2.2100*** (0.3855)	7.4499*** (0.4940)	-1.1300*** (0.1302)
行业固定效应	Yes	Yes	Yes	Yes	Yes	Yes	Yes	Yes
省份固定效应	Yes	Yes	Yes	Yes	Yes	Yes	Yes	Yes
年份固定效应	Yes	Yes	Yes	Yes	Yes	Yes	Yes	Yes
Obs	22 142	22 142	22 142	21 788	11 363	11 363	11 363	11 222
R^2	0.0601	0.2570	0.3282	0.0581	0.0743	0.1763	0.1861	0.0541

注：（1）括号内为稳健标准误；（2）***、**、*分别表示1%、5%、10%的显著性水平。

表 6 – 13　贸易政策不确定性下研发补贴对高技术产品出口发展的影响（应用互动型和科技创新型行业）

因变量	进入边际	扩展边际	集约边际	产品质量	进入边际	扩展边际	集约边际	产品质量
模型	模型 1	模型 2	模型 3	模型 4	模型 5	模型 6	模型 7	模型 8
自变量	X = 应用互动型行业				X = 科技创新型行业			
RDSub	-0. 0004 (0. 0031)	0. 0029 (0. 0114)	-0. 1502 *** (0. 0159)	-0. 0075 (0. 0054)	-0. 0038 (0. 0050)	-0. 0110 (0. 0176)	-0. 1806 *** (0. 0199)	-0. 0255 *** (0. 0051)
TPU	0. 0039 ** (0. 0017)	-0. 0211 *** (0. 0061)	0. 0170 * (0. 0088)	0. 0070 *** (0. 0022)	0. 0001 (0. 0026)	-0. 0306 *** (0. 0080)	0. 0252 ** (0. 0102)	0. 0059 ** (0. 0030)
RDSub × *TPU*	0. 0004 (0. 0007)	0. 0060 ** (0. 0026)	0. 0142 *** (0. 0036)	0. 0003 (0. 0014)	0. 0018 ** (0. 0008)	0. 0086 *** (0. 0027)	0. 0190 *** (0. 0032)	0. 0022 *** (0. 0008)
size	0. 0175 *** (0. 0036)	0. 1424 *** (0. 0117)	0. 2273 *** (0. 0166)	-0. 0123 * (0. 0065)	0. 0110 ** (0. 0055)	0. 1067 *** (0. 0163)	0. 0922 *** (0. 0208)	0. 0068 (0. 0055)
age	0. 0019 ** (0. 0007)	0. 0289 *** (0. 0028)	-0. 0016 (0. 0039)	0. 0062 *** (0. 0012)	0. 0022 * (0. 0013)	-0. 0174 *** (0. 0045)	-0. 0169 *** (0. 0058)	-0. 0004 (0. 0015)
tfp	0. 0131 *** (0. 0036)	0. 2956 *** (0. 0122)	0. 4818 *** (0. 0177)	0. 1069 *** (0. 0060)	0. 0104 * (0. 0063)	0. 3300 *** (0. 0182)	0. 3762 *** (0. 0246)	0. 0622 *** (0. 0066)
kl	-0. 0048 * (0. 0026)	-0. 1137 *** (0. 0088)	0. 1153 *** (0. 0130)	0. 0259 *** (0. 0053)	-0. 0130 *** (0. 0045)	-0. 0586 *** (0. 0135)	0. 0440 ** (0. 0182)	0. 0037 (0. 0048)

续表

因变量	进入边际	扩展边际	集约边际	产品质量	进入边际	扩展边际	集约边际	产品质量
模型	模型1	模型2	模型3	模型4	模型5	模型6	模型7	模型8
自变量	X = 应用互动型行业				X = 科技创新型行业			
finance	0.0049 (0.0143)	0.5001 *** (0.0589)	0.5344 *** (0.0818)	−0.0050 (0.0241)	−0.0160 (0.0317)	−0.3372 *** (0.1090)	−0.0077 (0.1399)	−0.0197 (0.0360)
hhi	−1.5445 *** (0.4733)	20.6683 *** (1.7262)	−20.8874 *** (2.4178)	−6.5322 *** (1.0563)	−0.1044 (0.1386)	−0.0347 (0.3972)	−1.7678 *** (0.5662)	−0.2182 (0.1731)
wage	−0.0043 *** (0.0012)	−0.0145 *** (0.0039)	−0.0437 *** (0.0063)	−0.0074 *** (0.0018)	−0.0037 ** (0.0017)	−0.0249 *** (0.0052)	−0.0100 (0.0095)	−0.0084 *** (0.0028)
Constant	0.6081 *** (0.0609)	−0.6219 *** (0.2337)	8.5664 *** (0.3206)	−1.2200 *** (0.1094)	0.5246 *** (0.1156)	−2.2481 *** (0.3848)	7.6209 *** (0.4943)	−1.1023 *** (0.1310)
行业固定效应	Yes	Yes	Yes	Yes	Yes	Yes	Yes	Yes
省份固定效应	Yes	Yes	Yes	Yes	Yes	Yes	Yes	Yes
年份固定效应	Yes	Yes	Yes	Yes	Yes	Yes	Yes	Yes
Obs	22 135	22 135	22 135	21 781	11 360	11 360	11 360	11 219
R^2	0.0602	0.2579	0.3330	0.0582	0.0753	0.1789	0.1928	0.0565

注：（1）括号内为稳健标准误；（2）***、**、* 分别表示1%、5%、10%的显著性水平。

表 6 – 14　政府研发补贴对高技术产品出口发展的影响（本土企业和外资企业）

因变量	进入边际	扩展边际	集约边际	产品质量	进入边际	扩展边际	集约边际	产品质量
模型	模型 1	模型 2	模型 3	模型 4	模型 5	模型 6	模型 7	模型 8
自变量	X = 本土企业				X = 外资企业			
RDSub	0.0072 *** (0.0017)	0.0461 *** (0.0062)	−0.0701 *** (0.0076)	−0.0108 *** (0.0020)	0.0025 (0.0022)	0.0209 ** (0.0089)	−0.0633 *** (0.0126)	−0.0033 (0.0044)
size	0.0045 (0.0044)	0.0375 *** (0.0131)	0.0990 *** (0.0170)	0.0052 (0.0043)	0.0247 *** (0.0040)	0.2365 *** (0.0139)	0.2549 *** (0.0199)	−0.0091 (0.0089)
age	0.0036 *** (0.0008)	0.0105 *** (0.0035)	−0.0100 ** (0.0040)	0.0016 (0.0010)	0.0065 *** (0.0010)	0.0533 *** (0.0037)	0.0386 *** (0.0053)	0.0136 *** (0.0020)
tfp	0.0273 *** (0.0048)	0.3696 *** (0.0144)	0.4794 *** (0.0198)	0.0733 *** (0.0053)	−0.0044 (0.0040)	0.2299 *** (0.0141)	0.4085 *** (0.0208)	0.1021 *** (0.0078)
kl	−0.0060 * (0.0035)	−0.0601 *** (0.0103)	0.1136 *** (0.0147)	0.0132 *** (0.0037)	−0.0104 *** (0.0029)	−0.1419 *** (0.0106)	0.0859 *** (0.0155)	0.0291 *** (0.0073)
finance	0.0174 (0.0191)	0.2749 *** (0.0851)	0.1074 (0.0950)	0.0091 (0.0232)	0.0234 (0.0169)	0.4401 *** (0.0633)	1.1074 *** (0.0936)	0.0220 (0.0322)
hhi	−0.2193 * (0.1297)	0.5627 (0.4031)	−3.1826 *** (0.5499)	−0.3008 * (0.1583)	−1.1091 *** (0.3498)	9.9876 *** (1.3123)	−8.3183 *** (1.8277)	−1.5777 ** (0.7527)

续表

因变量	进入边际	扩展边际	集约边际	产品质量	进入边际	扩展边际	集约边际	产品质量
模型	模型1	模型2	模型3	模型4	模型5	模型6	模型7	模型8
自变量	X = 本土企业				X = 外资企业			
wage	-0.0070 *** (0.0019)	-0.0228 *** (0.0046)	-0.0273 *** (0.0104)	-0.0111 *** (0.0027)	-0.0012 (0.0013)	-0.0129 *** (0.0041)	-0.0320 *** (0.0067)	-0.0043 ** (0.0020)
Constant	0.5783 *** (0.0774)	-0.4799 (0.3084)	7.5331 *** (0.3561)	-1.0819 *** (0.0922)	0.7229 *** (0.0695)	-1.1746 *** (0.2555)	10.4958 *** (0.3627)	-1.1868 *** (0.1442)
行业固定效应	Yes	Yes	Yes	Yes	Yes	Yes	Yes	Yes
省份固定效应	Yes	Yes	Yes	Yes	Yes	Yes	Yes	Yes
年份固定效应	Yes	Yes	Yes	Yes	Yes	Yes	Yes	Yes
Obs	17 386	17 386	17 386	17 206	16 109	16 109	16 109	15 794
R^2	0.0698	0.1834	0.2455	0.0633	0.0699	0.2895	0.3450	0.0627

注：（1）括号内为稳健标准误；（2）***、**、*分别表示1%、5%、10%的显著性水平。

表 6－15　　贸易政策不确定性对高技术产品出口发展的影响（本土企业和外资企业）

因变量	进入边际	扩展边际	集约边际	产品质量	进入边际	扩展边际	集约边际	产品质量
模型	模型 1	模型 2	模型 3	模型 4	模型 5	模型 6	模型 7	模型 8
自变量	X＝本土企业				X＝外资企业			
TPU	0. 0064 *** (0. 0020)	0. 0010 (0. 0063)	0. 0271 *** (0. 0084)	0. 0078 *** (0. 0022)	0. 0008 (0. 0016)	－0. 0282 *** (0. 0064)	0. 0278 *** (0. 0083)	0. 0047 * (0. 0024)
size	0. 0074 * (0. 0043)	0. 0570 *** (0. 0130)	0. 0689 *** (0. 0168)	0. 0005 (0. 0043)	0. 0249 *** (0. 0040)	0. 2390 *** (0. 0138)	0. 2478 *** (0. 0199)	－0. 0095 (0. 0089)
age	0. 0039 *** (0. 0008)	0. 0124 *** (0. 0035)	－0. 0128 *** (0. 0040)	0. 0012 (0. 0010)	0. 0065 *** (0. 0010)	0. 0541 *** (0. 0037)	0. 0370 *** (0. 0053)	0. 0134 *** (0. 0020)
tfp	0. 0264 *** (0. 0048)	0. 3654 *** (0. 0144)	0. 4847 *** (0. 0199)	0. 0740 *** (0. 0053)	－0. 0044 (0. 0040)	0. 2294 *** (0. 0141)	0. 4092 *** (0. 0208)	0. 1022 *** (0. 0078)
kl	－0. 0072 ** (0. 0035)	－0. 0655 *** (0. 0103)	0. 1205 *** (0. 0147)	0. 0141 *** (0. 0037)	－0. 0105 *** (0. 0029)	－0. 1411 *** (0. 0106)	0. 0858 *** (0. 0155)	0. 0290 *** (0. 0073)
finance	0. 0246 (0. 0190)	0. 3131 *** (0. 0855)	0. 0561 (0. 0954)	0. 0018 (0. 0231)	0. 0237 (0. 0169)	0. 4555 *** (0. 0631)	1. 0801 *** (0. 0930)	0. 0193 (0. 0323)
hhi	－0. 2269 * (0. 1304)	0. 6439 (0. 3944)	－3. 3975 *** (0. 5499)	－0. 3464 ** (0. 1581)	－1. 1070 *** (0. 3499)	9. 8036 *** (1. 3087)	－8. 0490 *** (1. 8249)	－1. 5387 ** (0. 7512)

续表

因变量	进入边际	扩展边际	集约边际	产品质量	进入边际	扩展边际	集约边际	产品质量
模型	模型 1	模型 2	模型 3	模型 4	模型 5	模型 6	模型 7	模型 8
自变量	X = 本土企业				X = 外资企业			
wage	-0.0069*** (0.0019)	-0.0223*** (0.0046)	-0.0282*** (0.0106)	-0.0113*** (0.0028)	-0.0011 (0.0013)	-0.0116*** (0.0041)	-0.0339*** (0.0067)	-0.0045** (0.0020)
Constant	0.5574*** (0.0777)	-0.4864 (0.3100)	7.4560*** (0.3577)	-1.1057*** (0.0915)	0.7192*** (0.0702)	-1.0367*** (0.2564)	10.3527*** (0.3633)	-1.2110*** (0.1446)
行业固定效应	Yes	Yes	Yes	Yes	Yes	Yes	Yes	Yes
省份固定效应	Yes	Yes	Yes	Yes	Yes	Yes	Yes	Yes
年份固定效应	Yes	Yes	Yes	Yes	Yes	Yes	Yes	Yes
Obs	17 391	17 391	17 391	17 211	16 114	16 114	16 114	15 799
R^2	0.0694	0.1802	0.2419	0.0624	0.0698	0.2900	0.3442	0.0627

注：（1）括号内为稳健标准误；（2）***、**、*分别表示1%、5%、10%的显著性水平。

研发高质量产品，其产品质量较少受到研发补贴的消极影响。表6－15显示，贸易政策不确定性的下降对外资企业出口扩展边际具有显著的正向影响，且贸易政策不确定性对外资企业集约边际的积极影响大于本土企业。贸易政策不确定性的下降对本土企业参与出口市场以及出口产品质量的提升均起到显著的抑制作用，这说明在稳定的环境下本土企业缺乏参与出口市场以及提升出口产品质量的动力。在贸易政策不确定下降时考察研发补贴的影响效果发现（见表6－16），随着贸易政策不确定的下降，政府研发补贴对本土企业参与出口市场的促进作用减弱，对本土企业集约边际和出口产品质量提升的抑制作用加强，但对外资企业出口产品质量提升的不利影响减弱。

（3）地区差异。

参考樊纲等（2006），将样本企业按省（区、市）划分为东部、中部、西部地区。其中，东部地区包括北京、天津、上海、河北、江苏、山东、辽宁、浙江、广东、广西、福建、海南；西部地区包括甘肃、贵州、青海、宁夏、陕西、四川、西藏、新疆、云南、重庆；中部地区包括安徽、河南、黑龙江、湖北、湖南、吉林、江西、内蒙古、山西。本章将重点考察贸易政策不确定性对于政府研发补贴作用于东部地区与中西部地区企业出口发展间的差异。

表6－17展示的是政府研发补贴影响高技术产品出口发展的地区差异。模型1～模型4是东部地区，模型5～模型8是中西部地区。政府研发补贴对中西部地区企业进入出口市场起到了显著的促进作用，而对东部地区的促进作用不明显，这可能是因为东部地区的企业人力、物力资源均较为丰富，企业是否参与出口不会受到补贴政策较大的影响，而中西部企业资源匮乏，政府的补贴便会起到重要作用。政府研发补贴对东部企业出口扩展边际的影响大于中西部企业，对集约边际的抑制作用也大于中西部地区。可见，政府研发补贴主要推动了东部企业开拓更多的国际出口市场，这得益于东部地区的地理位置优势，便利与伙伴国的出口贸易。政府研发补贴对东部地区的出口产品

质量抑制作用很明显，但对中西部地区的影响并不明显，且从影响方向上看是正向，这表明东部地区的补贴效率较低，政府研发补贴可能挤出了部分私人投资，或者由于大量补贴导致企业更注重开拓市场，失去对产品质量的追求。

表6－18展示的是贸易政策不确定性影响高技术产品出口发展的地区差异。比较TPU的系数和显著性可知，贸易政策不确定性下降对东部地区企业参与出口市场的抑制作用以及对扩展边际的促进作用均强于中西部地区，对中西部地区集约边际和出口产品质量的抑制作用强于东部地区，主要是因为中西部地区企业竞争优势不足，对贸易政策不确定性更加敏感，因此更容易受不确定性的影响。

表6－19展示了贸易政策不确定环境下研发补贴政策的作用差异。交互项的结果表明，在贸易政策不确定降低的环境下，政府研发补贴对东部企业参与出口市场以及扩展边际增长的促进作用减弱，对中西部地区企业出口集约边际增长的不利影响更大。

（4）一般贸易与加工贸易。

由表6－20可知，政府补贴对一般贸易企业的进入边际和扩展边际提高均起到显著积极影响，而对加工贸易则为不明显的负向影响。在集约边际和产品质量方面，政府研发补贴对加工贸易的抑制作用强于对一般贸易企业的影响。通过表6－21可知，贸易政策不确定性下降对加工贸易企业出口扩展边际具有显著促进作用，而对一般贸易企业扩展边际的促进作用不明显。全球贸易政策不确定性下降对一般贸易企业的集约边际和产品质量提高具有显著抑制作用，且作用效果强于加工贸易企业，表明贸易政策不确定性的降低不利于提高一般贸易企业出口产品的质量，这可能是因为对于一般贸易企业而言，稳定的贸易环境难以激发企业提高出口产品质量的动力。表6－22中的交互项显示，在贸易政策不确定性降低的时期，政府研发补贴对加工贸易企业出口扩展边际的不利影响增强，对一般贸易企业出口扩展边际增长的促进作用减弱。

表 6 – 16　贸易政策不确定性下研发补贴对高技术产品出口发展的影响（本土企业和外资企业）

因变量	进入边际	扩展边际	集约边际	产品质量	进入边际	扩展边际	集约边际	产品质量
模型	模型 1	模型 2	模型 3	模型 4	模型 5	模型 6	模型 7	模型 8
自变量	X = 本土企业				X = 外资企业			
RDSub	0. 0007 (0. 0031)	0. 0321 *** (0. 0113)	–0. 1367 *** (0. 0143)	–0. 0173 *** (0. 0035)	0. 0060 (0. 0045)	0. 0046 (0. 0162)	–0. 0598 ** (0. 0240)	0. 0126 (0. 0093)
TPU	0. 0049 ** (0. 0021)	–0. 0025 (0. 0066)	0. 0122 (0. 0090)	0. 0064 *** (0. 0023)	0. 0012 (0. 0017)	–0. 0307 *** (0. 0066)	0. 0296 *** (0. 0085)	0. 0067 *** (0. 0024)
RDSub × *TPU*	0. 0014 ** (0. 0006)	0. 0031 (0. 0021)	0. 0147 *** (0. 0026)	0. 0014 ** (0. 0006)	–0. 0009 (0. 0010)	0. 0042 (0. 0033)	–0. 0011 (0. 0049)	–0. 0040 * (0. 0021)
size	0. 0044 (0. 0044)	0. 0377 *** (0. 0131)	0. 0996 *** (0. 0170)	0. 0051 (0. 0043)	0. 0247 *** (0. 0040)	0. 2364 *** (0. 0139)	0. 2549 *** (0. 0199)	–0. 0089 (0. 0089)
age	0. 0036 *** (0. 0008)	0. 0106 *** (0. 0035)	–0. 0095 ** (0. 0040)	0. 0016 * (0. 0010)	0. 0065 *** (0. 0010)	0. 0537 *** (0. 0037)	0. 0382 *** (0. 0053)	0. 0135 *** (0. 0020)
tfp	0. 0270 *** (0. 0048)	0. 3693 *** (0. 0144)	0. 4774 *** (0. 0198)	0. 0730 *** (0. 0053)	–0. 0044 (0. 0040)	0. 2297 *** (0. 0141)	0. 4089 *** (0. 0208)	0. 1020 *** (0. 0078)
kl	–0. 0063 * (0. 0035)	–0. 0601 *** (0. 0103)	0. 1121 *** (0. 0147)	0. 0128 *** (0. 0037)	–0. 0105 *** (0. 0029)	–0. 1407 *** (0. 0106)	0. 0848 *** (0. 0155)	0. 0289 *** (0. 0073)

续表

因变量	进入边际	扩展边际	集约边际	产品质量	进入边际	扩展边际	集约边际	产品质量
模型	模型1	模型2	模型3	模型4	模型5	模型6	模型7	模型8
自变量	X = 本土企业				X = 外资企业			
finance	0.0196 (0.0191)	0.2772*** (0.0850)	0.1230 (0.0949)	0.0115 (0.0232)	0.0233 (0.0169)	0.4489*** (0.0632)	1.0977*** (0.0933)	0.0214 (0.0321)
hhi	-0.2206* (0.1300)	0.6022 (0.4033)	-3.0723*** (0.5562)	-0.3065* (0.1594)	-1.1090*** (0.3503)	9.8380*** (1.3103)	-8.1506*** (1.8265)	-1.5677** (0.7517)
wage	-0.0070*** (0.0019)	-0.0227*** (0.0046)	-0.0271*** (0.0104)	-0.0111*** (0.0027)	-0.0012 (0.0013)	-0.0120*** (0.0041)	-0.0328*** (0.0067)	-0.0045** (0.0020)
Constant	0.5663*** (0.0778)	-0.4637 (0.3091)	7.5326*** (0.3568)	-1.0989*** (0.0916)	0.7186*** (0.0702)	-1.0327*** (0.2565)	10.3544*** (0.3642)	-1.2132*** (0.1446)
行业固定效应	Yes	Yes	Yes	Yes	Yes	Yes	Yes	Yes
省份固定效应	Yes	Yes	Yes	Yes	Yes	Yes	Yes	Yes
年份固定效应	Yes	Yes	Yes	Yes	Yes	Yes	Yes	Yes
Obs	17 386	17 386	17 386	17 206	16 109	16 109	16 109	15 794
R^2	0.0706	0.1835	0.2473	0.0642	0.0700	0.2904	0.3454	0.0630

注：（1）括号内为稳健标准误；（2）***、**、*分别表示1%、5%、10%的显著性水平。

表 6－17　政府研发补贴对高技术产品出口发展的影响（按地区分组）

因变量	进入边际	扩展边际	集约边际	产品质量	进入边际	扩展边际	集约边际	产品质量
模型	模型 1	模型 2	模型 3	模型 4	模型 5	模型 6	模型 7	模型 8
自变量	X = 东部地区				X = 中西部地区			
RDSub	0.0005 （0.0014）	0.0293 *** （0.0055）	-0.1046 *** （0.0069）	-0.0100 *** （0.0021）	0.0200 *** （0.0041）	0.0253 ** （0.0124）	-0.0120 （0.0184）	-0.0004 （0.0046）
size	0.0183 *** （0.0031）	0.1458 *** （0.0100）	0.1858 *** （0.0139）	-0.0103 ** （0.0050）	-0.0235 ** （0.0114）	0.0122 （0.0297）	0.0176 （0.0406）	-0.0042 （0.0106）
age	0.0019 *** （0.0006）	0.0149 *** （0.0025）	0.0048 （0.0033）	0.0044 *** （0.0010）	0.0064 *** （0.0024）	0.0118 （0.0075）	-0.0048 （0.0104）	0.0046 （0.0028）
tfp	0.0101 *** （0.0032）	0.3154 *** （0.0106）	0.4667 *** （0.0153）	0.0953 *** （0.0048）	0.0401 *** （0.0125）	0.2452 *** （0.0317）	0.3228 *** （0.0475）	0.0546 *** （0.0128）
kl	-0.0078 *** （0.0023）	-0.1028 *** （0.0077）	0.1014 *** （0.0114）	0.0206 *** （0.0041）	0.0135 （0.0101）	-0.0309 （0.0252）	0.1585 *** （0.0367）	0.0203 ** （0.0097）
finance	0.0055 （0.0129）	0.3806 *** （0.0545）	0.6387 *** （0.0724）	0.0069 （0.0204）	0.0457 （0.0591）	0.0737 （0.1857）	0.3244 （0.2501）	0.1071 （0.0698）
hhi	-0.3695 ** （0.1696）	1.5299 *** （0.5850）	-3.5570 *** （0.6805）	-0.5159 *** （0.1855）	-0.1546 （0.1838）	0.1708 （0.5445）	-2.2969 ** （0.9051）	-0.1331 （0.2920）

续表

因变量	进入边际	扩展边际	集约边际	产品质量	进入边际	扩展边际	集约边际	产品质量
模型	模型 1	模型 2	模型 3	模型 4	模型 5	模型 6	模型 7	模型 8
自变量	X = 东部地区				X = 中西部地区			
wage	−0. 0034 *** (0. 0010)	−0. 0203 *** (0. 0031)	−0. 0315 *** (0. 0070)	−0. 0070 *** (0. 0015)	−0. 0207 *** (0. 0048)	−0. 0035 (0. 0130)	−0. 0731 *** (0. 0201)	−0. 0188 *** (0. 0068)
Constant	0. 6066 *** (0. 0529)	−0. 7441 *** (0. 2067)	8. 9632 *** (0. 2744)	−1. 1398 *** (0. 0879)	0. 7860 *** (0. 2391)	−0. 2508 (0. 6926)	10. 0184 *** (0. 9582)	−0. 5745 ** (0. 2660)
行业固定效应	Yes	Yes	Yes	Yes	Yes	Yes	Yes	Yes
省份固定效应	Yes	Yes	Yes	Yes	Yes	Yes	Yes	Yes
年份固定效应	Yes	Yes	Yes	Yes	Yes	Yes	Yes	Yes
Obs	30 940	30 940	30 940	30 485	2 555	2 555	2 555	2 515
R^2	0. 0586	0. 2241	0. 3209	0. 0516	0. 0985	0. 1300	0. 1543	0. 0466

注：（1）括号内为稳健标准误；（2）***、**、* 分别表示 1%、5%、10% 的显著性水平。

表 6－18　贸易政策不确定性对高技术产品出口发展的影响（按地区分组）

因变量	进入边际	扩展边际	集约边际	产品质量	进入边际	扩展边际	集约边际	产品质量
模型	模型 1	模型 2	模型 3	模型 4	模型 5	模型 6	模型 7	模型 8
自变量	X = 东部地区				X = 中西部地区			
TPU	0.0030 ** (0.0013)	−0.0183 *** (0.0047)	0.0249 *** (0.0063)	0.0057 *** (0.0017)	0.0050 (0.0059)	−0.0020 (0.0145)	0.0559 ** (0.0221)	0.0116 ** (0.0058)
size	0.0184 *** (0.0031)	0.1533 *** (0.0099)	0.1594 *** (0.0138)	−0.0129 *** (0.0049)	−0.0161 (0.0113)	0.0228 (0.0294)	0.0051 (0.0397)	−0.0058 (0.0105)
age	0.0019 *** (0.0006)	0.0161 *** (0.0025)	0.0009 (0.0033)	0.0040 *** (0.0010)	0.0079 *** (0.0024)	0.0133 * (0.0074)	−0.0036 (0.0103)	0.0048 * (0.0028)
tfp	0.0100 *** (0.0032)	0.3136 *** (0.0106)	0.4733 *** (0.0154)	0.0959 *** (0.0048)	0.0405 *** (0.0125)	0.2464 *** (0.0318)	0.3171 *** (0.0478)	0.0535 *** (0.0128)
kl	−0.0080 *** (0.0023)	−0.1042 *** (0.0077)	0.1081 *** (0.0115)	0.0211 *** (0.0041)	0.0120 (0.0102)	−0.0326 (0.0253)	0.1576 *** (0.0366)	0.0199 ** (0.0096)
finance	0.0053 (0.0129)	0.3963 *** (0.0546)	0.5863 *** (0.0729)	0.0015 (0.0204)	0.0753 (0.0585)	0.1037 (0.1841)	0.3524 (0.2493)	0.1129 * (0.0682)
hhi	−0.3785 ** (0.1699)	1.6345 *** (0.5802)	−3.7839 *** (0.6781)	−0.5495 *** (0.1840)	−0.1494 (0.1836)	0.1896 (0.5357)	−2.3864 *** (0.9033)	−0.1508 (0.2925)

续表

因变量	进入边际	扩展边际	集约边际	产品质量	进入边际	扩展边际	集约边际	产品质量
模型	模型 1	模型 2	模型 3	模型 4	模型 5	模型 6	模型 7	模型 8
自变量	X = 东部地区				X = 中西部地区			
wage	−0.0034*** (0.0010)	−0.0194*** (0.0031)	−0.0341*** (0.0073)	−0.0074*** (0.0015)	−0.0216*** (0.0048)	−0.0044 (0.0130)	−0.0736*** (0.0202)	−0.0189*** (0.0069)
Constant	0.5943*** (0.0532)	−0.6747*** (0.2077)	8.8738*** (0.2763)	−1.1619*** (0.0876)	0.8001*** (0.2389)	−0.2300 (0.6916)	9.9653*** (0.9566)	−0.5932** (0.2661)
行业固定效应	Yes	Yes	Yes	Yes	Yes	Yes	Yes	Yes
省份固定效应	Yes	Yes	Yes	Yes	Yes	Yes	Yes	Yes
年份固定效应	Yes	Yes	Yes	Yes	Yes	Yes	Yes	Yes
Obs	30 949	30 949	30 949	30 494	2 556	2 556	2 556	2 516
R^2	0.0587	0.2236	0.3159	0.0512	0.0916	0.1285	0.1570	0.0482

注：（1）括号内为稳健标准误；（2）***、**、*分别表示1%、5%、10%的显著性水平。

表 6 – 19 贸易政策不确定性下研发补贴对高技术产品出口发展的影响（按地区分组）

因变量	进入边际	扩展边际	集约边际	产品质量	进入边际	扩展边际	集约边际	产品质量
模型	模型 1	模型 2	模型 3	模型 4	模型 5	模型 6	模型 7	模型 8
自变量	X = 东部地区				X = 中西部地区			
RDSub	-0. 0050 * (0. 0026)	0. 0069 (0. 0100)	-0. 1477 *** (0. 0131)	-0. 0061 (0. 0039)	0. 0157 * (0. 0086)	-0. 0044 (0. 0239)	-0. 1142 *** (0. 0348)	-0. 0114 (0. 0084)
TPU	0. 0020 (0. 0014)	-0. 0227 *** (0. 0048)	0. 0192 *** (0. 0065)	0. 0065 *** (0. 0017)	0. 0040 (0. 0062)	-0. 0091 (0. 0154)	0. 0303 (0. 0237)	0. 0089 (0. 0061)
RDSub × *TPU*	0. 0013 ** (0. 0005)	0. 0053 *** (0. 0019)	0. 0099 *** (0. 0025)	-0. 0009 (0. 0008)	0. 0009 (0. 0016)	0. 0060 (0. 0041)	0. 0207 *** (0. 0056)	0. 0022 (0. 0014)
size	0. 0183 *** (0. 0031)	0. 1458 *** (0. 0100)	0. 1858 *** (0. 0139)	-0. 0103 ** (0. 0050)	-0. 0240 ** (0. 0114)	0. 0134 (0. 0297)	0. 0134 (0. 0405)	-0. 0053 (0. 0105)
age	0. 0019 *** (0. 0006)	0. 0152 *** (0. 0025)	0. 0047 (0. 0033)	0. 0043 *** (0. 0010)	0. 0066 *** (0. 0024)	0. 0120 (0. 0075)	-0. 0026 (0. 0103)	0. 0049 * (0. 0028)
tfp	0. 0101 *** (0. 0032)	0. 3153 *** (0. 0106)	0. 4661 *** (0. 0153)	0. 0953 *** (0. 0048)	0. 0396 *** (0. 0125)	0. 2451 *** (0. 0318)	0. 3169 *** (0. 0477)	0. 0535 *** (0. 0128)
kl	-0. 0079 *** (0. 0023)	-0. 1020 *** (0. 0077)	0. 1001 *** (0. 0114)	0. 0203 *** (0. 0041)	0. 0132 (0. 0101)	-0. 0314 (0. 0253)	0. 1538 *** (0. 0366)	0. 0196 ** (0. 0097)

续表

因变量	进入边际	扩展边际	集约边际	产品质量	进入边际	扩展边际	集约边际	产品质量
模型	模型 1	模型 2	模型 3	模型 4	模型 5	模型 6	模型 7	模型 8
自变量	X = 东部地区				X = 中西部地区			
finance	0. 0056 (0. 0129)	0. 3843 *** (0. 0544)	0. 6388 *** (0. 0721)	0. 0060 (0. 0204)	0. 0487 (0. 0592)	0. 0763 (0. 1865)	0. 3637 (0. 2486)	0. 1132 (0. 0692)
hhi	-0. 3621 ** (0. 1699)	1. 6610 *** (0. 5865)	-3. 5089 *** (0. 6846)	-0. 5470 *** (0. 1859)	-0. 1535 (0. 1843)	0. 2307 (0. 5405)	-2. 1783 ** (0. 9167)	-0. 1295 (0. 2916)
wage	-0. 0034 *** (0. 0010)	-0. 0199 *** (0. 0031)	-0. 0316 *** (0. 0070)	-0. 0072 *** (0. 0015)	-0. 0207 *** (0. 0048)	-0. 0027 (0. 0130)	-0. 0710 *** (0. 0200)	-0. 0186 *** (0. 0069)
Constant	0. 5991 *** (0. 0532)	-0. 6501 *** (0. 2072)	8. 8918 *** (0. 2747)	-1. 1667 *** (0. 0878)	0. 7823 *** (0. 2398)	-0. 2132 (0. 6958)	10. 0422 *** (0. 9522)	-0. 5852 ** (0. 2680)
行业固定效应	Yes	Yes	Yes	Yes	Yes	Yes	Yes	Yes
省份固定效应	Yes	Yes	Yes	Yes	Yes	Yes	Yes	Yes
年份固定效应	Yes	Yes	Yes	Yes	Yes	Yes	Yes	Yes
Obs	30 940	30 940	30 940	30 485	2 555	2 555	2 555	2 515
R^2	0. 0589	0. 2247	0. 3216	0. 0518	0. 0990	0. 1307	0. 1606	0. 0487

注：(1) 括号内为稳健标准误；(2) ***、**、* 分别表示 1%、5%、10% 的显著性水平。

表 6 – 20　政府研发补贴对高技术产品出口发展的影响（按贸易类型分组）

因变量	进入边际	扩展边际	集约边际	产品质量	进入边际	扩展边际	集约边际	产品质量
模型	模型 1	模型 2	模型 3	模型 4	模型 5	模型 6	模型 7	模型 8
自变量	X = 一般贸易				X = 加工贸易			
RDSub	0. 0094 *** （0. 0020）	0. 0418 *** （0. 0068）	–0. 0306 *** （0. 0080）	–0. 0029 （0. 0025）	–0. 0016 （0. 0024）	–0. 0171 （0. 0109）	–0. 0712 *** （0. 0165）	–0. 0104 ** （0. 0048）
size	–0. 0038 （0. 0049）	0. 0242 * （0. 0146）	0. 0544 *** （0. 0181）	–0. 0156 *** （0. 0058）	0. 0163 *** （0. 0042）	0. 2825 *** （0. 0155）	0. 2274 *** （0. 0217）	–0. 0049 （0. 0093）
age	0. 0030 *** （0. 0010）	0. 0143 *** （0. 0036）	0. 0079 ** （0. 0040）	0. 0039 *** （0. 0012）	0. 0015 （0. 0009）	0. 0176 *** （0. 0040）	0. 0031 （0. 0058）	0. 0069 *** （0. 0019）
tfp	0. 0271 *** （0. 0056）	0. 3635 *** （0. 0167）	0. 3758 *** （0. 0213）	0. 0884 *** （0. 0067）	0. 0043 （0. 0040）	0. 2471 *** （0. 0153）	0. 4579 *** （0. 0217）	0. 0966 *** （0. 0079）
kl	0. 0001 （0. 0040）	–0. 0349 *** （0. 0119）	0. 1218 *** （0. 0152）	0. 0187 *** （0. 0052）	–0. 0075 ** （0. 0029）	–0. 1697 *** （0. 0118）	0. 0659 *** （0. 0161）	0. 0252 *** （0. 0072）
finance	0. 0021 （0. 0217）	0. 3824 *** （0. 0839）	0. 4691 *** （0. 0933）	0. 0379 （0. 0278）	–0. 0039 （0. 0174）	0. 0809 （0. 0782）	0. 5837 *** （0. 1146）	–0. 0609 （0. 0381）
hhi	–0. 3129 ** （0. 1442）	0. 5790 （0. 4409）	–1. 9946 *** （0. 5885）	–0. 1843 （0. 1888）	–0. 2013 （0. 1927）	5. 7613 *** （1. 0670）	–3. 9760 *** （1. 2918）	–0. 8674 ** （0. 3769）

续表

因变量	进入边际	扩展边际	集约边际	产品质量	进入边际	扩展边际	集约边际	产品质量
模型	模型 1	模型 2	模型 3	模型 4	模型 5	模型 6	模型 7	模型 8
自变量	X = 一般贸易				X = 加工贸易			
wage	-0.0073 *** (0.0017)	-0.0410 *** (0.0056)	-0.0385 *** (0.0073)	-0.0165 *** (0.0025)	0.0016 (0.0011)	-0.0099 ** (0.0041)	0.0146 ** (0.0057)	0.0034 ** (0.0016)
Constant	0.6239 *** (0.0866)	0.2423 (0.3092)	9.3896 *** (0.3557)	-0.9793 *** (0.1135)	0.6865 *** (0.0726)	-2.8729 *** (0.3052)	8.8726 *** (0.4355)	-1.4058 *** (0.1673)
行业固定效应	Yes	Yes	Yes	Yes	Yes	Yes	Yes	Yes
省份固定效应	Yes	Yes	Yes	Yes	Yes	Yes	Yes	Yes
年份固定效应	Yes	Yes	Yes	Yes	Yes	Yes	Yes	Yes
Obs	14 153	14 153	14 153	13 930	11 730	11 730	11 730	11 580
R^2	0.0566	0.1830	0.1507	0.0418	0.0545	0.2891	0.3004	0.0615

注：（1）括号内为稳健标准误；（2）***、**、*分别表示1%、5%、10%的显著性水平。

表 6 - 21　贸易政策不确定性对高技术产品出口发展的影响（按贸易类型分组）

因变量	进入边际	扩展边际	集约边际	产品质量	进入边际	扩展边际	集约边际	产品质量
模型	模型 1	模型 2	模型 3	模型 4	模型 5	模型 6	模型 7	模型 8
自变量	X = 一般贸易				X = 加工贸易			
TPU	0.0048 * (0.0025)	-0.0034 (0.0081)	0.0295 *** (0.0094)	0.0131 *** (0.0032)	0.0013 (0.0018)	-0.0737 *** (0.0094)	0.0205 * (0.0109)	0.0082 *** (0.0027)
size	0.0000 (0.0049)	0.0413 *** (0.0144)	0.0416 ** (0.0178)	-0.0169 *** (0.0057)	0.0162 *** (0.0042)	0.2779 *** (0.0154)	0.2217 *** (0.0217)	-0.0055 (0.0093)
age	0.0033 *** (0.0010)	0.0158 *** (0.0035)	0.0068 * (0.0040)	0.0038 *** (0.0012)	0.0014 (0.0009)	0.0183 *** (0.0040)	-0.0001 (0.0058)	0.0064 *** (0.0019)
tfp	0.0264 *** (0.0056)	0.3614 *** (0.0168)	0.3764 *** (0.0213)	0.0881 *** (0.0067)	0.0044 (0.0040)	0.2461 *** (0.0153)	0.4581 *** (0.0217)	0.0967 *** (0.0079)
kl	-0.0012 (0.0040)	-0.0395 *** (0.0119)	0.1238 *** (0.0152)	0.0183 *** (0.0052)	-0.0075 ** (0.0029)	-0.1650 *** (0.0117)	0.0659 *** (0.0161)	0.0249 *** (0.0072)
finance	0.0095 (0.0216)	0.4097 *** (0.0826)	0.4550 *** (0.0935)	0.0387 (0.0279)	-0.0049 (0.0174)	0.0918 (0.0779)	0.5518 *** (0.1150)	-0.0669 * (0.0380)
hhi	-0.3203 ** (0.1455)	0.6236 (0.4340)	-2.1163 *** (0.5864)	-0.2287 (0.1893)	-0.2012 (0.1921)	5.7110 *** (1.0222)	-4.0208 *** (1.2652)	-0.8676 ** (0.3722)

续表

因变量	进入边际	扩展边际	集约边际	产品质量	进入边际	扩展边际	集约边际	产品质量
模型	模型1	模型2	模型3	模型4	模型5	模型6	模型7	模型8
自变量	X＝一般贸易				X＝加工贸易			
wage	-0.0070*** (0.0017)	-0.0400*** (0.0056)	-0.0392*** (0.0073)	-0.0166*** (0.0024)	0.0016 (0.0011)	-0.0091** (0.0042)	0.0144** (0.0057)	0.0033** (0.0016)
Constant	0.6046*** (0.0870)	0.2245 (0.3074)	9.3275*** (0.3554)	-1.0147*** (0.1126)	0.6804*** (0.0731)	-2.5800*** (0.3063)	8.7617*** (0.4381)	-1.4436*** (0.1678)
行业固定效应	Yes	Yes	Yes	Yes	Yes	Yes	Yes	Yes
省份固定效应	Yes	Yes	Yes	Yes	Yes	Yes	Yes	Yes
年份固定效应	Yes	Yes	Yes	Yes	Yes	Yes	Yes	Yes
Obs	14 158	14 158	14 158	13 935	11 732	11 732	11 732	11 582
R^2	0.0553	0.1804	0.1503	0.0427	0.0545	0.2929	0.2992	0.0615

注：（1）括号内为稳健标准误；（2）***、**、*分别表示1%、5%、10%的显著性水平。

表 6 – 22　贸易政策不确定性下研发补贴对高技术产品出口发展的影响（按贸易类型分组）

因变量	进入边际	扩展边际	集约边际	产品质量	进入边际	扩展边际	集约边际	产品质量
模型	模型 1	模型 2	模型 3	模型 4	模型 5	模型 6	模型 7	模型 8
自变量	X = 一般贸易				X = 加工贸易			
RDSub	0. 0059 * (0. 0035)	0. 0248 ** (0. 0123)	–0. 0405 *** (0. 0145)	–0. 0001 (0. 0042)	–0. 0058 (0. 0039)	–0. 0507 *** (0. 0183)	–0. 0504 * (0. 0286)	–0. 0072 (0. 0071)
TPU	0. 0038 (0. 0027)	–0. 0080 (0. 0085)	0. 0271 *** (0. 0101)	0. 0138 *** (0. 0033)	0. 0009 (0. 0019)	–0. 0776 *** (0. 0096)	0. 0238 ** (0. 0112)	0. 0087 *** (0. 0027)
RDSub × *TPU*	0. 0009 (0. 0007)	0. 0042 * (0. 0025)	0. 0024 (0. 0029)	–0. 0007 (0. 0008)	0. 0014 (0. 0010)	0. 0114 ** (0. 0050)	–0. 0070 (0. 0077)	–0. 0011 (0. 0014)
size	–0. 0038 (0. 0049)	0. 0243 * (0. 0146)	0. 0540 *** (0. 0181)	–0. 0158 *** (0. 0058)	0. 0164 *** (0. 0042)	0. 2794 *** (0. 0154)	0. 2283 *** (0. 0217)	–0. 0045 (0. 0093)
age	0. 0030 *** (0. 0010)	0. 0144 *** (0. 0036)	0. 0080 ** (0. 0040)	0. 0039 *** (0. 0012)	0. 0015 (0. 0009)	0. 0189 *** (0. 0040)	0. 0027 (0. 0058)	0. 0068 *** (0. 0019)
tfp	0. 0269 *** (0. 0056)	0. 3633 *** (0. 0167)	0. 3747 *** (0. 0213)	0. 0880 *** (0. 0067)	0. 0043 (0. 0040)	0. 2459 *** (0. 0153)	0. 4584 *** (0. 0217)	0. 0967 *** (0. 0079)
kl	–0. 0001 (0. 0040)	–0. 0348 *** (0. 0119)	0. 1204 *** (0. 0152)	0. 0180 *** (0. 0052)	–0. 0075 ** (0. 0029)	–0. 1652 *** (0. 0117)	0. 0645 *** (0. 0161)	0. 0247 *** (0. 0072)

续表

因变量	进入边际	扩展边际	集约边际	产品质量	进入边际	扩展边际	集约边际	产品质量
模型	模型1	模型2	模型3	模型4	模型5	模型6	模型7	模型8
自变量	X = 一般贸易				X = 加工贸易			
finance	0.0038 (0.0217)	0.3843 *** (0.0838)	0.4777 *** (0.0934)	0.0403 (0.0278)	-0.0042 (0.0174)	0.0989 (0.0779)	0.5781 *** (0.1147)	-0.0629 * (0.0381)
hhi	-0.3181 ** (0.1445)	0.6356 (0.4416)	-2.0599 *** (0.5922)	-0.2320 (0.1898)	-0.1867 (0.1933)	5.8209 *** (1.0099)	-4.0298 *** (1.2766)	-0.8734 ** (0.3724)
wage	-0.0072 *** (0.0017)	-0.0407 *** (0.0056)	-0.0383 *** (0.0073)	-0.0166 *** (0.0024)	0.0016 (0.0011)	-0.0093 ** (0.0041)	0.0145 ** (0.0057)	0.0033 ** (0.0016)
Constant	0.6159 *** (0.0871)	0.2766 (0.3099)	9.3222 *** (0.3559)	-1.0203 *** (0.1126)	0.6828 *** (0.0731)	-2.5592 *** (0.3059)	8.7770 *** (0.4374)	-1.4410 *** (0.1679)
行业固定效应	Yes	Yes	Yes	Yes	Yes	Yes	Yes	Yes
省份固定效应	Yes	Yes	Yes	Yes	Yes	Yes	Yes	Yes
年份固定效应	Yes	Yes	Yes	Yes	Yes	Yes	Yes	Yes
Obs	14 153	14 153	14 153	13 930	11 730	11 730	11 730	11 580
R^2	0.0569	0.1832	0.1513	0.0428	0.0546	0.2933	0.3007	0.0617

注：（1）括号内为稳健标准误；（2）***、**、*分别表示1%、5%、10%的显著性水平。

6.2.3 内生性分析

上文实证回归中控制了行业、省份和年份固定效应，一定程度上能够避免遗漏变量产生的内生性问题。通过倾向得分匹配和倍差法降低了样本选择偏误，分析了政府研发补贴、贸易政策不确定性与企业出口发展间的因果效应。本书接下来通过动态面板回归和工具变量法来进一步验证研究结论的稳健性。

1. *动态面板回归*

将被解释变量滞后一期加入模型中进行动态面板分析。由于惯性，当期出口发展可能受之前出口发展的影响，在解释变量中加入被解释变量的滞后项，能够考察企业出口的动态行为。鉴于进入边际为二值变量，并未对该变量进行动态面板分析。表 6－23 模型 1 至模型 3 展示的是政府研发

表 6－23　　　　内生性分析（动态面板回归）

变量	扩展边际	集约边际	产品质量	扩展边际	集约边际	产品质量
	模型 1	模型 2	模型 3	模型 4	模型 5	模型 6
L. Y	0.8710*** (0.0036)	0.6662*** (0.0067)	0.5263*** (0.0258)	0.8709*** (0.0036)	0.6655*** (0.0067)	0.5263*** (0.0258)
RDSub	0.0111*** (0.0029)	-0.0374*** (0.0053)	-0.0046*** (0.0016)	0.0113** (0.0057)	-0.0642*** (0.0106)	-0.0067** (0.0032)
TPU				-0.0018 (0.0027)	0.0071 (0.0049)	0.0008 (0.0014)
RDSub × TPU				-0.0000 (0.0010)	0.0059*** (0.0019)	0.0005 (0.0006)
size	0.0065 (0.0062)	0.0599*** (0.0119)	-0.0009 (0.0042)	0.0065 (0.0062)	0.0601*** (0.0119)	-0.0009 (0.0042)

续表

变量	扩展边际	集约边际	产品质量	扩展边际	集约边际	产品质量
	模型 1	模型 2	模型 3	模型 4	模型 5	模型 6
age	-0.0055 *** (0.0013)	-0.0072 *** (0.0025)	0.0000 (0.0007)	-0.0054 *** (0.0013)	-0.0072 *** (0.0025)	0.0000 (0.0007)
tfp	0.0841 *** (0.0065)	0.1932 *** (0.0134)	0.0408 *** (0.0045)	0.0841 *** (0.0065)	0.1931 *** (0.0134)	0.0407 *** (0.0045)
kl	-0.0052 (0.0046)	0.0400 *** (0.0094)	0.0123 *** (0.0032)	-0.0051 (0.0046)	0.0394 *** (0.0094)	0.0122 *** (0.0032)
finance	0.0158 (0.0274)	0.0841 (0.0544)	-0.0163 (0.0165)	0.0159 (0.0274)	0.0856 (0.0544)	-0.0162 (0.0165)
hhi	0.6595 (0.5189)	-4.0693 *** (1.0654)	-0.7810 ** (0.3240)	0.6668 (0.5194)	-4.0596 *** (1.0668)	-0.7810 ** (0.3244)
wage	-0.0021 (0.0018)	-0.0146 *** (0.0047)	-0.0035 *** (0.0012)	-0.0021 (0.0018)	-0.0146 *** (0.0047)	-0.0035 *** (0.0012)
Constant	-0.2556 ** (0.1120)	2.6033 *** (0.2304)	-0.5358 *** (0.0785)	-0.2485 ** (0.1125)	2.5860 *** (0.2306)	-0.5387 *** (0.0785)
行业固定效应	Yes	Yes	Yes	Yes	Yes	Yes
省份固定效应	Yes	Yes	Yes	Yes	Yes	Yes
年份固定效应	Yes	Yes	Yes	Yes	Yes	Yes
Obs	21 353	21 353	20 981	21 353	21 353	20 981
R^2	0.8202	0.6609	0.3649	0.8202	0.6612	0.3649

注：（1）括号内为稳健标准误；（2）***、**、* 分别表示 1%、5%、10% 的显著性水平。

补贴对企业出口扩展边际、集约边际和出口产品质量的影响，后三列模型则是考虑不确定的贸易政策与政府研发补贴的交互项。从回归结果可以看出，被解释变量的滞后项均显著为正，说明由于惯性，当期的企业出口发展受到上期发展的积极影响。从前三列回归结果可以看出，政府研发补贴对高技术企业出口扩展边际起到显著的促进作用，对出口集约边际和产品质量起到显著的抑制作用，这与主要结论一致。再看后三列，模型 5 的交互项显著为正，表明在贸易政策不确定性降低的情况下，政府研发补贴对企业出口集约边际增长的消极影响增强。

2. 工具变量法

参考张莹和朱小明（2018）的方法，分别采用研发补贴滞后一期和贸易政策不确定性滞后一期作为研发补贴和贸易政策不确定性的工具变量，运用工具变量法重新对上文模型进行验证。就工具变量的有效性而言，不可识别检验 Anderson canon. corr. LM 统计量的 p 值为 0.0000，在 1%的显著性水平上拒绝工具变量和内生变量不相关的原假设；弱工具变量检验 Cragg－Donald Wald F 统计量超过最小临界值，可以拒绝弱工具变量的原假设。由表 6－24 可知，采用工具变量法缓解模型内生性后，研发补贴对企业是否参与出口的影响方向同样为正，但是并不明显；对企业出口扩展边际仍然起着显著的促进作用，对出口集约边际和出口产品质量起到明显的抑制效应。这与前文结论基本一致，仅进入边际这一变量的显著性下降。表 6－25 呈现出贸易政策不确定性对企业高技术产品出口发展的影响结果。在解决内生性后，贸易政策不确定性的影响效果与前文保持一致，与企业进入边际和扩展边际呈反向相关关系，对集约边际和产品质量具有积极影响。再看表 6－26 中交互项的结果，与上文结论一致，在贸易政策不确定性降低时，研发补贴对企业高技术产品进入出口市场以及出口扩展边际增长的积极影响减弱，对出口集约边际增长的消极影响增强，对出口产品质量提升的消极影响减弱。

表 6－24　政府研发补贴对企业高技术产品出口发展的影响（工具变量法）

变量	进入边际	扩展边际	集约边际	出口产品质量
	模型 1	模型 2	模型 3	模型 4
RDSub	0.0044 (0.0128)	0.0445*** (0.0100)	－0.1668*** (0.0132)	－0.0144*** (0.0048)

续表

变量	进入边际	扩展边际	集约边际	出口产品质量
	模型 1	模型 2	模型 3	模型 4
size	0. 0899 *** (0. 0172)	0. 1329 *** (0. 0124)	0. 1651 *** (0. 0164)	-0. 0149 ** (0. 0060)
age	0. 0028 *** (0. 0007)	0. 0082 *** (0. 0026)	0. 0034 (0. 0035)	0. 0042 *** (0. 0013)
tfp	0. 0051 (0. 0035)	0. 3243 *** (0. 0126)	0. 4772 *** (0. 0167)	0. 0952 *** (0. 0061)
kl	-0. 0076 *** (0. 0025)	-0. 0984 *** (0. 0092)	0. 1161 *** (0. 0121)	0. 0290 *** (0. 0044)
finance	0. 0232 (0. 0161)	0. 3081 *** (0. 0588)	0. 6220 *** (0. 0779)	0. 0127 (0. 0285)
hhi	-0. 7612 *** (0. 2618)	5. 8625 *** (0. 9539)	-9. 3616 *** (1. 2629)	-1. 4209 *** (0. 4623)
wage	-0. 0039 *** (0. 0009)	-0. 0193 *** (0. 0034)	-0. 0311 *** (0. 0045)	-0. 0065 *** (0. 0016)
Anderson canon. corr. LM	—	6 389. 7260 [0. 0000]	6 389. 7260 [0. 0000]	6 315. 8330 [0. 0000]
Cragg - Donald Wald F	—	9 097. 2590	9 097. 2590	8 987. 8480
Obs	21 349	21 349	21 349	21 124
R^2	—	0. 1973	0. 2344	0. 0345

注：圆括号内为标准误，方括号内为 p 值；***、**、* 分别表示 1%、5%、10% 的显著性水平；模型 1 采用 ivprobit 估计，模型 2 ~ 模型 4 控制了行业、省份和年份固定效应。

表 6 - 25　贸易政策不确定性对企业高技术产品出口发展的影响（工具变量法）

变量	进入边际	扩展边际	集约边际	出口产品质量
	模型 1	模型 2	模型 3	模型 4
TPU	-0. 0391 *** (0. 0067)	-0. 0802 *** (0. 0106)	0. 0454 *** (0. 0141)	0. 0161 *** (0. 0051)

续表

变量	进入边际	扩展边际	集约边际	出口产品质量
	模型 1	模型 2	模型 3	模型 4
size	0.0836 *** (0.0169)	0.1480 *** (0.0121)	0.1153 *** (0.0160)	-0.0194 *** (0.0058)
age	0.0152 *** (0.0040)	0.0105 *** (0.0026)	-0.0024 (0.0035)	0.0036 *** (0.0013)
tfp	0.0081 (0.0177)	0.3203 *** (0.0126)	0.4924 *** (0.0167)	0.0965 *** (0.0061)
kl	-0.0886 *** (0.0127)	-0.0991 *** (0.0092)	0.1305 *** (0.0121)	0.0296 *** (0.0044)
finance	0.2090 ** (0.0881)	0.3320 *** (0.0588)	0.5460 *** (0.0779)	0.0052 (0.0284)
hhi	-1.0091 * (0.5517)	6.1411 *** (0.9574)	-9.3126 *** (1.2672)	-1.4585 *** (0.4627)
wage	-0.0161 *** (0.0044)	-0.0169 *** (0.0034)	-0.0354 *** (0.0045)	-0.0071 *** (0.0016)
Anderson canon. corr. LM	—	5 435.7200 [0.0000]	5 435.7200 [0.0000]	5 435.7200 [0.0000]
Cragg - Donald Wald F	—	7 273.6670	7 273.6670	7 273.6670
Obs	21 361	21 361	21 361	21 136
R^2	—	0.1917	0.2298	0.0331

注：圆括号内为标准误，方括号内为 p 值；***、**、* 分别表示 1%、5%、10% 的显著性水平；模型 1 采用 ivprobit 估计，模型 2 ~ 模型 4 控制了行业、省份和年份固定效应。

表 6-26　贸易政策不确定性下研发补贴对高技术产品出口发展的影响（工具变量法）

变量	进入边际	扩展边际	集约边际	出口产品质量
	模型 1	模型 2	模型 3	模型 4
RDSub	-0.0164 ** (0.0074)	-0.0198 (0.0269)	-0.2568 *** (0.0355)	-0.0061 (0.0130)

续表

变量	进入边际	扩展边际	集约边际	出口产品质量
	模型 1	模型 2	模型 3	模型 4
TPU	0.0049 (0.0032)	−0.0941 *** (0.0117)	0.0323 ** (0.0155)	0.0181 *** (0.0057)
RDSub × *TPU*	0.0037 ** (0.0015)	0.0147 *** (0.0056)	0.0196 *** (0.0073)	−0.0019 (0.0027)
size	0.0154 *** (0.0034)	0.1351 *** (0.0125)	0.1653 *** (0.0164)	−0.0153 ** (0.0060)
age	0.0027 *** (0.0007)	0.0093 *** (0.0026)	0.0033 (0.0035)	0.0040 *** (0.0013)
tfp	0.0048 (0.0035)	0.3235 *** (0.0126)	0.4756 *** (0.0167)	0.0953 *** (0.0061)
kl	−0.0081 *** (0.0025)	−0.0946 *** (0.0092)	0.1133 *** (0.0122)	0.0282 *** (0.0045)
finance	0.0239 (0.0162)	0.3162 *** (0.0591)	0.6254 *** (0.0779)	0.0112 (0.0285)
hhi	−0.7534 *** (0.2627)	6.3404 *** (0.9606)	−9.3444 *** (1.2658)	−1.5061 *** (0.4639)
wage	−0.0039 *** (0.0009)	−0.0171 *** (0.0034)	−0.0312 *** (0.0045)	−0.0069 *** (0.0016)
Anderson canon. corr. LM	6 206.445 [0.0000]	6 206.445 [0.0000]	6 206.445 [0.0000]	6 154.639 [0.0000]
Cragg − Donald Wald F	2 909.792	2 909.792	2 909.792	2 887.997
Obs	21 349	21 349	21 349	21 124
R^2	0.0094	0.1908	0.2354	0.0333

注：圆括号内为标准误，方括号内为 p 值；***、**、* 分别表示 1%、5%、10% 的显著性水平；模型控制了行业、省份和年份固定效应。

6.2.4 稳健性检验

1. 更换主要变量指标

为增加本研究结论的准确性，以企业是否获得研发补贴这一虚拟变量作为解释变量代入模型，回归结果如表6-27和表6-28所示。在更换解释变量后，研发补贴对企业出口发展的影响与之前的结论基本一致，即研发补贴对进入边际和扩展边际产生明显正向影响，对出口集约边际和产品质量则造成负向影响。同样地，更换变量后交互项的符号和显著性也与之前基本一致，即在贸易政策不确定性降低的时期，研发补贴对企业参与出口市场以及扩展边际增长的促进作用减弱，对集约边际增长的消极影响增强，对出口产品质量提升的不利影响减弱。

表6-27　政府研发补贴对高技术产品出口发展的影响（更换变量）

变量	进入边际	扩展边际	集约边际	出口产品质量
	模型1	模型2	模型3	模型4
Sub	0.0338*** (0.0049)	0.2137*** (0.0178)	-0.2553*** (0.0231)	-0.0110 (0.0078)
size	0.0139*** (0.0030)	0.1312*** (0.0094)	0.1573*** (0.0131)	-0.0116** (0.0046)
age	0.0026*** (0.0006)	0.0144*** (0.0023)	-0.0000 (0.0031)	0.0035*** (0.0009)
tfp	0.0132*** (0.0031)	0.3171*** (0.0101)	0.4664*** (0.0146)	0.0930*** (0.0045)
kl	-0.0058** (0.0023)	-0.0949*** (0.0074)	0.1106*** (0.0110)	0.0211*** (0.0039)
finance	0.0124 (0.0126)	0.3667*** (0.0526)	0.5507*** (0.0695)	0.0068 (0.0195)

续表

变量	进入边际	扩展边际	集约边际	出口产品质量
	模型 1	模型 2	模型 3	模型 4
hhi	-0.2473** (0.1213)	1.0788*** (0.3945)	-3.0237*** (0.5201)	-0.4278*** (0.1559)
wage	-0.0044*** (0.0010)	-0.0196*** (0.0030)	-0.0349*** (0.0070)	-0.0077*** (0.0015)
Constant	0.6279*** (0.0518)	-0.6979*** (0.1986)	8.9191*** (0.2635)	-1.1091*** (0.0838)
行业固定效应	Yes	Yes	Yes	Yes
省份固定效应	Yes	Yes	Yes	Yes
年份固定效应	Yes	Yes	Yes	Yes
Obs	33 505	33 505	33 505	33 010
R^2	0.0672	0.2237	0.3136	0.0501

注：（1）括号内为稳健标准误；（2）***、**、*分别表示 1%、5%、10% 的显著性水平。

表 6-28　贸易政策不确定性下研发补贴对高技术产品出口发展的影响（更换变量）

变量	进入边际	扩展边际	集约边际	出口产品质量
	模型 1	模型 2	模型 3	模型 4
Sub	0.0111 (0.0089)	0.1474*** (0.0331)	-0.4311*** (0.0436)	-0.0041 (0.0140)
TPU	0.0020 (0.0014)	-0.0214*** (0.0047)	0.0175*** (0.0064)	0.0067*** (0.0017)
Sub × TPU	0.0054*** (0.0019)	0.0160** (0.0067)	0.0418*** (0.0088)	-0.0017 (0.0027)
size	0.0137*** (0.0030)	0.1313*** (0.0094)	0.1563*** (0.0131)	-0.0117** (0.0046)
age	0.0026*** (0.0006)	0.0147*** (0.0023)	-0.0000 (0.0031)	0.0034*** (0.0009)

续表

变量	进入边际	扩展边际	集约边际	出口产品质量
	模型 1	模型 2	模型 3	模型 4
tfp	0.0132*** (0.0031)	0.3170*** (0.0101)	0.4657*** (0.0146)	0.0930*** (0.0045)
kl	-0.0060*** (0.0023)	-0.0944*** (0.0074)	0.1092*** (0.0110)	0.0209*** (0.0039)
finance	0.0126 (0.0126)	0.3695*** (0.0525)	0.5525*** (0.0693)	0.0061 (0.0195)
hhi	-0.2453** (0.1214)	1.1678*** (0.3957)	-3.0143*** (0.5222)	-0.4507*** (0.1563)
wage	-0.0045*** (0.0010)	-0.0192*** (0.0030)	-0.0351*** (0.0070)	-0.0078*** (0.0015)
Constant	0.6220*** (0.0523)	-0.6100*** (0.1992)	8.8659*** (0.2639)	-1.1360*** (0.0838)
行业固定效应	Yes	Yes	Yes	Yes
省份固定效应	Yes	Yes	Yes	Yes
年份固定效应	Yes	Yes	Yes	Yes
Obs	33 505	33 505	33 505	33 010
R^2	0.0675	0.2242	0.3144	0.0503

注：(1) 括号内为稳健标准误；(2) ***、**、*分别表示1%、5%、10%的显著性水平。

2. 对变量进行 winsorize 处理

参考李凤羽和杨墨竹（2015）的方法，对主要的解释变量和被解释变量处于1%和99%分位上的数据进行 winsorize 处理，以降低变量极端值对模型回归结果的影响。具体回归结果见表6-29至表6-31。通过表中主要变量的系数符号及显著性可以看出，除去变量极端值之后，研发补贴对出口进入边际和扩展边际的影响仍为正，对出口集约边际和产品质量的影响仍为负；贸易政策不确定性对企业进入边际和扩展边际的影响为负向，对集约边际和出口产品质量的影响为正，与主要结论一致；在贸易政策不确定降低的环境下考察研发补贴的作用效果，发现研发补贴同样未能有效提升高技术产品出口发展的四个维度。综合来看，在去除主要变量的极端值后，研究结论未发生改变，可以验证结论的稳健性。

表 6－29　　政府研发补贴对高技术产品出口发展的影响（去除极端值）

变量	进入边际	扩展边际	集约边际	出口产品质量
	模型 1	模型 2	模型 3	模型 4
RDSub	0.0032 ** (0.0014)	0.0264 *** (0.0051)	－0.0976 *** (0.0066)	－0.0090 *** (0.0020)
size	0.0145 *** (0.0030)	0.1340 *** (0.0095)	0.1711 *** (0.0131)	－0.0098 (0.0046)
age	0.0026 *** (0.0006)	0.0144 *** (0.0023)	0.0020 (0.0031)	0.0037 *** (0.0009)
tfp	0.0130 *** (0.0032)	0.3159 *** (0.0101)	0.4640 *** (0.0146)	0.0926 *** (0.0045)
kl	－0.0061 *** (0.0023)	－0.0966 *** (0.0074)	0.1078 *** (0.0110)	0.0207 *** (0.0039)
finance	0.0110 (0.0127)	0.3562 *** (0.0526)	0.5875 *** (0.0693)	0.0101 (0.0195)
hhi	－0.2475 ** (0.1214)	1.0708 *** (0.3938)	－2.9561 *** (0.5254)	－0.4194 *** (0.1562)
wage	－0.0044 *** (0.0010)	－0.0195 *** (0.0030)	－0.0340 *** (0.0070)	－0.0075 *** (0.0015)
Constant	0.6226 *** (0.0519)	－0.7268 *** (0.1989)	8.9214 *** (0.2632)	－1.1113 *** (0.0838)
行业固定效应	Yes	Yes	Yes	Yes
省份固定效应	Yes	Yes	Yes	Yes
年份固定效应	Yes	Yes	Yes	Yes
Obs	33 495	33 495	33 495	33 000
R^2	0.0661	0.2209	0.3160	0.0505

注：（1）括号内为稳健标准误；（2）*** 、** 、* 分别表示 1% 、5% 、10% 的显著性水平。

表6－30　贸易政策不确定性对高技术产品出口发展的影响（去除极端值）

变量	进入边际	扩展边际	集约边际	出口产品质量
	模型1	模型2	模型3	模型4
TPU	－0.0402 *** (0.0036)	－0.0175 *** (0.0049)	0.0239 *** (0.0065)	0.0068 *** (0.0016)
size	0.0730 *** (0.0122)	0.1390 *** (0.0093)	0.1457 *** (0.0128)	－0.0076 ** (0.0034)
age	0.0118 *** (0.0029)	0.0103 *** (0.0021)	－0.0044 (0.0030)	0.0025 *** (0.0007)
tfp	0.0440 *** (0.0131)	0.3156 *** (0.0099)	0.4622 *** (0.0142)	0.0871 *** (0.0036)
kl	－0.0806 *** (0.0094)	－0.0954 *** (0.0073)	0.1107 *** (0.0108)	0.0167 *** (0.0027)
finance	0.1507 ** (0.0649)	0.2337 *** (0.0460)	0.4724 *** (0.0671)	0.0032 (0.0152)
hhi	－0.7323 *** (0.2604)	1.1637 *** (0.3846)	－3.0651 *** (0.4906)	－0.4435 *** (0.1479)
wage	－0.0183 *** (0.0037)	－0.0195 *** (0.0029)	－0.0342 *** (0.0069)	－0.0078 *** (0.0014)
Constant	0.4256 * (0.2445)	－1.0676 *** (0.1818)	8.6819 *** (0.2563)	－1.1245 *** (0.0629)
行业固定效应	Yes	Yes	Yes	Yes
省份固定效应	Yes	Yes	Yes	Yes
年份固定效应	Yes	Yes	Yes	Yes
Obs	33 505	33 505	33 505	33 010
R^2	0.0187	0.2158	0.3141	0.0781

注：（1）括号内为稳健标准误；（2）***、**、*分别表示1%、5%、10%的显著性水平。

表 6－31 贸易政策不确定性下研发补贴对高技术产品出口发展的影响（去除极端值）

变量	进入边际	扩展边际	集约边际	出口产品质量
	模型 1	模型 2	模型 3	模型 4
RDSub	－0. 0058 ** (0. 0028)	0. 0020 (0. 0103)	－0. 1585 *** (0. 0138)	－0. 0125 *** (0. 0034)
TPU	0. 0020 (0. 0016)	－0. 0219 *** (0. 0051)	0. 0159 ** (0. 0068)	0. 0065 *** (0. 0016)
RDSub × *TPU*	0. 0021 *** (0. 0006)	0. 0057 *** (0. 0022)	0. 0147 *** (0. 0029)	0. 0007 (0. 0007)
size	0. 0145 *** (0. 0030)	0. 1324 *** (0. 0094)	0. 1711 *** (0. 0129)	－0. 0051 (0. 0034)
age	0. 0026 *** (0. 0006)	0. 0095 *** (0. 0021)	－0. 0012 (0. 0030)	0. 0028 *** (0. 0007)
tfp	0. 0130 *** (0. 0031)	0. 3169 *** (0. 0099)	0. 4560 *** (0. 0142)	0. 0865 *** (0. 0036)
kl	－0. 0063 *** (0. 0023)	－0. 0935 *** (0. 0073)	0. 1034 *** (0. 0107)	0. 0160 *** (0. 0027)
finance	0. 0110 (0. 0127)	0. 2248 *** (0. 0461)	0. 5074 *** (0. 0666)	0. 0067 (0. 0151)
hhi	－0. 2335 * (0. 1216)	1. 2029 *** (0. 3882)	－2. 8140 *** (0. 5044)	－0. 4268 *** (0. 1488)
wage	－0. 0045 *** (0. 0010)	－0. 0198 *** (0. 0029)	－0. 0324 *** (0. 0067)	－0. 0076 *** (0. 0014)
Constant	0. 6147 *** (0. 0523)	－1. 0384 *** (0. 1819)	8. 6586 *** (0. 2556)	－1. 1286 *** (0. 0631)
行业固定效应	Yes	Yes	Yes	Yes
省份固定效应	Yes	Yes	Yes	Yes
年份固定效应	Yes	Yes	Yes	Yes
Obs	33 495	33 495	33 495	33 000
R^2	0. 0666	0. 2168	0. 3195	0. 0790

注：（1）括号内为稳健标准误；（2）***、**、* 分别表示 1%、5%、10% 的显著性水平。

6.3 本章小结

本章基于2000～2007年的企业出口数据从微观视角进一步探讨了贸易政策不确定性下政府研发补贴对出口发展的影响效果。与上一章从国家视角观察全球贸易政策不确定性不同，本章的研究是立足于2001年中国加入WTO后面临的贸易政策不确定性下降这一情况，探讨贸易政策不确定性降低时政府研发补贴对企业的高技术产品出口发展产生怎样的影响。

研究结果表明，政府研发补贴对高技术企业参与出口市场和出口扩展边际的增长均起到显著促进作用，对出口集约边际和产品质量提升具有明显的抑制作用。贸易政策不确定性的下降既有利于高技术企业作出参与出口市场的决策，也有利于出口扩展边际的提升。综合考虑研发补贴和不确定的贸易政策环境后发现，在贸易政策不确定性降低的情况下，政府研发补贴对高技术企业参与出口市场以及扩展边际增长的促进作用减弱，对出口集约边际增长的消极影响增强，对出口产品质量提升的消极影响减弱。进一步分析上述影响的异质性，研究发现，贸易政策不确定性下政府研发补贴对出口发展的影响在行业类型、所有制、地区、贸易类型方面具有差异性。在国际贸易政策不确定性降低时，政府研发补贴对企业参与出口市场的促进作用减弱主要体现在科技创新型企业、本土企业、东部地区企业和一般贸易企业；对扩展边际增长的促进作用减弱主要体现在科技创新型企业、外资企业、东部地区企业以及一般贸易企业；对集约边际的消极影响增强主要体现在科技创新型企业、本土企业、中西部地区企业和一般贸易企业；对出口产品质量提升的不利影响减弱体现在科技创新型企业、本土企业、东部地区企业以及加工贸易企业。最后，通过内生性检验以及更换变量、去除极端值等多种稳健性检验方法验证上述结论的可靠性。

第7章

研究结论与政策建议

自中国融入经济全球化进程以来，出口贸易在经济发展过程中发挥着越来越重要的作用。目前，中国的高技术产品出口增长主要由数量边际带动，扩展边际和价格边际的促进作用很小。中国的出口增长仍处于以量取胜的阶段，亟须向数量和质量同步发展转变。当前，全球贸易发展环境存在诸多不确定性，国际贸易的稳定发展面临日益严峻的挑战。在全球贸易政策不确定性加大的环境下，企业出口面临的信息不对称、市场需求波动风险更大，企业出口和投资的积极性下降。政府研发补贴能够为企业分担研发风险、增加研发投入、缓解融资约束，从而消减贸易政策不确定性对出口发展的抑制作用。为更好地应对全球贸易环境不稳定发展带来的挑战，充分发挥政府推动贸易高质量发展的作用，实现中国出口由量的扩张到质的提升转型，本书试图从理论和实证两方面探讨在贸易政策不确定下政府研发补贴对高技术产品出口发展的影响效果，从而提出如何更好地运用研发补贴促进高技术产品出口的高质量发展。本章主要对前文的研究结论进行归纳总结，同时在此基础上就进一步推动企业出口发展提出政策建议。

7.1 研究结论

第一，中国高技术产品出口呈现总额逐渐增长、市场集中度高、出口质量不稳定、以数量边际增长为主的特点。中国高技术产品的出口总额整体上呈现稳定增长趋势，以电子及通信设备出口为主。中国高技术产品主要出口市场是亚洲，其次是北美洲市场，第三是欧洲市场，这三大市场的份额之和高达 90% 。中国高技术产品的出口市场集中度较高，在贸易形势不确定的环境下极易受到外界冲击的不利影响，中国企业选择出口市场时应该更加注重多样化，增加新兴市场等国家的市场开拓，优化贸易格局。中国高技术产品出口质量在样本期间内整体呈现上升态势，但变化趋势不稳定。中国高技术产品的出口增长主要以数量边际为主，价格边际和扩展边际对出口增长的贡献不大。也就是说，高技术产品的出口增长主要由出口数量推动，出口价格和种类对出口增长的影响不大。

第二，本书以梅利茨（2003）提出的新新贸易理论为分析框架，分析研发补贴对出口发展的影响，认为研发补贴直接降低了企业研发成本，从而降低了生产成本。成本的降低使企业在出口市场上更具价格竞争优势，有助于获得更多消费者的青睐，从而增加产品需求，致使企业扩大生产规模和出口规模。另外，研发补贴不同于一般性生产补贴，研发补贴以技术研发为补贴对象、以提升技术创新水平为目的，对研发部门提供资金支持，这将会极大地促进企业内部的研发活动，提高改进产品质量的积极性。因此，研发补贴具有激励企业不断创新、研制新产品的效果，从而对出口产品种类的多样化以及产品质量起到促进作用。

第三，通过异质性企业理论分析贸易政策不确定性对出口的影响，企业出口海外市场需要支付一笔高额固定成本（沉没成本），只有生产效率高的企业赚到足够利润才能负担这一成本。贸易政策不确定性加大将提高沉没成本，此时等待观望的价值增加。一方面，企业会选择延迟进入出口市场。企业安于在国内市场发展，缺乏足够强的竞争和创新意识，还会失去在出口中学习的机会。另一方面，在位出口企业将减少投资，用于新产品研发的投资减少，最终减少高技术产品出口的种类。在不确定的贸易环境下，出口商对国外消费需求持悲观预期，出口和投资的信心受到打击，将会减少对生产和研发的投资。研发投资的下降直接导致企业研发资金短缺，难以研制出更多样的创新型产品，出口种类减少。由于国外消费需求的减少导致企业对产品创新投入和多样性的需求减少，从而削弱企业研发新产品的动力。贸易政策不确定性加大时，企业进入出口市场的预期收益下降，导致更多企业退出市场。企业退出将降低临界生产率，当出口市场的生产率降低后，企业因缺乏竞争而降低出口产品质量。

第四，本书采用2003～2016年国家层面数据考察全球贸易政策不确定性下研发补贴对高技术产品出口发展的影响。研究发现，在全球贸易政策不确定性加大的时期，政府研发补贴能够有效缓解贸易政策不确定性对高技术产品出口市场份额、出口种类和数量的消极影响。进一步分析这一影响的异质性发现，与中等收入国家相比较，政府研发补贴更有利于缓解全球贸易政策不确定性对中国出口到中等收入国家（地区）的不利影响。本书还检验了2008年国际金融危机对上述结论的影响，研究发现，在国际金融危机之前，研发补贴对于缓解全球贸易政策不确定性对出口发展的负面影响并不显著。而在国际金融危机之后，政府研发补贴对缓解全球贸易政策不确定性对出口数量和出口产品质量的负面影响发挥了积极的作用。

第五，本书采用微观企业层面数据通过固定效应模型、倾向得分匹配法和倍差法模型进一步考察全球贸易政策不确定性下政府研发补贴对出口发展的影响。研究发现，在国际贸易政策不确定下降的情况下，政府研发补贴对高技术企业参与出口市场以及扩展边际增长的促进作用减弱，对出口集约边际增长的消极影响增强，对出口产品质量提升的消极影响减弱。进一步分析贸易政策不确定性下政府研发补贴对出口发展的影响在行业类型、所有制、地区、贸易类型方面的异质性。研究发现，在国际贸易政策不确定性降低的情况下，政府研发补贴对企业参与出口市场的促进作用减弱主要体现在科技创新型企业、本土企业、东部地区企业和一般贸易企业；对扩展边际增长的促进作用减弱主要体现在科技创新型企业、外资企业、东部地区企业以及一般贸易企业；对集约边际的消极影响增强主要体现在科技创新型企业、本土企业、中西部地区企业和一般贸易企业；对出口产品质量提升的不利影响减弱主要体现在科技创新型企业、本土企业、东部地区企业以及加工贸易企业。

7.2 政策建议

通过本书的研究结论可知，在国际贸易政策不确定性加大情况下，政府研发补贴对企业出口发展起到促进作用，一定程度上缓解了贸易政策不确定性对出口发展的消极影响，但在贸易政策不确定性下降时，政府研发补贴对出口发展难以起到促进作用。因此，本章将从完善政府研发政策、有效应对贸易政策不确定性以及增强创新能力等方面提出促进高技术产品出口发展的对策建议。

7.2.1 完善研发补贴政策

1. 严格遵守并充分利用好 WTO 规则

WTO《补贴与反补贴措施协定》（*Agreement on Subsidies and Countervailing Measures*，简称 SCM 协议）将补贴划分为禁止性补贴、可诉补贴和不可诉补贴三类。SCM 协议第二部分第三条规定了禁止补贴的范围，禁止性补贴主要指出口补贴和进口替代补贴。SCM 协议第三部分第五条指出可诉补贴针对的是可能扭曲贸易、损害成员国利益的补贴。可诉补贴也称为黄灯补贴，可诉补贴的实施应该严格遵守 WTO 规则，不能影响到其他成员方的利益，否则受损成员方有权提起申诉。不可诉补贴又称“绿灯补贴”，这类补贴因为对国际贸易利益无害、对社会发展有利而为 WTO 所接受。不可诉补贴具体涵盖了普遍性补贴、研发补贴、环境补贴及对落后地区的补贴。因此，尽管 WTO 限制政府补贴，但政府补贴基础性研究和竞争前技术研发与国际惯例并不冲突（吕薇，2009）。

在产业政策的补贴方面，中国应该充分运用WTO规则及WTO争端解决机制维护自身合法权益，对频繁发起反补贴措施的国家予以坚决回击。其次，应对国内补贴做法进行全面梳理，调整国内补贴中不规范、不统一等问题，提高规则制度的法制化水平。中国必须重视高标准国际规则中对己不利的条款，认真研判，并对国内规则作出合理调整，以积极开放的心态参与到全球经贸规则的制定与重构中，切实维护发展中国家的利益，提出更多更好的中国方案。

竞争中立正在成为全球经贸规则的要求，而我国政府对国有企业的补贴可能会被认为不符合这一要求，这将不利于我国更好地融入全球经贸规则的制定中。对国有企业的过多补贴会直接影响到国内公平竞争的市场环境，不利于国有企业体制改革。因此，国家应该完善对国有企业的政策扶持，确保为企业竞争创造公平公正的市场环境，不得给予比其他竞争者更优惠的税务减免等（廖凡，2017）。同时，政府补贴政策的调整应该顺应中国由贸易大国发展为贸易强国的现实，改变企业低价竞争的营销策略，主动引导、规范企业从低价竞争向质量竞争转变。

2. 充分发挥并进一步完善研发补贴政策

研发补贴在一定程度上纠正了研发活动的外部性，对中国提升产业技术水平，推动自主创新具有重要意义，尤其在当今科技竞争已成为国际竞争“制高点”的背景下，更应充分发挥研发补贴政策对高科技产业和战略性新兴产业发展的激励作用（刘钧霆和曲丽娜，2020）。政府应重点资助对国家竞争力有重要影响的新兴产业关键技术研发，如战略性新兴产业及技术研发。研发补贴政策在对战略性领域的重点产业予以支持时，要进一步加强对创新的激励作用，以考察各行业创新绩效为中心，综合考虑企业性质、所属行业等多方面因素，做到精准扶持，还要考虑政府研发政策在不同行业、不同地区、不同所有制乃至不同贸易类型方面的差异化影响，对高技术企业制定有针对性的研发政策支持方案，从而保证研发政策的高效率。

此外，实施研发补贴政策还应充分考虑全球贸易政策不确定这一外部环境。研发补贴政策应该随国际贸易环境的变化而变化。在国际贸易环境相对稳定时，政府应该适当减少补贴支持。而在贸易政策不确定加大时，政府可以通过加大研发补贴帮助企业抵御不确定性环境对出口造成的冲击。政府研发补贴能够在贸易政策不确定性加大时期对高技术产品出口边际的增长起到促进作用，但对出口产品质量的影响却并不明显。在贸易政策不确定增强时，研发补贴并不一定能够推动企业的实质性创新。当企业预期获得更多政府补贴时，会极力增加专利申请的数量，但这仅是为获得补贴而创新，并不能对企业技术水平起到提升作用。在信息不对称的情况下，企业通过释放虚假信号能提高获得补贴的可能性，且补贴还存在寻租行为，不利于企业真正地创新。因此，为使政府补贴真正起到调动企业研发积极性、提升产品质量的作用，对于技术含量相对低的企业，后期补助时应该提高虚假信号成本，建立企业间的监督制衡机制，不断完善对补贴企业科研成果评价的体系，完善专家评审制度，加强对评审过程的监督，客观评估企业是否达到补贴前的创新目标，未实现目标的企业需要接受惩罚。对于产品技术含量较高的企业，可以在项目前期给予支持，通过市场竞争推动高技术企业的实质性创新。

7.2.2 推动产业政策转型

功能性产业政策充分发挥市场功能，为企业发展创造了更大的空间，准许更多企业进入市场。为在市场中获取更大利益，企业会在激烈的竞争中以更强烈的创新意愿追求技术创新和产品质量提升，以质取胜，增强竞争优势。这类产业政策属于事前支持，为企业创新提供前期的技术、人才投入等资源，为企业进行实质创新增添信心和动力，能够帮助高技术企业有效克服不确定因素的影响。选择性产业政策则是按照政府安排控制产业发展，影响市场公平竞争，难以调动企业创新积极性。选择性产业政策以事后扶持的形式支持企业创新，市场的作用难以发挥出来，经济中充斥着寻租行为，企业将更多精力放在寻求补贴上，而不是提升产品技术含量。中国应加快产业政策由选择性政策向功能性产业政策转型。现阶段，以政府干预为主导的选择性产业政策难以有效提升产业竞争力。产业政策应该充分发挥市场机制的作用，在公平竞争的前提下，推动功能性产业政策与竞争政策的良性协同作用。党的十九大报告强调“市场在资源配置中起决定性作用和更好发挥政府作用”①。因此，正确处理市场和政府的关系，既应该遵循市场对资源配置起决定性作用的规律，减少政府干预，维护市场竞争，又要发挥好政府保持经济稳定的职能，维护市场秩序、弥补市场失灵。

实施补贴政策要以完善社会主义市场经济、建设现代化经济体系和构建开放型经济新体制为导向，使补贴政策不断朝推动公平竞争、消除贸易自由化条件下导致的市场扭曲方向转变，同时转变补贴方式，大力加强基础设施建设，推动信息化发展，实现研发补贴政策的转型。当前中国的产业转型离不开创新，尤其是绿色创新，中国政府应该坚持重视创新和技术外溢的功能性产业政策，加快完善知识产权保护制度、加大对基础性研究的投入力度、为科技创新构建完善的公共服务体系及人才培养机制，为创新活动营造良好的制度环境，引导产业向绿色领域发展。

7.2.3 促进贸易自由化发展

金融危机后，逆全球化浪潮高涨，部分发达国家实行贸易保护政策致使贸易摩擦频发。当今世界经济相互依存，贸易冲突不仅影响贸易双方，还会牵连全球经济。贸易协定有利于提高贸易政策的稳定性，使得企业可预测未来贸易政策的变化，降低贸易政策的不确定性。自由贸易协定（FTA）为中国开展国际贸易提供了广阔空间，在中国出口贸易的发展中

---

① 中国共产党新闻网：《习近平关于社会主义经济建设论述摘编》（http://theory.people.com.cn/n1/2017/0619/c148980-29347273.html）。最后一次访问日期：2020年3月20日。

发挥着重要推动作用。FTA 不仅降低了出口企业的成本，还减少了非关税壁垒，企业更倾向于出口产品到签订 FTA 的伙伴国，更有可能与其建立稳定的贸易联系。冯帆等（2018）研究发现自由贸易协定的签订有利于降低中国与伙伴国间贸易摩擦事件的数量。FTA 提高了中国经济贸易政策的透明度，且契约的存在强化了中国制定贸易政策的规则意识，因而能有效降低贸易摩擦频率。钱学锋和龚联梅（2017）的研究指出中国与伙伴国间的贸易协定有利于降低中国贸易政策的不确定性，从而将促进制造业出口。目前，中国已经同 24 个国家/地区签订了自由贸易协定，还有部分自贸区处于谈判和研究状态。积极建立自由贸易区、参与区域经济合作有利于引导全球经贸环境朝着稳定的方向发展。在推动多边贸易体制发展时，积极推动自贸区建设，学习、吸收发达国家在自贸区建设方面的成功经验。自由贸易区战略既是中国深化国内体制改革、扩大对外开放的重要平台，也是降低贸易政策不确定性的有效途径。自贸区的建立不仅为国内企业出口提供便利、为国际市场的开拓创造空间，还有助于营造稳定的贸易环境。今后，中国政府还应继续推进与有意愿的国家开展自贸区谈判，加快建设自由贸易区。积极参与世贸组织有关《贸易便利化协定》的谈判与实施，不断提升货物贸易和服务贸易的开放水平，简化国际贸易程序、降低交易成本，便利跨境贸易，致力于持续提高贸易便利化水平，为中国高技术企业提供更多机会参与高层次的竞争格局，为中国高技术产品出口创造优越的环境（刘钧霆等，2018）。“一带一路”建设所具有的开放、包容、均衡和共赢的理念在国际经济合作中发挥着重要作用，有利于降低世界经济面临的不确定性。因此，中国应继续深化与“一带一路”沿线国家的交流合作，既包括经济合作也包括文化交流。除了签订 FTA 的数量，我们还应重视 FTA 的质量。填平已有贸易协定的短板，在知识产权、服务贸易、开放投资等多领域深入谈判，升级现有贸易协定。

对于难以签订自由贸易协定的国家，发生贸易摩擦时首先通过合理谈判的途径解决分歧，利用争端解决机制维护贸易利益，避免通过贸易战的方式对待贸易摩擦。为了降低贸易政策的不确定性，世界各国应以互利共赢为理念化解贸易摩擦，推动全球贸易自由化、便利化。李春顶等（2018）通过一般均衡模型模拟了中国应对美国贸易摩擦的方式时发现，采取贸易保护的方式仅起到缓解作用，无法改变受损的事实。贸易摩擦致使双方受损，合作才能共赢。在不确定的国际贸易环境中应使得化解贸易摩擦的机制保持高效、适用的特点。

就国内而言，中国政府需深化经济体制改革，大力推进国内自由贸易试验区、自由贸易港建设，借鉴国际先进经验，进一步对接国际高标准贸易投资规则，形成可复制推广的经验，辐射全国。出口企业应学好利用好FTA条款，关注“一揽子”协定，在不确定的国际环境中，合理利用贸易协定和争端解决机制维护自身利益。创新能力的提高及全球价值链地位的提升也有助于增强企业在贸易谈判中的话语权，减少被诉造成的经济损失。

7.2.4 优化营商环境

在国际贸易政策不确定性逐渐增强的环境中，想要实现经济的稳定发展，中国需要优化自身营商环境，以营商环境软实力提升经济发展硬实力。在不确定性加强的背景下，优化营商环境有利于提振市场信心，激发市场主体创新创业热情。2019年世界银行发布《全球营商环境报告2020》，中国的营商环境排名再次提升，位居世界第31位①。这一成绩表明中国政府已在各个领域实施多项举措且落到实处，今后中国应继续落实更多新举措打造稳定、透明、公平、可预期的营商环境，促进更高水平对外开放。虽然中国营商环境总体排名不断进步，但部分指标（如纳税、获得信贷）的排名落后，与先进国家间差距较大。因此，中国应重视指标中的薄弱环节，学习、借鉴先进国家的经验，积极突破，争取进一步提升营商环境整体水平。顾艳辉等（2019）将交易成本界定为交易主体因契约而产生的

① 世界银行《2020年营商环境报告20》（https：//chinese. doingbusiness. org/zh/reports/global－reports/doing－business－2020）。最后一次访问日期：2020年3月4日。

成本，包括交易契约前期的搜寻成本、中期议价成本和监督成本、后期救济成本等。改善营商环境的关键是降低交易成本。我国土地、劳动力资源的价格优势已逐渐弱化，需要通过改革和法治降低交易成本，从而吸引外商投资，增强本土企业的活力。营商环境的法治化降低了不确定性因素，法治环境以法律规范行为，契约双方受法律约束，遵守契约才是双方的理性选择。法治化环境中，政府行为同样受法律约束，政务环境和政策环境将更加透明、公正、高效。习近平总书记曾说“法治是最好的营商环境”，中国政府应加强法治建设，强化对营商环境的法治保障，建立更加透明、公正的市场竞争机制，对内资企业、外资企业一视同仁，依法维护各类市场主体。

7.2.5 强化知识产权保护

即使贸易政策的变动难以预测，企业自身也可以努力学习新技术，通过技术进步有效应对不确定性，实现出口贸易的高质量发展。国家和企业应加大技术研发方面的投入力度，制订完善的人才引进和培养计划，建立高效的知识产权保护机制，加速推进科研成果产业化，实现企业自主创新能力的提高，在增强核心竞争力的同时为经济增长注入持久新动力。知识产权是提高中国全球价值链分工地位的关键，对发展为贸易强国具有重要作用。保护知识产权就是保护创新，要充分运用法律、行政、技术、社会综合治理等手段进一步强化知识产权保护，为加快建设创新型国家提供有力支持。

1. 健全知识产权制度，促进自主创新

知识产权制度是保护创新者权益和积极性、促进技术合理扩散的重要工具。国家应该建立适合企业创新的平衡的知识产权制度，加强知识产权相关基础设施建设。平衡的知识产权制度既要保护和鼓励创新，又要防止因滥用知识产权而阻碍创新。加强知识产权政策与创新政策的协调性，提高知识产权制度的实施效率，有效发挥知识产权制度促进创新的作用。知识产权制度需要结合配套的政策体系以及良好的市场环境，将知识产权管理落实到具体部门。因此，政府需完善市场环境，规范市场秩序，使得企业可以公平竞争。企业应不断完善知识产权保护制度，提高知识产权管理水平。为保护和激励创新，企业应加强知识产权管理，对知识产权部门及人员配置进行规范，加强对产品研发至销售各个环节的保护。提升产品的技术含量和附加值，是落实创新驱动战略的核心内容。企业在创新产品的过程中要注意保护已研发出的技术，核心技术需要依靠专利来保护。

2. 强化海外知识产权维权意识

随着中国“走出去”步伐的加快，中国产品越来越多地销往国际市场。在持续升级的国际知识产权保护水平下，中国企业的贸易纠纷增加，知识产权侵权案件增加。在这一情况下，一方面，中国应鼓励国内创新者充分利用专利检索平台或国际学术交流及时了解国际专利申请动态，积极为创新产品在国际市场申请专利保护。国内研发工作者还能够在国外产品专利的基础上申请新的专利，在国外专利外部形成包围，降低国外专利对中国专利的控制。另一方面，中国应该不断强化海外知识产权保护和维权意识，切实有效地保护出口企业的合法权益。针对知识产权国际纠纷，应建立海外知识产权维权中心，帮助企业有效解决国际知识产权摩擦问题。面对国外发起的知识产权调查，如美国的337调查，应支持企业积极应诉，在海外维权过程中不断积累丰富的维权经验，更加有效地运用国际知识产权规则保护企业利益。

7.2.6 深化科技创新体制改革

习近平指出“谁牵住了科技创新这个牛鼻子，谁走好科技创新这步先手棋，谁就能占领先机、赢得优势”[①]。创新能力已经发展成衡量一个国

① 新华网:《习近平：走好科技创新先手棋 就能占领先机赢得优势》(http://www.xinhuanet.com/politics/2014-05/24/c_1110843342_2.htm)。最后一次访问日期：2020年3月4日。

家综合国力和全球竞争力的重要指标。在当今技术飞速发展的知识经济时代，技术创新已经成为各国占领技术制高点、促进经济增长的关键法宝。创新驱动成为大势所趋。当前，中国的经济发展进入新常态，传统的粗放型经济增长方式难以为继，必须依靠创新驱动培育新的经济增长点。同时，关键技术受制于人导致很多产业处于全球价值链的中低端，提高自主创新能力成为价值链升级的有效途径。技术创新不仅是国际竞争的大势所趋，亦是国家发展的形势所迫。

深化科技体制改革是实施创新驱动发展战略的根本要求。2015 年 9 月，为打通科技创新与经济社会发展通道，激发科技创新的潜能，中共中央办公厅、国务院办公厅印发了《深化科技体制改革实施方案》，全面深化科技体制改革，推动以科技创新为核心的全面创新，加快建设创新型国家的步伐。此次改革对企业技术创新主体地位、促进科技成果、激发创新活力等 10 个方面进行部署，提出 32 项改革举措、143 项政策措施。党的十九大报告提出深化科技体制改革，建立以企业为主体、市场为导向、产学研深度融合的技术创新体系。

技术创新离不开政府政策的支持，同时需要竞争性的市场机制激励企业创新。国家应继续加大研发投入力度，利用多种渠道支持企业研发活动，如优惠信贷利率、政策性贷款、外贸发展基金以及贷款贴息等多种形式。为企业提供多种利于创新的融资渠道，如为中小企业提供信用担保，允许通过知识产权质押为创新企业提供融资。改善政府科技投入管理体制，改进科技资源配置机制。调整投入结构，推动政府资助的研究成果的扩散和利用，提高政府支出效率。政府投入应重点用于科技基础设施和公共技术平台建设，加大基础性研究投入，提高原始创新技术供应能力，支持共性技术和共享技术的研究开发，培育产学研联合体，为中小企业提供技术创新服务。技术创新需要投入巨额的研发费用，单靠企业自身往往难以实现持续投入。企业可以进行联合研发，与其他企业结成技术联盟，共同研发、共享技术成果。

创新驱动实质上是人力资本驱动，人力资本是建设创新型国家的重要资源。区别于体力劳动，人力资本与复杂的脑力劳动相关，指具有技能和知识的劳动力，发挥着比物质资本、劳动力数量更重要的作用。习近平总书记提到“我国科技队伍规模是世界上最大的，主要问题是水平和结构”[①]。国家在培养人才数量的同时更应培养人才质量，优化人力资本结构，增加对高层次人力资本的引进和培养。习近平在科技“三会”上提到“我国要建设世界科技强国，关键是要建设一支规模宏大、结构合理、素质优良的创新人才队伍，激发各类人才创新活力和潜力”[②]。现阶段，对人力资本的追求已经从知识型人力资本向创新型人力资本转变。人才的创新意识是能否生产出具有创新性产品的关键。国家可在教育模式和教育结构方面作出调整，鼓励学生的创造性思维。国家还可通过建立激励机制鼓励人才的创新性思维，健全人才管理制度和保障机制。为满足行业所需的技术人才，企业应继续完善人才结构和管理制度，建立完整且有效的机制激励人才，培养一支专业化的团队来管理人才，调动人力资本投入到科技创新中去的积极性。国家和企业应重视对员工的教育培训，提升劳动力技能，引导员工主动提高自我创新能力，推动人力资本朝创新形态发展。国家不仅要重视国内人才的培养，还应该积极引进国外优秀的技术人才，聚天下英才而用之，学习国外先进的人才管理经验。

① 人民网：《〈习近平关于科技创新论述摘编〉（八）牢牢把握集聚人才大举措》（http://theory.people.com.cn/n1/2016/0405/c402884-28249531.html）。最后一次访问日期：2020年3月4日。

② 新华网：《习近平：为建设世界科技强国而奋斗》（http://www.xinhuanet.com/politics/2016-05/31/c_1118965169.htm）。最后一次访问日期：2020年3月4日。

参 考 文 献

［1］安同良，周绍东，皮建才．R&D补贴对中国企业自主创新的激励效应［J］．经济研究，2009，44（10）：87－98，120.

［2］保罗·克鲁格曼．战略性贸易与国际经济［M］．北京：中信出版集团，2016：1－376.

［3］蔡洁，黄曦，白江涛．贸易政策不确定性与出口：基于中国—东盟自贸区的微观数据分析［J］．全球化，2017（1）：88－103，135.

［4］蔡旺春，吴福象，刘琦．研发补贴与中国高技术细分行业出口竞争力比较分析［J］．产业经济研究，2018（6）：1－9.

［5］曹献飞，李晓萍，戴云徽．政府补贴对企业出口产品质量的影响研究［J］．江苏科技大学学报（社会科学版），2018，18（2）：86－93.

［6］陈虹，徐阳．贸易政策不确定性会增加企业就业人数吗——来自中国加入WTO的企业微观数据［J］．宏观经济研究，2018（10）：121－133，175.

［7］陈玲，杨文辉．政府研发补贴会促进企业创新吗？——来自中国上市公司的实证研究［J］．科学学研究，2016，34（3）：433－442.

［8］陈鑫霞，朱晶．目的国经济政策不确定性对中国企业出口产品创新的影响［J］．世界农业，2019（4）：47－55.

［9］樊纲，王小鲁，朱恒鹏．中国市场化指数——各省区市场化相对进程2006年度报告［R］．中国经济改革研究基金会国民经济研究所，2006.

[10] 冯帆，何萍，韩剑. 自由贸易协定如何缓解贸易摩擦中的规则之争 [J]. 中国工业经济，2018 (10)：118 – 136.

[11] 傅利平，李小静. 政府补贴在企业创新过程的信号传递效应分析——基于战略性新兴产业上市公司面板数据 [J]. 系统工程，2014，32 (11)：50 – 58.

[12] 谷克鉴，程诺，蒋灵多. 经济政策不确定性与多产品企业出口调整 [J]. 中南财经政法大学学报，2018 (5)：123 – 131，140.

[13] 顾夏铭，陈勇民，潘士远. 经济政策不确定性与创新——基于我国上市公司的实证分析 [J]. 经济研究，2018，53 (2)：109 – 123.

[14] 郭晶，周玲丽. 贸易政策不确定性、关税变动与企业生存 [J]. 国际贸易问题，2019 (5)：22 – 40.

[15] 郭平. 政策不确定性与企业研发投资："延迟效应"还是"抢占效应"——基于世界银行中国企业调查数据的分析 [J]. 山西财经大学学报，2016，38 (10)：1 – 12.

[16] 郭迎锋，顾炜宇，乌天玥，等. 政府资助对企业 R&D 投入的影响——来自我国大中型工业企业的证据 [J]. 中国软科学，2016 (3)：162 – 174.

[17] 胡大猛，钟昌标，黄远浙. 融资约束、制度环境和出口产品质量 [J]. 中国发展，2019，19 (3)：20 – 32.

[18] 胡亚茹，陈丹丹. 中国高技术产业的全要素生产率增长率分解——兼对"结构红利假说"再检验 [J]. 中国工业经济，2019 (2)：136 – 154.

[19] 靳光辉，刘志远，花贵如. 政策不确定性与企业投资——基于战略性新兴产业的实证研究 [J]. 管理评论，2016，28 (9)：3 – 16.

[20] 景光正，李平. OFDI 是否提升了中国的出口产品质量 [J]. 国际贸易问题，2016 (8)：131 – 142.

[21] 康志勇. 政府补贴与中国本土企业出口行为研究 [J]. 世界经济研究，2014 (12)：22 – 27，32，84.

[22] 亢梅玲，和坤林．出口产品质量测度与干中学效应研究［J］．世界经济研究，2014（7）：47 –54，88.

[23] 寇恩惠，戴敏．政策不确定性与地方政府研发补贴［J］．中央财经大学学报，2019（4）：3 –15.

[24] 黎文靖，郑曼妮．实质性创新还是策略性创新？——宏观产业政策对微观企业创新的影响［J］．经济研究，2016，51（4）：60 –73.

[25] 李春顶，何传添，林创伟．中美贸易摩擦应对政策的效果评估［J］．中国工业经济，2018（10）：137 –155.

[26] 李方静．基于二元边际视角的中间产品进口对中国制造业出口质量影响研究［D］．博士学位论文，东南大学，2015.

[27] 李凤羽，杨墨竹．经济政策不确定性会抑制企业投资吗？——基于中国经济政策不确定指数的实证研究［J］．金融研究，2015（4）：115 –129.

[28] 李坤望，蒋为，宋立刚．中国出口产品品质变动之谜：基于市场进入的微观解释［J］．中国社会科学，2014（3）：80 –103，206.

[29] 李世奇，朱平芳．研发补贴对企业创新产出的影响研究［J］．中国科技论坛，2019（8）：18 –26.

[30] 李新功．政府 R&D 资助、金融信贷与企业不同成长阶段实证研究［J］．管理评论，2018，30（10）：73 –81.

[31] 李秀芳，施炳展．补贴是否提升了企业出口产品质量？［J］．中南财经政法大学学报，2013（4）：139 –148.

[32] 李秀芳，施炳展．中间品进口多元化与中国企业出口产品质量［J］．国际贸易问题，2016（3）：106 –116.

[33] 廖凡．上海自贸试验区建设推进与制度创新［M］．北京：中国社会科学出版社，2017：1 –352.

[34] 廖玫，赵婧．中国光伏产业政府补贴的出口效应研究——基于 GTAP 模型的分析［J］．工业技术经济，2014，33（3）：121 –129.

[35] 刘钧霆，曲丽娜．政府补贴、国际知识产权保护与企业创新——

来自战略性新兴产业上市公司的证据 [J]. 商业研究, 2020 (3): 20-28.

[36] 刘钧霆, 曲丽娜, 佟继英. 进口国知识产权保护对中国高技术产品出口贸易的影响——基于三元边际的分析 [J]. 经济经纬, 2018, 35 (4): 65-71.

[37] 刘晓宁, 刘磊. 企业出口强度与产品质量的相互影响——质量促进效应还是出口学习效应 [J]. 财贸研究, 2016, 27 (6): 60-69.

[38] 刘晓宁. 贸易自由化、异质性企业出口决策与出口产品质量升级研究 [D]. 山东大学, 2015.

[39] 刘竹青, 佟家栋. 内外经济政策不确定对中国出口贸易及其发展边际的影响 [J]. 经济理论与经济管理, 2018 (7): 16-30.

[40] 鲁晓东. 出口转型升级: 政府补贴是一项有效的政策吗? [J]. 国际经贸探索, 2015, 31 (10): 52-61.

[41] 吕薇. 中国特色创新之路: 政策与机制研究 [M]. 北京: 人民出版社, 2009: 1-308.

[42] 毛其淋, 盛斌. 贸易自由化、企业异质性与出口动态——来自中国微观企业数据的证据 [J]. 管理世界, 2013 (3): 48-65, 66-67, 68.

[43] 毛其淋, 许家云. 贸易政策不确定性与企业储蓄行为——基于中国加入WTO的准自然实验 [J]. 管理世界, 2018, 34 (5): 10-27, 62, 179.

[44] 毛其淋, 许家云. 政府补贴对企业新产品创新的影响——基于补贴强度"适度区间"的视角 [J]. 中国工业经济, 2015 (6): 94-107.

[45] 孟庆斌, 师倩. 宏观经济政策不确定性对企业研发的影响: 理论与经验研究 [J]. 世界经济, 2017, 40 (9): 75-98.

[46] 南晓莉, 韩秋. 战略性新兴产业政策不确定性对研发投资的影响 [J]. 科学学研究, 2019, 37 (2): 254-266.

[47] 潘家栋, 韩沈超. 经济政策不确定性对我国出口贸易影响的实证分析 [J]. 浙江学刊, 2018 (6): 105-115.

[48] 彭馨, 蒋为. 税收竞争、企业生产效率与出口行为 [J]. 世界

经济研究，2019（7）：43－60，134－135.

［49］钱学锋，龚联梅．贸易政策不确定性、区域贸易协定与中国制造业出口［J］．中国工业经济，2017（10）：81－98.

［50］曲丽娜，刘钧霆．经济政策不确定性对中国出口三元边际的影响——来自高技术产品的证据［J］．国际经贸探索，2020，36（5）：35－50.

［51］曲如晓，臧睿．自主创新、外国技术溢出与制造业出口产品质量升级［J］．中国软科学，2019（5）：18－30.

［52］邵敏，包群．政府补贴与企业生产率——基于我国工业企业的经验分析［J］．中国工业经济，2012（7）：70－82.

［53］申明浩，谢观霞，楚鹏飞．经济政策不确定性对企业科技创新的影响［J］．广东财经大学学报，2019，34（4）：101－112.

［54］施炳展，逯建，王有鑫．补贴对中国企业出口模式的影响：数量还是价格？［J］．经济学（季刊），2013，12（4）：1413－1442.

［55］施炳展，邵文波．中国企业出口产品质量测算及其决定因素——培育出口竞争新优势的微观视角［J］．管理世界，2014（9）：90－106.

［56］施炳展．中国出口增长的三元边际［J］．经济学（季刊），2010，9（4）：1311－1330.

［57］宋玉禄，陈欣，施文韵．经济政策不确定性冲击下企业研发的“风险”与“机遇”——基于传统产业与先进制造业对比［J］．企业经济，2018，37（10）：35－43.

［58］苏理梅，彭冬冬，兰宜生．贸易自由化是如何影响我国出口产品质量的？——基于贸易政策不确定性下降的视角［J］．财经研究，2016，42（4）：61－70.

［59］苏振东，洪玉娟，刘璐瑶．政府生产性补贴是否促进了中国企业出口？——基于制造业企业面板数据的微观计量分析［J］．管理世界，2012（5）：24－42，187.

［60］谭小芬，张文婧．经济政策不确定性影响企业投资的渠道分析

[J]. 世界经济, 2017, 40 (12): 3-26.

[61] 唐丹丹, 阮伟华. 政府补贴提高了企业出口产品质量吗——基于地区制度条件下的分析 [J]. 国际经贸探索, 2019, 35 (6): 49-66.

[62] 佟家栋, 李胜旗. 贸易政策不确定性对出口企业产品创新的影响研究 [J]. 国际贸易问题, 2015 (6): 25-32.

[63] 汪亚楠, 周梦天. 贸易政策不确定性、关税减免与出口产品分布 [J]. 数量经济技术经济研究, 2017, 34 (12): 127-142.

[64] 王璐航, 首陈霄. 中国入世与出口增长: 关于关税不确定性影响的再检验 [J]. 经济学 (季刊), 2019, 18 (2): 721-748.

[65] 王闽, 侯晓红. 经济不确定性、政府补贴与企业技术创新投入 [J]. 华东经济管理, 2015, 29 (12): 95-100.

[66] 王明涛, 谢建国. 寻租、市场分割与企业超额回报——基于中国制造业企业的经验研究 [J]. 经济科学, 2019 (3): 67-79.

[67] 魏方. 生产率和产品品质双重异质性对企业出口的影响: 文献综述 [J]. 国际贸易问题, 2015 (1): 123-131.

[68] 魏方. 中国出口质量的空间分布、阶梯动态与结构分解 [J]. 国际贸易问题, 2019 (1): 54-66.

[69] 韦茜. 贸易政策不确定性对我国出口影响研究——基于中国企业层面数据的分析 [J]. 价格月刊, 2018 (7): 46-50.

[70] 魏友岳, 刘洪铎. 经济政策不确定性对出口二元边际的影响研究——理论及来自中国与其贸易伙伴的经验证据 [J]. 国际商务 (对外经济贸易大学学报), 2017 (1): 28-39.

[71] 伍健, 田志龙, 龙晓枫, 等. 战略性新兴产业中政府补贴对企业创新的影响 [J]. 科学学研究, 2018, 36 (1): 158-166.

[72] 肖文, 林高榜. 政府支持、研发管理与技术创新效率——基于中国工业行业的实证分析 [J]. 管理世界, 2014 (4): 71-80.

[73] 徐建军, 汪浩瀚. 生产补贴对企业出口的促进作用——基于剂量反应函数的实证分析 [J]. 国际贸易问题, 2014 (4): 3-13.

[74] 徐志伟，郭树龙．政府补贴、市场进入与企业盈利——兼评政府补贴的技术效应与反竞争效应 [J]．当代财经，2018 (1)：99－110.

[75] 许和连，徐莉，王海成．创新补贴影响企业出口二元边际研究 [J]．湖南大学学报（社会科学版），2017，31 (2)：61－68.

[76] 许家云，毛其淋．生产性补贴与企业进口行为：来自中国制造业企业的证据 [J]．世界经济，2019，42 (7)：46－70.

[77] 杨浩昌，李廉水．政府支持与中国高技术产业研发效率 [J]．科学学研究，2019，37 (1)：70－76，111.

[78] 杨连星，张杰，金群．金融发展、融资约束与企业出口的三元边际 [J]．国际贸易问题，2015 (4)：95－105.

[79] 杨洋，魏江，罗来军．谁在利用政府补贴进行创新？——所有制和要素市场扭曲的联合调节效应 [J]．管理世界，2015 (1)：75－86，98，188.

[80] 于建勋．生产补贴对出口的促进作用 [J]．统计研究，2012，29 (10)：85－89.

[81] 余娟娟，余东升．政府补贴、行业竞争与企业出口技术复杂度 [J]．财经研究，2018，44 (3)：112－124.

[82] 余淼杰，祝辉煌．贸易政策不确定性的度量、影响及其政策意义 [J]．长安大学学报（社会科学版），2019，21 (1)：1－8.

[83] 余明桂，范蕊，钟慧洁．中国产业政策与企业技术创新 [J]．中国工业经济，2016 (12)：5－22.

[84] 余智．国际贸易基础理论与研究前沿 [M]．上海：格致出版社，上海人民出版社，2015：2－437.

[85] 余智．贸易政策不确定性研究动态综述 [J]．国际贸易问题，2019 (5)：162－174.

[86] 张兵兵，田曦．目的国经济政策不确定性如何影响中国企业的出口产品质量？[J]．世界经济研究，2018 (12)：60－71，133.

[87] 张峰，刘曦苑，武立东，等．产品创新还是服务转型：经济政

策不确定性与制造业创新选择［J］．中国工业经济，2019（7）：101－118.

［88］张杰，陈志远，杨连星，等．中国创新补贴政策的绩效评估：理论与证据［J］．经济研究，2015，50（10）：4－17，33.

［89］张杰，翟福昕，周晓艳．政府补贴、市场竞争与出口产品质量［J］．数量经济技术经济研究，2015，32（4）：71－87.

［90］张杰，郑文平．全球价值链下中国本土企业的创新效应［J］．经济研究，2017，52（3）：151－165.

［91］张杰，郑文平．政府补贴如何影响中国企业出口的二元边际［J］．世界经济，2015，38（6）：22－48.

［92］张倩肖，冯雷．宏观经济政策不确定性与企业技术创新——基于我国上市公司的经验证据［J］．当代经济科学，2018，40（4）：48－57，126.

［93］张夏，施炳展，汪亚楠，等．经济政策不确定性真的会阻碍中国出口贸易升级吗？［J］．经济科学，2019（2）：40－52.

［94］张先锋，陈永安，吴飞飞．出口产品质量升级能否缓解中国对外贸易摩擦［J］．中国工业经济，2018（7）：43－61.

［95］张洋．政府补贴提高了中国制造业企业出口产品质量吗［J］．国际贸易问题，2017（4）：27－37.

［96］张莹，朱小明．经济政策不确定性对出口质量和价格的影响研究［J］．国际贸易问题，2018（5）：12－25.

［97］钟建军．中国高技术产品出口真的超过日本了吗——基于三元边际分解的实证分析［J］．国际贸易问题，2016（11）：86－96.

［98］周定根，杨晶晶，赖明勇．贸易政策不确定性、关税约束承诺与出口稳定性［J］．世界经济，2019，42（1）：51－75.

［99］周康．政府补贴、贸易边际与出口企业的核心能力——基于倾向值匹配估计的经验研究［J］．国际贸易问题，2015（10）：48－58.

［100］周世民，盛月，陈勇兵．生产补贴、出口激励与资源错配：微

观证据［J］. 世界经济，2014，37（12）：47－66.

［101］Aghion，P. N.，Bloom，N.，Blundell，R. et al. Competition and innivation：An inverted－U relationship［J］. Quarterly Journal of Economics，2005，120（2）：701－728.

［102］Ahir，H.，Bloom，N. & Furceri，D. The world uncertainty index［J］. SIEPR Working Paper，2019，No. 19－027.

［103］Aiginger，K. Europe's position in quality competition. Background report for the European Competitiveness Report 2000. Enterprise Papers No. 4，2001［J］. Journal of Natural Remedies，2001，14（1）.

［104］Alvarez，R. & Crespi，G. Exporter performance and promotion instruments：Chilean empirical evidence［J］. Estudios de Economia，2000，27（2）：225－241.

［105］Amiti，M. & Khandelwal，A. Import competition and quality upgrading［J］. Review of Economics and Statistics，2013，95（2）：476－490.

［106］Anderson，J. E. & Wincoop，E. V. Trade costs［J］. Journal of Economic Literature，2004，42（3）：691－751.

［107］Arrow，K. J. The economic implications of learning by doing［J］. The Review of Economic Studies，1962，29（3）：155－173.

［108］Atanassov，J.，Julio，B. & Leng，T. The bright side of political uncertainty：The case of R&D［J］. Social Science Electronic Publishing，2015.

［109］Baker，S. R.，Bloom，N. & Davis，S. J. Measuring economic policy uncertainty［J］. Quarterly Journal of Economics，2016，134（4）：1593－1636.

［110］Bator，F. M. The anatomy of market failure［J］. Quarterly Journal of Economics，1958，72（3）：351－379.

［111］Becker，B. Public R&D policies and private R&D investment：A survey of the empirical evidence［J］. Journal of Economic Survey，2015，29

(5): 917 -942.

[112] Berger, A. N. & Udell, G. F. The economics of small business finance: The roles of private equity and debt markets in the financial growth cycle [J]. Journal of Banking & Finance, 1998, 22.

[113] Bernanke, B. S. Irreversibility, uncertainty, and cyclical investment [J]. Quarterly Journal of Economics, 1983, 98 (1): 85 -106.

[114] Bernard, A. B. & Jensen, J. B. Why Some Firms Export [J]. The review of economics and statistics, 2004, 86 (2): 561 -569.

[115] Bloom, N. & Reenen, J. V. Patents, real options, and firm performance [J]. Economic Journal, 2002, 112 (478): 97 -116.

[116] Bouoiyour, J. & Selmi, R. How robust is the connection between exchange rate uncertainty and Tunisia's exports [J]. MPRA Paper 57505, University Library of Munich, Germany. 2014.

[117] Brander, J. A. & Spencer, B. J. Export subsidies and international market share rivalry [J]. Journal of International Economics, 1985, 18.

[118] Brandt, L., Biesebroeck, J. V. & Zhang, Y. Creative accounting or creative destruction? Firm-level productivity growth in Chinese manufacturing [J]. Journal of Development Economics, 2012, 97 (2): 339 -351.

[119] Broda, C., Greenfield, J. & Weinstein, D. From groundnuts to globalization: A structural estimate of trade and growth [R]. NBER Working Paper, 2006, No. 12512.

[120] Brown, J. R., Martinsson, G. & Petersen, B. C. Do financing constraints matter for R&D? [J]. Social Science Electronic Publishing, 2012, 56 (8).

[121] Campa, J. M. Entry by foreign firms in the United States under exchange rate uncertainty [J]. The Review of Economics and Statistics, 1993, 75.

[122] Chaney, T. Liquidity constrained exporters [R]. University of Chicago, 2005.

[123] Chaney, T. The gravity equation in international trade: An explanation [J]. Review of World Economics, 2013, 142 (1): 92 -121.

[124] Crowley, M. A., Exton, O. & Han, L. Renegotiation of Trade Agreements and Firm Exporting Decisions: Evidence from the Impact of Brexit on UK Exports [J]. CEPR Discussion Papers 13446, C. E. P. R. Discussion Papers, 2019.

[125] Czarnitzki, D. & Toole, A. A. Business R&D and the interplay of R&D subsidies and product market uncertainty [J]. Review of Industrial Organization, 2007, 31 (3): 169 -181.

[126] Dixit, A. K. & Pindyck, R. S. Investment under uncertainty [M]. Princeton University Press: Princeton, NJ, 1994.

[127] Eaton, J. & Kortum, S. Technology, geography, and trade [J]. Econometrica, 2002, 70 (5): 1741 -1779.

[128] Fan, H., Li, Y. A. & Yeaple, S. R. Trade liberalization, quality and export prices [J]. The Review of Economics and Statistics, 2015, 97 (5): 1033 -1051.

[129] Feenstra, R. C., Romalis, J. & Schott, P. K. U. S. Imports, exports and tariff data, 1989 -2001 [J]. NBER Working Paper 9387, 2002.

[130] Feng, L., Li, Z. & Swenson, D. L. Trade policy uncertainty and exports: Evidence from China's WTO accession [J]. Journal of International Economics, 2017, 106: 20 -36.

[131] Fontagne, L., Gaulier, G. & Zignago, S. Specialization across varieties and North - South competition [J]. Université Paris1 Panthéon - Sorbonne (Post - Print and Working Papers), 2008.

[132] Gaigne, C., Disdier, A. C. & Sousa, J. D. Export decision under risk [C]. Meeting Papers. Society for Economic Dynamics, 2015.

[133] Garvin, D. A. What does "product quality" really mean? [J]. Harvard University Fall, 1984, 26 (1): 25 -43.

[134] Girma, S., Gorg, H. & Wagner, J. Subsidies and exports in Germany: First evidence from enterprise panel data [J]. Applied Economics Quarterly, 2009, 55.

[135] Giuliani, E., Pietrobelli, C. & Rabellotti, R. Upgrading in global value chains: Lessons from Latin American clusters [J]. World Development, 2005, 33 (4): 549 - 573.

[136] González, X. & Pazó, C. Do public subsidies stimulate private R&D spending? [J]. Research Policy, 2008, 37 (3): 371 - 389.

[137] Goolsbee, A. Does government R&D policy mainly benefit scientists and engineers [J]. American Economic Review, 1998, 88 (2): 298 - 302.

[138] Greenland, A., Ion, M. & Lopresti, J. Policy uncertainty and the margins of trade [J]. SSRN Electronic Journal, 2014.

[139] Gulen, H. & Ion, M. Policy uncertainty and corporate investment [J]. Review of Financial Studies, 29 (3): 523 - 564.

[140] Hall, B. H., Moncada - Paternò - Castello, P., Montresor, S., et al. Financing constraints, R&D investments and innovative performances: New empirical evidence at the firm level for Europe [J]. Economics of Innovation and New Technology, 2015, 25 (3): 1 - 14.

[141] Hallak, J. C. & Schott, P. K. Estimating cross-country differences in product quality [J]. The Quarterly Journal of Economics, 2011, 126 (1): 417 - 474.

[142] Hallak, J. C. & Sivadasan, J. Firms' exporting behavior under quality constraints [R]. NBER Working Paper, 2009, No. 14928: 1 - 44.

[143] Handley, K. Exporting under trade policy uncertainty: Theory and evidence [J]. Journal of International Economics, 2014, 94 (1): 50 - 66.

[144] Handley, K., Limão, N., Ludema, R. et al. Policy credibility and firm imports: Theory and evidence from Chinese trade reforms [Z]. Working Paper, 2018.

[145] Handley, K. & Limão, N. Policy uncertainty, trade and welfare: Theory and evidence for China and the U. S [J]. American Economic Review, 2017, 104 (12): 2731 -2783.

[146] Handley, K. & Limão, N. Trade and investment under policy uncertainty: Theory and firm evidence [J]. American Economic Journal: Economic Policy, 2015, 7 (4): 189 -222.

[147] Harrigan, J., Ma, X. & Shlychkov, V. Export prices of US firms [J]. Journal of International Economics, 2015, 97 (1): 100 -111.

[148] Hausmann, R., Hwang, J. & Rodrik, D. What you export matters [J]. Journal of economic growth, 2007, 12 (1): 1 -25.

[149] Helmers, C. & Trofimenko, N. The use and abuse of export subsidies: Evidence from Colombia [J]. World Economy, 2013, 36 (4): 465 -486.

[150] Hummels, D. & Klenow, P. The variety and quality of a nation's exports [J]. The American Economic Review, 2005, 95 (3): 704 -723.

[151] Hussinger, K. R&D and subsidies at the firm level: An application of parametric and semiparametric two-step selection models [J]. Journal of Applied Econometrics, 2008, 23 (6): 729 -747.

[152] Khandelwal, A. The long and short (of) quality ladders [J]. Review of Economic Studies, 2010, 77 (4): 1450 -1476.

[153] Kim, H. S. Differential impact of uncertainty on exporting decision in risk-averse and risk-taking firms: Evidence from Korean firms [J]. Social Science Electronic Publishing, 2016, 29.

[154] Knight, F. H. Risk, uncertainty and profit [J]. Social Science Electronic Publishing, 1921, (4): 682 -690.

[155] Kugler, M. & Verhoogen, E. Prices, plant size, and product quality [J]. The Review of Economic Studies, 2012, 79 (1): 307 -339.

[156] Kulatilaka, N. & Perotti, E. C. Strategic growth options [J]. Management Science, 1998, 44 (8): 1021 -1031.

[157] Lakatos, C. & Nilsson, L. The EU – Korea FTA: Anticipation, trade policy uncertainty and impact [J]. Review of World Economics, 2017, 153 (1): 179 – 198.

[158] Lee, E. Y. & Cin, B. C. The effect of risk-sharing government subsidy on corporate R&D investment: Empirical evidence from Korea [J]. Technological Forecasting and Social Change, 2010, 77 (6): 881 – 890.

[159] Liu, Q. & Ma, H. Trade policy uncertainty and innovation: Firm level evidence from China's WTO accession [R]. Working Paper, 2016.

[160] Lu, J., Liu, X., Wright, M. et al. International experience and FDI location choices of Chinese firms: The moderating effects of home country government support and host country institutions [J]. Journal of International Business Studies, 2014, 45 (4): 428 – 449.

[161] Martincus, C. V. & Carballo, J. Is export promotion effective in developing countries? Firm-level evidence on the intensive and the extensive margins of exports [J]. Journal of International Economics, 2008, 76 (1): 1 – 106.

[162] Melitz, M. J. The impact of trade on intra-industry reallocations and aggregate industry productivity [J]. Econometrica, 2003, 71 (6): 1695 – 1725.

[163] Meuleman, M. & Maeseneire, W. D. Do R&D subsidies affect SME's: access to external financing [J]. Research Policy, 2012, 41 (3): 580 – 591.

[164] Michaely, M. Trade, income levels, and dependence [M]. North – Holland, Amsterdam, 1984.

[165] Montmartin, B. & Herrera, M. Internal and external effects of R&D subsidies and fiscal incentives: Empirical evidence using spatial dynamic panel models [J]. Research Policy, 2015, 44 (5): 1065 – 1079.

[166] Moraga – Gonzalez, J. L. & Viaene, J. M. Trade policy and quality leadership in transition economies [J]. European Economic Review, 2005, 49

(2): 359 –385.

[167] Musso, P. & Schiavo, S. The impact of financial constraints on firm survival and growth [J]. Journal of Evolutionary Economics, 2008, 18 (2): 135 –149.

[168] Narayanan, V. K. , Pinches, G. E. & Lander, K. D. M. The influence of voluntarily disclosed qualitative information [J]. Strategic Management Journal, 2000, 21 (7): 707 –722.

[169] OECD. ISIC Rev. 3 technology intensity definition: Classification of manufacturing industries into categories based on R&D intensities [EB/OL]. https: //www. oecd. org/sti/ind/48350231. pdf, 2011.

[170] Oi, W. Y. The desirability of price instability under perfect competition [J]. Econometrica, 1961, 29 (1): 58 –64.

[171] Osnago, A. , Piermartini, R. & Rocha, N. Trade policy uncertainty as barrier to trade [J]. WTO Staff Working Paper, 2015, No. ERSD –2015 –05.

[172] Romer, P. M. Endogenous technological change [J]. Journal of Political Economy, 1990, 98 (5): 71 –102.

[173] Roper, S. & Hewitt –Dundas, N. Grant assistance and small firm development in Northern Ireland and Republic of Ireland [J]. Scottish Journal of Political Economy, 2010, 48 (1): 99 –117.

[174] Rosenbaum, P. R. & Rubin, D. B. Constructing a control group using multivariate matched sampling methods that incorporate the propensity score [J]. American Statistician, 1985, 39 (1): 33 –38.

[175] Schott, P. K. Across-product versus within-product specialization in international trade [J]. The Quarterly Journal of Economics, 2004, 119 (2): 646 –677.

[176] Schwartz, E. S. & Zozaya –Gorostiza, C. Investment under uncertainty in information technology: Acquisition and development projects [J].

Management Science, 2003, 49 (1): 57 - 70.

[177] Shepotylo, O. & Stuckatz, J. Quantitative analysis of policy uncertainty: FDI and trade of Ukrainian manufacturing firms [Z]. Working Paper, 2017.

[178] Tassey, G. Policy issues for R&D investment in a knowledge-based economy [J]. The Journal of Technology Transfer, 2004, 29 (2): 153 - 185.

[179] Wang, Y., Chen, C. R. & Huang, Y. S. Economic policy uncertainty and corporate investment: Evidence from China [J]. Pacific - Basin Finance Journal, 2014, 26 (Complete): 227 - 243.

[180] Wang, Y., Wei, Y. & Song, F. M. Uncertainty and corporate R&D investment: Evidence from Chinese listed firms [J]. International Review of Economics & Finance, 2017, 47 (Jan.): 176 - 200.

[181] Weeds, H. Strategic delay in a real options model of R&D competition [J]. Review of Economic Studies, 2002, 69 (3): 729 - 747.

[182] Wu, J. & Liu, M. The impact of managerial political connections and quality on government subsidies: Evidence from Chinese listed firms [J]. Chinese Management Studies, 2011, 5 (2): 207 - 226.

[183] Yu, M. Processing trade, tariff reductions and firm productivity: Evidence from Chinese firms [J]. The Economic Journal, 2015, 125 (585): 943 - 988.